国家出版基金项目
NATIONAL PUBLICATION FOUNDATION

中国之治·坚持和完善社会主义基本经济制度丛书

建设更高水平
开放型经济新体制

迟福林 张 飞 方栓喜 著

SPM 南方出版传媒 山西出版传媒集团
广东经济出版社 山西经济出版社
·广州· ·太原·

图书在版编目（CIP）数据

建设更高水平开放型经济新体制 / 迟福林，张飞，方栓喜著. —广州：广东经济出版社，2021. 11
（中国之治 · 坚持和完善社会主义基本经济制度丛书）
ISBN 978-7-5454-7977-5

Ⅰ. ①建… Ⅱ. ①迟… ②张… ③方… Ⅲ. ①中国经济—开放经济—经济体制—研究 Ⅳ. ①F121

中国版本图书馆CIP数据核字（2021）第199619号

策　　划：王成刚
责任编辑：周伊凌　魏　维
责任校对：李玉娴　黄思健　陈慧敏
责任技编：陆俊帆
封面设计：柏拉图

建设更高水平开放型经济新体制
JIANSHE GENG GAO SHUIPING KAIFANG XING JINGJI XIN TIZHI

出版人	李　鹏
出　版 发　行	广东经济出版社（广州市环市东路水荫路11号11～12楼）
经　销	全国新华书店
印　刷	佛山市迎高彩印有限公司 （佛山市顺德区陈村镇广隆工业区兴业七路9号）
开　本	787毫米×1092毫米 1/16
印　张	22.25
字　数	351千字
版　次	2021年11月第1版
印　次	2021年11月第1次
书　号	ISBN 978-7-5454-7977-5
定　价	68.00元

图书营销中心地址：广州市环市东路水荫路11号11楼
电话：（020）87393830　邮政编码：510075
如发现印装质量问题，影响阅读，请与本社联系
广东经济出版社常年法律顾问：胡志海律师

总　　序

坚持和完善社会主义基本经济制度

坚持和完善社会主义基本经济制度是习近平新时代中国特色社会主义思想的重要内容。党的十八大以来，以习近平同志为核心的党中央围绕新时代如何坚持和完善我国社会主义基本经济制度，在理论和实践的结合中进行了深入探索。基于新的实践和发展需要，党的十九届四中全会将公有制为主体、多种所有制经济共同发展，按劳分配为主体、多种分配方式并存，社会主义市场经济体制三项并列作为社会主义基本经济制度，这是对社会主义基本经济制度作出的一次重要理论创新。

党的十九届五中全会提出："全面深化改革，构建高水平社会主义市场经济体制。坚持和完善社会主义基本经济制度，充分发挥市场在资源配置中的决定性作用，更好发挥政府作用，推动有效市场和有为政府更好结合。"从我国发展的现实情况看，加快构建以国内大循环为主体、国内国际双循环相互促进的新发展格局，必须构建高水平社会主义市场经济体制，实行高水平对外开放，推动改革和开放相互促进。这是我国进入新发展阶段，在更高起点、更高层次、更高目标上全面深化改革开放的重大部署。

当前，在国际环境日趋复杂，不稳定性、不确定性明显增加的特定背景下，拥有14亿人口的大国，保持战略定力，办好自己的事，重在以构建新发展格局为基本要求，走出一条以高水平开放促进深层次市场化改革的新路子。

构建高水平社会主义市场经济体制，是我国新时代经济体制改革的目标取向，是推进高水平开放的制度保障。从现实情况看，构建高水平社会主义市场经济体制，既要充分发挥市场在资源配置中的决定性作用，充分激发国内市场活力，又要在适应国际经贸规则重构中建设高标准市场体系。

公开市场、公平竞争是高标准市场体系的重要特征，也是高水平开放的重要前提。构建高水平社会主义市场经济体制，首要任务是完善公平竞争制度。一是要重点强化竞争政策的基础性地位，对各类所有制企业一视同仁，实现各类所有制企业公平竞争；二是要实现经济政策由产业政策为主向竞争政策为基础转变，明确产业政策以不妨碍公平竞争为基本原则，制定适用产业扶持政策的负面清单，将产业政策严格限定在具有重大外溢效应的领域或关键核心技术领域；三是要实现市场监管的重点由一般市场行为监管向公平竞争审查转变，推动市场监管的主要对象由商品为主向服务为主过渡，并强化对经济政策的公平竞争审查。

构建高水平社会主义市场经济体制，需要全面实施市场准入负面清单制度取代传统行政审批制度，在激发市场主体活力的制度创新上实现新突破。一是要尽快形成全国统一的、内外资一致的负面清单，加快推动现有负面清单与正面清单的合并对接；二是要进一步提升负面清单的可操作性，建议参照国际经贸谈判负面清单模板，详细列明负面清单管理措施与相关描述，建立健全外资企业投诉机制；三是要明确国民待遇标准，进一步细化准入阶段的管理权力、要素供给、融资方式、进出口权、税收政策、法律保护、司法救济等一系列待遇标准，给予内外资企业明确预期。

新一轮科技革命和产业变革深入推进，以数字经济为重要特征的新经济发展，对以知识产权保护为重点的产权制度改革提出新的要求。我国进入经济转型升级的重要时期，面向经济主战场，以创新引领高水平市场经济发展，关键在于形成产权保护的制度基础。一是要突出强化知识产权保护，逐步推进知识产权标准与国际接轨；二是要实现不同所有制经济产权平等保护，尽快梳理和消除各种隐性壁垒，支持各种所有制经济依法平等使用生产要素、公平参与市场竞争、同等受到法律保护、共同履行社会责任；三是要依法保护企业家的财产权和创新收益，形成防范以公权侵犯私权行为的制度约束。

要素市场化配置是高水平社会主义市场经济体制的重要特征，也是我国实现高质量发展的重要保障。要更好利用国际国内两个市场、两种资源，实现要素市场化配置改革的重要突破。一是要加快推进土地要素市场化改革，形成城乡建设用地“同地同价同权利”的制度安排，形成公开公正公平的统一交易平台和交易规则；二是要深化户籍制度改革，增强劳动力的城乡、地域流动性，充分释放城乡一体化的巨大潜能；三是要推进利率市场化改革，加快推进市场利率与基准利率的“两轨并一轨”，尽快实现银行体系与实体信用环节的贷款利率由市场决定这一目标。

基于对坚持和完善社会主义基本经济制度的学习、理解和研究，中国（海南）改革发展研究院与广东经济出版社联合策划出版这套“中国之治·坚持和完善社会主义基本经济制度丛书”。丛书在学习理解习近平新时代中国特色社会主义思想的基础上，注重战略性、前瞻性、学术性和可读性。我们期望，这套丛书能够对关注中国社会主义基本经济制度的读者有所启示，对坚持和完善社会主义基本经济制度发挥积极作用。

这套丛书的作者大多是所在领域的知名专家学者。张卓元老师、宋晓梧老师、范恒山老师、薛澜老师等，他们在繁忙的工作之余参与了丛书的撰写。作为丛书编委会主任，我对为丛书出版付出艰辛努力的各位作者、顾问、编委表示感谢，对为丛书出版给予大力支持的广东经济出版社表示感谢！

这套丛书中每本著作代表的是作者本人的研究结论和学术观点，丛书不追求观点的一致性。欢迎读者批评指正！

迟福林

2021年5月1日

前　言

2020年是一个特殊的年份。当今世界正经历百年未有之大变局，突如其来的新冠肺炎疫情，以及全球范围内贸易保护主义的逆潮涌动，给我国经济社会发展带来严重冲击。我国保持战略定力，在统筹疫情防控和经济社会发展上取得明显成效，成为疫情防控效果最好的国家，是世界主要经济体中率先实现经济正增长的国家。2020年底，《区域全面经济伙伴关系协定》（RCEP）签署，中欧投资协定谈判如期完成，这使得我国高水平开放面临新的重大机遇。

改革开放40多年来，我国从打开国门到全方位开放，从以制造业领域为主的开放到以服务贸易为重点的开放，从要素市场开放到制度型开放，走出了一条新型开放大国之路。今天，中国作为拥有14亿人口、4亿中等收入群体的新型开放大国，是全球最具潜力的大市场；中国的大市场既是中国的，也是世界的；中国坚持推进以扩大内需为基本导向的高水平开放，不仅能够有效释放14亿人口的超大规模市场潜力，而且有利于全球共享中国市场。

进入新发展阶段，我国的高水平开放有着鲜明的时代特征：以构建国内国际双循环新发展格局为基本要求，以推动自由贸易进程为重要目标，以服务贸易发展为重大任务，以打造高水平对外开放新高地为重要突破，以制度型开放为突出特点，以构建高水平社会主义市场经济体制为重要保障。

2021年，是中国共产党成立100周年，是“十四五”规划的开局之年，也是全面建设社会主义现代化国家新征程的起步之年。应对全球化新变局，形成改革发展新布局，需要在高水平开放上破题发力。基于上述思考，我和我的同事方栓喜、张飞在以往研究的基础上，撰写了这本《建设更高水平开放型经济新体制》。在此，感谢我的同事刘铁奇、陈所华对本书编辑给予的帮助！感谢广东经济出版社对本书出版给予的支持！

迟福林

2021年1月22日

CONTENTS

目 录

INTRODUCTION

绪论

以高水平开放
形成改革发展新布局

当前，世界进入动荡变革期，国际格局处于加速调整期。单边主义、保护主义使经济全球化逆潮涌动，新冠肺炎疫情大流行使世界经济不稳定性、不确定性因素增多，国际社会正在经历多边和单边、开放和封闭、合作和对抗的重大考验。党的十九届五中全会明确提出："实行高水平对外开放，开拓合作共赢新局面。"我国致力于全面深化改革开放，推动建设更高水平开放型经济新体制，致力于推进合作共赢、合作共担、合作共治的共同开放，推动建设开放型世界经济。"十四五"期间，以高水平开放形成改革发展新布局，不仅有利于为我国高质量发展注入新的活力和动力，而且对促进全球自由贸易进程、推动全球抗疫成功和经济复苏都将产生重大而深远的影响。

一、进入新发展阶段的高水平开放

改革开放40多年来，我国坚持打开国门搞建设，坚持以开放促改革促发展，既释放了巨大的发展潜能，促进了经济快速起飞，也重塑了自身在全球经济格局中的地位。总的来看，我国已站在高水平开放的历史新起点上。

1. 开放的大门越开越大

我国自1978年开启改革开放的历史新时期以来，始终把对外开放作为基本国策，始终坚持以开放为先，从兴办经济特区到加入世界贸易组织（WTO），从局部开放到全局开放，基本上完成了从封闭半封闭到全方位开放的历史性转变。党的十八大以来，我国提出并践行一系列对外开放政策，在深入推进共建"一带一路"上形成了新的布局，加快形成陆海内外联动、东西双向互济的对外开放新格局，形成了构建人类命运共同体的全球观和开放观。1978年，我国国内生产总值（GDP）仅为3679亿元，2018年突破了90万亿元[1]。2020年我国经济逆势增长，GDP突破100万亿元。按照目前测算的年平均汇率折算，2020年我国GDP为14.7万亿美元左

[1] 《沧桑巨变七十载　民族复兴铸辉煌——新中国成立70周年经济社会发展成就系列报告之一》，http://www.stats.gov.cn/tjsj/zxfb/201907/t20190701_1673407.html。

右，稳居世界第二，占世界经济的比重为17%左右[1]。我国已经成为世界第二大经济体、第一大工业国、第一大货物贸易国、第一大外汇储备国。无论从综合国力看，还是从国际影响力看，都达到了新中国成立以来经济发展的历史新高度。

2. 我国开始成为世界大市场

（1）从“世界工厂”到“世界市场”。我国加入WTO后，凭借全球规模最大、门类最全、配套最完备的制造业体系，深度参与国际分工，融入全球产业链体系，成为“世界工厂”。随着我国进入工业化后期，在消费结构升级和扩大开放的推动下，我国开始成为“世界市场”。例如，2019年，我国社会消费品零售总额达到5.96万亿美元，同期美国为6.22万亿美元；我国已成为仅次于美国的第二大进口国，进口规模占全球的比重已由2001年的3.8%上升至2019年的10.8%，略低于美国占全球的比重（12.3%）[2]。

（2）我国成为全球自由贸易进程的重要推动者。我国开放强大的国内市场将成为推动全球自由贸易进程的重要力量。我国服务贸易的发展，不仅适应国内服务型消费需求，而且将形成与各国、各地区合作共赢的巨大市场空间，成为双边、多边自由贸易的重要引擎。2001—2017年，我国货物进口平均增速达13.5%，是世界平均增速的2倍；同期我国服务进口平均增速16.7%，是世界平均增速的2.7倍[3]。世界银行数据库显示，2019年我国货物和服务出口额占全球的比重为10.58%，货物和服务进口额占全球的比重为10.21%。我国在全球外国直接投资中的影响力不断扩大。《2019年度中国对外直接投资统计公报》显示，2019年，我国对外直接投资1369.1亿美元，流量规模仅次于日本（2266.5亿美元），蝉联全球第二，流量占全

---

[1] 《宁吉喆：中国GDP突破100万亿元大关具有标志性意义》，http://m.people.cn/n4/2021/0118/c125-14693123.html。

[2] 张茉楠：《打造中国超大规模市场优势须改革与开放相互促进》，《中国经济时报》2020年12月29日第4版。

[3] 钟轩理：《泾渭由来两清浊——给中国对世界的贡献算算账》，《人民日报》2018年10月10日第2版。

球的比重连续4年超过一成，2019年达到10.4%；2019年末，我国对外直接投资存量达2.2万亿美元，次于美国（7.7万亿美元）和荷兰（2.6万亿美元），保持全球第三，存量占全球的比重达到6.4%。

（3）我国成为增加全球就业的重要贡献者。截至2019年底，我国与“一带一路”沿线国家共同建设境外经贸合作区80多个，我国企业已在“一带一路”沿线国家建设的境外经贸合作区累计投资340亿美元，上缴东道国税费超过30亿美元，为当地创造就业岗位33万个[1]。安永会计师事务所指出，2005—2016年，中国在非洲创造的就业岗位超过13万个，是美国的3倍多。此外，根据国际劳工组织发布的《中国-拉丁美洲与加勒比地区经贸合作进展报告（2019）》，1990—2016年，中国为拉美和加勒比地区创造了180万个就业岗位[2]。

（4）我国成为全球经济增长的重要贡献者。如果说改革开放前期，中国是经济全球化的受益者，那么今天中国的发展为全世界提供机遇，中国就是经济全球化的贡献者。全球的共同抗疫离不开中国的支持，中国改革开放的持续推进，将为推动全球自由贸易进程、促进全球经济稳定复苏提供强大引擎。1961—1978年，我国对世界经济增长的年均贡献率仅为1.1%；1979—2012年，我国对世界经济增长的年均贡献率达到15.9%，仅次于美国，位居世界第二；2013—2018年，我国对世界经济增长的年均贡献率更是达到28.1%，位居世界第一；2018年，我国对世界经济增长的贡献率为27.5%[3]。2006年以来，我国对世界经济增长的贡献率连续14年全球排名第一，2019年的贡献率超过30%。预计未来5～10 年，我国对世界经济增长的贡献率仍有望保持在25%～30%[4]。

---

[1] 顾阳：《高质量共建“一带一路”成效显著》，《经济日报》2020年11月7日第3版。

[2] 钟轩理：《泾渭由来两清浊——给中国对世界的贡献算算账》，《人民日报》2018年10月10日第2版。

[3] 张钦：《我国对世界经济贡献率连续13年第一》，《文摘报》2019年9月5日第1版。

[4] 《专家：未来5～10年中国对全球经济增长贡献率仍有望保持在25%～30%》，https://www.chinanews.com/cj/2020/11-29/9350367.shtml。

3. 从"一次开放"到"二次开放"

如果说我国改革开放初期开启的对外开放是"一次开放"，那么党的十八大以来开启的新一轮对外开放就是我国现代化进程中的"二次开放"。由于开放的内外环境、发展阶段、约束条件发生了深刻变化，新阶段的"二次开放"与"一次开放"相比，起点、重点、路径、特点等都发生了重大变化（见表1）。

表1 从"一次开放"到"二次开放"

因素	"一次开放"	"二次开放"
起点	低收入水平 工业化初期（国内） 制造业全球化（国际）	中等偏上收入水平 工业化中后期（国内） 服务业全球化（国际）
外部环境	全球化的制度安排比较稳定	全球化的制度安排不稳定，面临变数
内部禀赋	劳动力无限供给，资本短缺	劳动力供给下降，资本剩余
开放重点	货物贸易 制造业市场开放 出口导向	服务贸易 服务业市场开放 适度扩大进口
开放途径	融入既有的国际市场	通过"一带一路"主动开辟新市场
资本流向	"引进来"为主，净流入	"引进来"和"走出去"并重，净流出
开放路径	加入WTO	全面实施自由贸易战略
开放体制	构建外向型经济体制：围绕出口导向战略形成一系列鼓励和扶持出口型工业发展的体制机制	构建开放型经济新体制：以自由贸易为导向构建对外开放的体制机制

（续表）

因素	“一次开放”	“二次开放”
突出特点	商品和要素流动型开放	规则、规制、管理、标准等制度型开放
国际角色	国际规则的接受者、参与者、跟随者	国际规则的推动者、促进者、引领者

4. 走向高水平开放

（1）“二次开放”的本质是高水平开放。总的来看，我国的“二次开放”是新发展阶段实施更大范围、更宽领域、更深层次的对外开放，它伴随着开放观念、开放格局、开放模式等的转型升级。例如：从以制造业为主到以服务贸易为重点的开放转型；从一般性商品要素开放向制度性、结构性开放的深化；从经济全球化的参与者到经济全球化的重要推动者的角色的重大变化。

（2）高水平开放的趋势与特征。我国的高水平开放，既反映了国内高质量发展的要求，又体现了构建开放型世界经济的大国责任和大国担当，有着鲜明的时代要求和时代特征：以构建国内国际双循环新发展格局为基本要求，以推动自由贸易进程为重要目标，以服务贸易发展为重大任务，以打造高水平对外开放新高地为重要突破，以制度型开放为突出特点，以构建高水平社会主义市场经济体制为重要保障。

（3）“十四五”期间要做好“高水平开放”这篇大文章。第一，我国需要通过高水平开放应对全球化新变局，为国内改革发展创造良好的外部环境。第二，我国进入高质量发展阶段，高质量发展尤其是开放创新对高水平开放的依赖性全面增强。第三，作为新型开放大国和世界第二大经济体，我国推进高水平开放有利于实现全球合作抗疫成功和推动世界经济复苏。

二、以高水平开放推动形成国内国际双循环新发展格局

进入新发展阶段，构建以国内大循环为主体、国内国际双循环相互促进的新发展格局，是我国应对复杂多变国际经济政治环境而实行的战略转型。在“十四五”时期推进高水平开放，需要整体服务于构建国内国际双循环新发展格局。

1. 以内需为导向推进高水平开放

（1）我国经济转型升级蕴藏巨大内需潜力。从产业结构升级看，2020年我国服务业占比为54.5%，预计未来10年还有10个百分点左右的升级空间。从消费结构升级看，2019年我国城乡居民服务型消费占比为45.9%，预计未来10年服务型消费还有15～20个百分点的升级空间。从城乡结构升级看，2019年我国常住人口城镇化率为60.6%，预计未来10年还有10个百分点左右的升级空间[1]。

（2）立足释放14亿人内需大市场潜力推进高水平开放。14亿人内需大市场是我国以国内大循环为主体的基础，是我国推进高水平开放的条件。把扩大内需作为高水平开放的战略基点，有利于促进高水平开放与国内经济转型升级紧密融合，突出以国内大循环为主体，并由此形成与大国经济相适应的开放体系。

（3）实现国内国际双循环相互促进。我国已深度融入世界经济，作为新型开放大国，我国推动的双循环，不是关起门来封闭运行。推进高水平开放，就是要通过释放巨大内需潜力，使国内市场和国际市场更好联通；就是要进一步推动国内规则、规制、管理、标准等与国际对接融合，更好利用国内国际两个市场、两种资源，推动国内经济转型升级。

2. 以高水平开放推动服务贸易创新发展

（1）服务贸易是国内国际双循环有机联结的关键点。从国内大循环看，进入新发展阶段，我国释放14亿人消费潜力的重点是服务型消费，关键是扩大服务业市场开放和加快服务贸易发展。从国际大循环看，服务贸易已经成为全球自由贸易的

[1] 迟福林：《以高水平开放构建“双循环”新发展格局》，《经济参考报》2020年9月30日第1版。

焦点。2010—2019年，全球服务贸易额由7.8万亿美元增长至11.9万亿美元，年均名义增长4.8%，是同期货物贸易增速的2倍[1]。

（2）我国发展服务贸易的潜力巨大。当前，服务贸易开始成为我国经济转型升级的重点。2019年，我国服务贸易额占贸易总额的比重仅为14.6%，远低于全球24.5%的平均水平。2014—2019年，我国服务贸易额年均增长7.8%，是货物贸易增速的2.2倍，是外贸整体增速的1.9倍[2]。适应经济全球化大趋势与国内经济转型升级的需求，协同推进强大国内市场和贸易强国建设，关键是要加快补齐服务贸易发展的突出短板。

（3）把服务贸易创新发展作为高水平开放的重大任务。在“十四五”期间要同步推进生活性服务业和生产性服务业的对外开放进程，争取到2025年服务贸易额占贸易总额的比重由2019年的14.6%提高至20%以上。

3. 以高水平开放构建开放创新体系

（1）我国的产业变革与全球新一轮科技革命交汇融合。伴随着第四次工业革命的到来，全球范围内产生了一系列重大颠覆性创新技术，信息技术、智能制造、生物技术等渗透到产业链的各个领域。2019年，全球47个经济体数字经济规模达到31.8万亿美元，同比名义增长5.4%，高于同期全球GDP名义增速3.1个百分点[3]。

（2）产业转型升级对开放创新的依赖性全面增强。截至2020年，我国芯片进口额已经连续多年超过石油，2019年超过3000亿美元；操作系统、高端光刻机仍被国外公司垄断，90%以上传感器来自国外；高档数控机床、高档仪器装备、关键基础材料、高端医疗仪器设备、高端医用试剂等严重依赖进口。工信部对全国30多家大型企业130多种关键基础材料的调研结果显示，52%的关键材料依赖进口，95%的

[1] 迟福林：《以服务贸易为重点建设高水平开放型经济新体制》，《经济日报》2020年9月7日第1版。

[2] 国家统计局：《中国统计年鉴2020》，中国统计出版社，2020。

[3]《2019年全球数字经济规模排名：美国第一，中国第二》，https://www.chinanews.com/cj/2020/10-14/9312988.shtml。

高端专用芯片、70%以上的智能终端处理器以及绝大多数存储芯片依赖进口[1]。

（3）以高水平开放构建面向全球的开放创新网络。在“十四五”期间推进高水平开放，需要服务于建设科技强国的大目标，形成各类开放创新平台，加快形成“聚全球人才而用之”的制度安排，集聚全球创新资源推动产业变革。

三、以高水平开放应对全球化新变局

把高水平开放作为“十四五”期间应对全球化新变局的关键一招。以加强制度性、结构性安排为重点，实现高水平开放的重要突破，在推动共建开放型世界经济、促进全球自由贸易进程中扮演更重要的角色。

1. 以高水平开放有效应对单边主义和贸易保护主义

（1）百年未有之大变局叠加新冠肺炎疫情大流行，国际格局进入加速调整期。以美国为首的西方国家主导制定规则的国际格局处在动荡变革期，新冠肺炎疫情在欧美国家的大流行在国际格局演变中起到了推波助澜的作用。

（2）我国在世界经济中的地位、作用明显提升。2020年，我国成为率先控制疫情和全球唯一实现经济正增长的主要经济体，对全球合作抗疫成功具有全局性意义，同时我国也成为世界经济复苏增长的领头羊。麦肯锡全球研究院最新编制的中国–世界经济依存度指数显示：在贸易、科技和资本三个重点维度上，中国对世界经济的依存度相对有所降低；相反，世界对中国经济的依存度却相对有所上升[2]。

（3）我国开始成为全球自由贸易进程的主要推动者。截至2020年11月，我国已经与138个国家、31个国际组织签署201份共建“一带一路”合作文件[3]。截至2021年3月，我国已成为120多个国家和地区的最大贸易伙伴。最近几年来，我国与

---

[1] 《工信部副部长：中国制造业核心技术短缺局面尚未根本改变》，http://www.chinanews.com/cj/2018/07-13/8565912.shtml。

[2] 吴乐珺：《世界对中国经济依存度上升》，《人民日报》2019年7月7日第3版。

[3] 《我国已与138个国家、31个国际组织签署201份共建“一带一路”合作文件》，http://jx.people.com.cn/n2/2020/1118/c186330-34421765.html。

亚洲、大洋洲、拉美、欧洲等国家和地区先后建设自贸区，截至2020年已与26个国家和地区相继签署了19个自贸协定[1]。2020年末，《区域全面经济伙伴关系协定》（RCEP）正式签署，中欧投资协定谈判如期完成，我国在推进全球自由贸易进程中的地位和作用进一步凸显。

（4）“十四五”规划以高水平开放育新机、开新局。抓住国际格局调整的新契机加快推进高水平开放，既有利于为我国高质量发展营造良好的外部环境，又有利于实质性扩大我国在国际经济治理中的话语权，在维护多边贸易体制、推进全球抗疫合作和世界经济复苏中发挥核心作用。

2. 以高水平开放推动“一带一路”高质量发展

（1）“一带一路”成为经济全球化的新主角。在全球新冠肺炎疫情导致国际合作遇阻的形势下，我国倡导的“一带一路”以开放包容为原则，以多边主义为基础，以互利共赢为目标，成为新型经济全球化的主要载体。

（2）“一带一路”在合作抗疫与经济复苏中发挥重要作用。我国与“一带一路”合作伙伴在疫情中相互支持，作为全球抗疫物资最大供应国，我国先后向150多个国家和国际组织提供了280多批紧急抗疫物资援助[2]。2019年，我国与138个签署“一带一路”合作文件的国家的货物贸易额达1.9万亿美元，占我国货物贸易总额的41.5%[3]。2020年1～11月，我国企业对“一带一路”沿线57个国家非金融类直接投资1106.8亿元，同比增长25.7%，占同期总额的16.3%，较上年同期提升3.6个百分点；我国企业在“一带一路”沿线61个国家新签对外承包工程项目合同4711份，新签合同额7932亿元，占同期我国对外承包工程新签合同额的57.4%[4]。

[1] 朱琳：《发挥自贸优势　便利企业出海》，《经济日报》2020年11月19日第6版。

[2] 《“一带一路”为疫情中的全球经济注入暖流》，http://city.ce.cn/news/202101/11/t20210111_7302116.shtml。

[3] 《7年来中国与“一带一路”沿线国家货物贸易进出口总额增至1.34万亿美元》，https://baijiahao.baidu.com/s?id=1677162009465366471&wfr=spider&for=pc。

[4] 《2020年1～11月我对“一带一路”沿线国家投资合作情况》，http://www.mofcom.gov.cn/article/tongjiziliao/dgzz/202012/20201203027817.shtml。

（3）把“一带一路”打造成合作之路、健康之路、复苏之路、增长之路。“十四五”期间，在加快与“一带一路”沿线国家战略规划实现对接的同时，突出规则、规制、管理、标准的对接，形成联合抗疫、共同推动经济复苏的制度化安排，在构筑互联互赢的产业链和供应链上取得重大突破，为共建“一带一路”提供更强动力、更大空间、更优路径。

3. 以高水平开放推动双边、多边自由贸易进程

（1）借助RCEP推动双边、多边自由贸易进程。世界银行数据库显示：2019年，RCEP15个成员国涵盖全球约22.67亿人口，占全球总人口的29.54%；成员国GDP总和约25.85万亿美元，占全球GDP的29.44%，RCEP的签署意味着全球最大自贸区成立；在所有成员国中，中国的人口占比约为61.67%，GDP占比约为55.49%。要推动双边、多边自由贸易进程，一方面，削减关税和降低非关税壁垒，积极推动国际陆海新通道建设，实现与东盟国家海、陆、空、网等设施互联互通，推动我国与东盟国家产业链、供应链、价值链的深度融合。另一方面，借助RCEP的落实，深化与日韩的经济合作，尽快实现建设中日韩自贸区的新突破。

（2）推动中欧投资协定签署。我国加入WTO以来，中欧贸易额呈现快速增长势头。2019年，中欧贸易额达到7051亿美元，是2001年的9.2倍；2020年，中欧贸易额在全球贸易额下降15%的情况下逆势增长了3.5%[1]。2020年末，我国与欧盟宣布完成中欧投资协定的谈判。中欧投资协定涵盖了环境标准、劳工标准、知识产权保护以及不同所有制企业的国民待遇等高水平开放内容，塑造了面向21世纪的新投资规则框架。“十四五”期间，尽快促成中欧投资协定签署，创造条件促成中欧自由贸易区建立，不仅会大大提升我国与发达国家之间的开放水平，还将大大提振全球自由贸易进程恢复的预期和信心。

（3）尽快形成加入全面与进步跨太平洋伙伴关系协定（CPTPP）的改革预案。习近平主席在亚太经合组织（APEC）视频峰会演讲时指出，中方将积极考虑

[1] 王丽娟：《中欧投资协定为全球经济发展注入信心》，《中国经济时报》2021年1月11日第3版。

加入全面与进步跨太平洋伙伴关系协定[1]。CPTPP是面向21世纪的高标准贸易协定，体现了全球新一代自由贸易规则演进的大方向。“十四五”期间推进高水平开放，要把加入CPTPP作为重要目标，在服务贸易、知识产权协定、竞争中立、电子商务、政府采购、国有企业和指定垄断、中小企业、投资者–国家争端解决机制（ISDS）等方面加快形成新的制度安排。

四、以高水平开放建设高水平社会主义市场经济体制

党的十九届五中全会强调：“全面深化改革，构建高水平社会主义市场经济体制。”在国际环境日趋复杂，不稳定性、不确定性明显增强的特定背景下，作为拥有14亿人口的大国，保持战略定力，办好自己的事，关键在于把握高水平开放与深层次市场化改革互促共进的时代特征，以构建新发展格局为基本要求，走出一条以高水平开放促进深层次市场化改革的新路子。

1. 以制度型开放推动建设高水平社会主义市场经济体制

（1）高水平开放与高水平市场经济直接融合。从国际经验看，高水平开放依赖于高水平市场经济，高水平市场经济的重要特征是开放竞争程度高。从高水平开放的实践看，无论是达成中欧投资协定，还是加入CPTPP，都对建设高水平社会主义市场经济体制提出了新的要求。

（2）制度型开放的特点突出。实现高水平开放新突破重在加强制度性、结构性安排。所谓制度性安排，重点是开放市场、公平竞争，建立与国际经贸规则相衔接的开放型经济体系。所谓结构性安排，重点是扩大对外开放的领域和范围，即从一般制造业领域的开放扩大到以金融等为重点的服务业领域的开放。这就需要加快推动以货物贸易为主向以服务贸易为重点的开放转型进程，需要加快推动由商品和要素流动型开放向规则等制度型开放的转型进程。

（3）以制度型开放促进制度性变革。加快构建高水平社会主义市场经济体制

[1] 2020年11月20日，习近平在亚太经合组织第二十七次领导人非正式会议上的发言。

是我国新发展阶段经济体制改革的目标，是推进高水平开放的根本保障。从现实情况看，构建高水平社会主义市场经济体制，既要充分发挥市场在资源配置中的决定性作用，充分激发国内市场活力，又要在适应国际经贸规则重构中建设高标准市场体系。

2. 完善公平竞争制度

（1）公开市场、公平竞争是高水平开放的重要前提。从国际经贸规则演进的趋势看，高标准的双边、多边自由贸易协定都要求市场具有充分的透明度，都要求建立在公平竞争的基础之上。以CPTPP为例，它要求成员国的经济社会政策、产业政策、投资政策、环境政策、监管框架等“边境内措施”都能够体现公平竞争，对透明度和反腐败等有严格要求。

（2）公开市场、公平竞争是高标准市场体系的重要特征。高标准市场体系要求公开市场、公平竞争贯穿市场经济运行的全过程。例如：从企业层面看，要求不同所有制企业能够公平竞争；从产品和服务层面看，要求反垄断和反不正当竞争；从要素领域看，要求不同市场主体公平竞争使用生产要素。

（3）建设高水平社会主义市场经济体制，首要任务是完善公平竞争制度。一是要强化竞争政策的基础性地位，对各类所有制企业一视同仁，实现各类所有制企业公平竞争。二是要实现经济政策由以产业政策为主向以竞争政策为基础转变，明确产业政策以不妨碍公平竞争为基本原则，制定适用产业扶持政策的负面清单，将产业政策严格限定在具有重大外溢效应的领域或关键核心技术领域。三是要实现市场监管的重点由一般市场行为监管向公平竞争审查转变，推动市场监管的主要对象由以商品为主向以服务为主过渡，并强化对经济政策的公平竞争审查。

3. 全面实施市场准入负面清单制度

（1）实施“准入前国民待遇 + 负面清单”管理制度是制度型开放的重大举措。它不仅涉及边境开放、准入开放，更涉及准入后的各类企业平等待遇。在全面实施“准入前国民待遇 + 负面清单”管理制度新阶段，需要加快建立与之相适应的制度与政策体系，在取消外资准入负面清单之外限制性规定的基础上，实质性降低准入壁垒。

（2）以市场准入负面清单制度取代传统行政审批制度。缩减市场准入负面清单限制措施数量，适应服务业市场开放，大幅放宽服务业市场准入，进一步提升负面清单透明度，全面清理各种隐性壁垒，使清单以外的行业、领域、业务等各类市场主体皆可依法平等进入。

（3）尽快形成内外资适用的负面清单管理模式。一是要尽快形成全国统一的、内外资一致的负面清单，加快推动现有负面清单与正面清单的合并对接。二是要进一步提升负面清单的可操作性，建议参照国际经贸谈判负面清单模板，详细列明负面清单管理措施与相关描述，建立健全外资企业投诉机制。三是要明确国民待遇标准，进一步细化准入阶段的管理权力、要素供给、融资方式、进出口权、税收政策、法律保护、司法救济等一系列待遇标准，给予内外资企业明确预期。

4. 以知识产权保护为重点推进产权制度改革

（1）以高水平开放促进高水平市场经济发展，需要尽快形成产权保护的制度环境。一是要强化知识产权保护，逐步推进知识产权标准与国际接轨。二是要实现不同所有制经济产权平等保护，尽快梳理和消除各种隐性壁垒，支持各种所有制经济依法平等使用生产要素、公平参与市场竞争、同等受到法律保护、共同履行社会责任。三是要依法保护企业家的财产权和创新收益，形成防范以公权侵犯私权行为的制度约束。

（2）出台《中华人民共和国知识产权法》。将现有的《中华人民共和国专利法》《中华人民共和国商标法》《中华人民共和国著作权法》等纳入《中华人民共和国知识产权法》中；参考《建立世界知识产权组织公约》与《与贸易有关的知识产权协定》，明确我国知识产权保护范围，对侵犯知识产权行为的惩治作出具体规定，做到有法可依。

（3）完善知识产权保护的国际合作机制。加强与世界知识产权组织、世界贸易组织、亚太经合组织等国际和地区性组织的交流与合作，提升我国知识产权保护水平；深化与发达国家知识产权、经贸、海关等部门的合作，鼓励国内服务机构加强与国外相关组织的合作交流；推动相关国际组织在我国设立知识产权仲裁和调解分中心；探索建立“一带一路”沿线国家知识产权合作机制。

（4）积极参与国际知识产权规则制定。我国已经加入《保护工业产权巴黎公约》、《关于集成电路的知识产权条约》（华盛顿条约）、《保护文学和艺术作品伯尔尼公约》、《视听表演北京条约》等近20个国际公约。未来几年，为适应服务业市场对外开放的需要，需积极推动《TRIPS协定与公共健康多哈宣言》，主动参与《专利合作条约》《保护广播组织条约》等国际规则修订的国际谈判，加快推进加入《工业品外观设计国际注册海牙协定》和《马拉喀什条约》的进程。

5. 推动要素市场化配置改革的进程

（1）以高水平开放促进高水平市场经济发展，需要把要素市场化改革摆在突出位置。要素市场化改革滞后是我国建设高水平社会主义市场经济体制的突出短板，高水平开放对要素市场化配置和要素自由流动提出了新的要求。畅通国内国际双循环，促进国内市场和国际市场更好联通，释放国内巨大内需潜力，对推进要素市场化改革、优化要素市场化配置提出了现实需求。深化要素市场化配置改革，明显提升要素配置效率，有利于更好利用国内国际两个市场、两种资源，实现高质量发展。

（2）推动要素市场化配置的制度集成创新。要素市场化改革离不开产权制度改革和价格机制改革；推进要素市场化改革的重要任务是包括土地等在内的要素确权；要把要素市场化改革和产权制度改革、价格机制改革等改革内容有机结合起来，统筹设计、同步推进，形成制度集成创新的新格局。一方面，深化要素市场化配置改革，核心是充分发挥市场在要素资源配置中的决定性作用，打破要素自由流动的体制机制壁垒，保障各类市场主体平等获取生产要素。另一方面，从实际出发深化要素市场化配置改革，需要突出重点、分类推进。在传统要素领域，把劳动力、管理、土地、资本等配置到生产率更高的领域，使实际经济增长达到潜在生产可能性边界；随着科技革命的推进，要素的范畴也在不断拓展，数据成为新的要素，需要积极探索数据要素市场化配置改革。

（3）“十四五”期间实现要素市场化配置改革的重要突破。一是要加快推进土地要素市场化改革，形成城乡建设用地“同地同价同权利”的制度安排，形成公开、公正、公平的统一交易平台和交易规则。二是要深化户籍制度改革，实行以公民身份号码为唯一标识、全国统一的居住证制度，并建立城镇教育、就业、医疗卫生等基本公共服务与常住人口挂钩机制，推动农业转移人口市民化，增强劳动力的城乡、地域流动性，充分释放城乡一体化的巨大潜能。三是要推进数据要素市场化配置改革，抓紧制定相关法律法规，明确数据产权界定，对数据的所有权、使用权、收益权、处置权等进行规范，在保障国家安全的基础上，加快形成数据要素市场定价机制、市场交易方式和市场监管方面的规范性制度和规则。四是要以完善多层次资本市场为重点推进资本要素市场化配置改革，加快推进利率市场化改革，实现市场利率与基准利率的“两轨并一轨”，尽快实现银行体系与实体信用环节的贷款利率由市场决定这一目标。

CHAPTER 1

第一章

百年未有之
大变局下的中国选择

当今世界正经历百年未有之大变局。新冠肺炎疫情全球大流行使国际格局加速变化，单边主义、保护主义抬头，经济全球化的不稳定性和不确定性明显增强。党的十九届五中全会作出了“当前和今后一个时期，我国发展仍然处于重要战略机遇期，但机遇和挑战都有新的发展变化”的重大战略判断。作为有着14亿人口的经济体，面对百年未有之大变局，我国把高水平开放作为应对经济全球化新变局、推进国际经贸合作的重大战略举措。我国的高水平开放在维护多边主义、促进全球自由贸易进程中发挥着重要作用，对国际社会共同应对疫情、推动世界经济复苏具有积极影响。

第一节

疫情严重冲击经济全球化

新冠肺炎疫情给世界经济带来前所未有的冲击，并使经济全球化进程受阻。新冠肺炎疫情叠加百年未有之大变局，使得国际格局加速演进，并将影响到经济全球化的中长期趋势。

一、疫情严重冲击全球经济增长

新冠肺炎疫情使贸易保护主义背景下本已脆弱的全球供应链、产业链受到严重冲击，并使经济全球化进程受阻。本次疫情给世界经济带来的影响堪比一场经济危机，加剧了全球经济风险和不确定性。

1. 疫情严重冲击经济全球化

（1）疫情严重冲击全球供应链、产业链。截至2018年，全球中间产品出口贸易额达9.7万亿美元，占全球货物出口贸易额的52%[1]。WTO初步估算，在2020年第一季度，全球中间产品贸易同比下降5%，第二季度下降了15%[2]。为有效应对疫情，多数经济体普遍采取严格防控措施，阻断了人员、生产要素等跨国自由流动，由此大大加剧了全球产业链断裂的风险。随着疫情在全球的蔓延，欧美等地的一些制造业企业相继停工停产，这有可能严重冲击全球供应链、产业链，严重打击全球的生产能力，使世界经济增长动力严重不足。

（2）疫情严重冲击部分行业。例如：由于疫情，人流受到限制，旅游业、餐

[1] 陈静慧：《疫情对全球产业链的影响与应对》，《学习时报》2020年5月29日第2版。

[2] 《全球贸易观察｜科技生产未有重大转移，中国在帮助全球复苏》，https://www.yicai.com/news/100792576.html。

饮业和交通运输业等行业受到的冲击相当严重，某些航空公司可能面临严重打击；受疫情影响，关键零部件等中间产品生产停工，这对汽车制造、电气电子、医药等行业的整体需求和供应链造成了严重冲击，加大了汽车制造等行业的下行压力。

（3）疫情严重影响重大国际性项目的推进。疫情在全球范围的扩散，将使重大国际合作项目在合同履行、执行、融资、雇员返岗等方面面临诸多挑战，一些重大国际性项目将延后甚至停滞或取消。

2. 疫情重创全球经济增长，并导致全球经济陷入衰退

联合国前秘书长、博鳌亚洲论坛理事长潘基文指出，“新冠肺炎疫情全球大流行对全球经济增长带来严重冲击，其影响远超2008年的全球金融危机”[1]。经济合作与发展组织（OECD）首席经济学家洛朗丝·博纳用“世界正在经历自二战以来最大的经济衰退”[2]来形容其严重程度。国际货币基金组织估计，2020年全球GDP增长率按购买力平价（PPP）计算约为-4.4%。这是二战结束以来世界经济最大幅度的产出萎缩[3]。

3. 疫情蔓延增加全球经济危机爆发的可能性

疫情的全球性蔓延，导致全球经贸活动大受影响，经济活力也将严重下降。从市场的反应看，随着疫情的全球大流行，全球资本市场信心受到严重冲击，再加上国际油价暴跌重挫全球股市，短期内世界性的经济衰退开始成为现实。同时疫情加剧全球公共债务风险，疫情中多数国家采取大规模的宽松货币政策和财政救助措施，导致全球公共债务不断攀升。国际金融协会（IIF）发布的数据显示，2020年全球债务达到创纪录的281万亿美元。其中，新冠肺炎疫情令全球债务增加了24万

[1] 张飞：《以RCEP签署为契机　推进双边多边自由贸易》，《海南日报》2020年12月23日第A12版。

[2] 《经合组织首席经济学家：世界正经历自二战以来最大的经济衰退》，http://m.news.cctv.com/2020/09/17/ARTIub0nISWFYgE2onPRHtSh200917.shtml。

[3] 《2020年世界经济出现深度衰退　2021年增速反弹》，http://m.ce.cn/gj/itw/202101/01/t20210101_36179553.shtml。

亿美元[1]。如果疫情再持续一段时间，如果世界主要大国应对措施不力，如果全球性的协调行动迟缓，短期内的世界经济衰退有可能演变成全球经济危机。

二、疫情严重冲击经济全球化进程

疫情严重冲击全球自由贸易进程，助长贸易保护主义，导致经济全球化逆潮涌动。疫情将深刻改变全球产业链布局，产业链区域化、本土化、数字化将成为新常态。

1. 疫情导致贸易投资便利化进程受阻

（1）疫情重创国际贸易。2020年全球贸易急剧萎缩，WTO发布的数据显示，2020年第二季度全球货物贸易量环比下降14.3%，全球服务贸易额同比下滑30%，旅游业、交通运输业等受损尤其严重[2]。

（2）疫情重创跨国投资。联合国贸易和发展会议2021年1月25日发布的数据显示，受新冠肺炎疫情的影响，2020年全球外国直接投资金额下降了42%，从2019年的1.5万亿美元直接跌落到8590亿美元，甚至比全球金融危机爆发的2009年还低30%[3]。

（3）疫情重创跨国人员流动。以全球海外游客数量为例，2020年1～8月大约减少了7亿人，比2019年同期减少了70%；全球观光产业一共有1亿～1.2亿个就业岗位消失，预计全球观光产业遭受的损失为9000亿～1.2万亿美元[4]。

2. 疫情助长贸易保护主义

（1）疫情蔓延助长孤立主义、单边主义、民族主义和贸易保护主义思潮。疫

[1] 《IIF：2020年全球债务达281万亿美元》，https://baijiahao.baidu.com/s?id=1692078950500863686&wfr=spider&for=pc。

[2] 《世贸组织：第二季度全球货物贸易量环比下降14.3%》，http://m.xinhuanet.com/2020-09/23/c_1126532512.htm。

[3] 《2020年全球外国直接投资下降42%》，http://www.mofcom.gov.cn/article/i/jyjl/l/202101/20210103034330.shtml。

[4] 《复盘2020全球旅游业：新冠疫情巨大冲击下的艰难复苏》，http://k.sina.com.cn/article_1716685473_66528aa1001015i7w.html。

情导致的全球经济衰退，使得生产者、消费者信心严重受挫。某些逆全球化思潮重新抬头，甚至更为盛行。以美国为例，沿着“本国优先”的道路越走越远，将疫情泛政治化、污名化的言论层出不穷，各种极端论调轮番登场，意识形态偏见乘虚而入，严重破坏全球抗疫团结，并使经济全球化进程出现倒退。

（2）疫情蔓延严重影响双边、区域自由贸易进程。疫情下美国不断破坏以联合国为核心的国际多边体系，先后退出世界卫生组织、《开放天空条约》，干扰世界贸易组织总干事遴选进程；对别国极限施压，动辄挥舞制裁大棒，滥用“长臂管辖”。美国在对华战略上一意孤行，在经贸、科技、投资、金融、国家安全等一系列立法层面动用国家力量，对中美经贸往来进行限制，甚至鼓吹“脱钩”。

（3）疫情蔓延使全球经贸关系面临更为复杂的变化。在单边主义和“美国优先”的背景下，中美关系面临更为复杂和不确定的局面；欧美经贸问题谈判不仅迟迟难以取得突破，还出现了新的贸易争端；受各类非经济因素影响，全球双边、多边自由贸易进程的变数增多。

3. 疫情导致全球产业链区域化、本土化、数字化

（1）疫情促使更多国家重视产业链安全。东亚、欧洲和北美——全球三大产业链中心因疫情均遭受重创，全球供应链中断导致一些国家抗疫急需物资必须靠别国供应。更多国家把本国经济安全摆在突出位置，并竭力提升产业链和供应链自主可控能力。

（2）疫情导致产业链区域化。在全球部分产业链停摆的情况下，产业链围绕国家周边地区就近配置、尽量缩短产业链的趋势十分明显，并由此使得区域经济一体化的作用凸显。

（3）疫情导致产业链本土化。随着疫情防控常态化，综合考虑产业链、供应链安全以及本国居民就业需要，不少国家采取政策鼓励和支持已经转移到海外的生产环节重新迁回本土。

（4）疫情导致全球产业链数字化。疫情与第四次工业革命的叠加，使得全球供应链数字化转型加速。在人员难以流动的情况下，“让数字流动”成为新常态，全球供应链上的企业从线下走向线上的速度不断加快。

三、疫情加速国际格局演进

新冠肺炎疫情的大流行加速了世界经济重心向亚洲转移，区域经济一体化在经济全球化进程中的地位明显提升。全球共同应对新冠肺炎疫情，使得全球治理体系变革处在一个新的十字路口。

1. 世界百年未有之大变局叠加新冠肺炎疫情大流行，国际格局进入加速调整期

（1）疫情加快世界经济重心东移。与疫情在欧美国家愈演愈烈相比，以中国为代表的亚洲国家在应对疫情和经济复苏上普遍好于欧美国家。未来5年，中日韩三国与东盟的GDP总量将超过欧盟与美国的总和，世界经济重心向亚洲转移的速度将会大大加快。

专栏1.1 “亚洲时代”的来临[1]

未来5年，经济总量的国家位次将逐渐开启“亚洲时代”。2025年中国GDP总量将接近美国，甚至有可能赶超美国；印度有望超过德国，接近日本，排在全球第四的位置；欧洲诸国国力恐沦入麦哲伦环绕地球以来的“五百年未有之颓势”；美国从19世纪90年代以来连续130多年全球最大经济体的地位接近终点。据此，前四大经济体可能首次出现亚洲占三席的东方复兴局面。

正如美国知名印裔学者帕拉格·康纳在《亚洲世纪：世界即将亚洲化》一书中所说：“世界上大部分国家都受到19世纪欧洲化和20世纪美国化的影响，21世纪亚洲化在世界文明中的兴起犹如地理学中最新的沉积层形成，20世纪美国梦将被21世纪亚洲梦所代替。”在后疫情时代，亚洲人的行为准则越来越被推崇。

（2）亚洲区域合作在引领全球自由贸易进程中的地位和作用凸显。2020年底，RCEP签署，标志着全球参与人口最多、成员结构最多元、发展潜力最大的自

[1] 王文：《“十四五”时间的世界变奏》，《环球》2020年第26期。

贸区开始形成。预计亚洲区域内贸易总额占全球的比重在2025年将突破60%，未来5年亚洲对全球经济增长的贡献将有望超过65%，消费增长贡献将超过75%[1]。

（3）以美国为首的西方国家主导制定规则的国际格局处在动荡变革期。美国是世界上疫情最严重的国家，加上2020年大选出现的严重的政治对立和社会分裂、经济衰退、综合国力受损、不断在国际组织“退群”等诸多因素，其在国际格局中的领导力急剧下降。

2. 区域经济一体化成为经济全球化的重要形式

（1）区域经济一体化的重要性提升。区域贸易协定是疫情下各国扩大对外经贸合作的重要载体。据WTO统计数据，截至2020年12月23日，已送达WTO的区域贸易协定的通知累计达713个，正在生效实施的区域贸易协定有305个[2]。

（2）东亚、非洲和北美地区区域经济一体化进程加快。在东亚，RCEP的签署，促成了亚太地区自由贸易平台的建立。在非洲，2018年发起的自贸区建设倡议已于2021年1月1日正式启动，在54个国家和地区建立商品和服务的统一市场，使商务旅客和投资自由流通，通过简化贸易吸引长期投资，涵盖12亿人口和2.5万亿美元的经济总量[3]。在北美，修订后的《美国-墨西哥-加拿大协定》（USMCA）替代原有的《北美自由贸易协定》（NAFTA），作为该地区的新贸易机制正式生效。

3. 全球治理体系变革与重构的迫切性全面增强

（1）二战后确立的国际经济治理体系难以为继。特朗普在任期间将单边主义、“美国优先”政策推到极致，美国“退群”加上诸多国家出现的贸易保护主义、民粹主义思潮，全球治理体系在应对新冠肺炎疫情等新挑战时捉襟见肘。

（2）WTO改革不进则退。在WTO难以发挥作用时，RCEP和CPTPP等区域治理

---

[1] 王文：《“十四五”时间的世界变奏》，《环球》2020年第26期。

[2] 《区域经济一体化在曲折中前行》，http://intl.ce.cn/specials/zxgjzh/202012/29/t20201229_36166173.shtml。

[3] 《全球最大自贸区落地非洲，中非贸易迎来新契机》，https://www.jiemian.com/article/3169792.html。

规则体系开始兴起，并对传统全球经济治理框架提出新的挑战。

（3）全球治理体系处在变革的十字路口。新冠肺炎疫情大流行下大国博弈日趋激烈和复杂，地区热点有增无减，全球治理面临大考。联合国、七国集团（G7）、二十国集团（G20），乃至世界银行、国际货币基金组织等国际组织都将进入一个新的变革时代。

第二节

疫情凸显我国在世界经济中的地位和作用

新冠肺炎疫情大流行叠加百年未有之大变局导致国际格局变化的一个重要表现是，我国在世界经济中的地位明显提升、作用显著增强，我国与世界关系发生了历史性变化。2020年，我国成为世界范围内唯一经济正增长的经济体，成为世界经济增长的领头羊，成为全球自由贸易进程的重要引领者。

一、从“世界工厂”到“世界市场”

改革开放以来，特别是加入WTO后，我国凭借全球规模最大、门类最全、配套最完备的制造业体系，深度参与国际分工，融入全球产业链体系，成为“世界工厂”。随着我国进入工业化后期，在消费结构升级和扩大开放的推动下，我国逐步成为“世界市场”。

1. 改革开放与“世界工厂”的形成

（1）我国成为世界第一制造业大国。工业领域的市场开放极大地提升了我国制造业的生产能力。世界银行发布的数据显示，按现价美元测算，2010年我国制造业增加值首次超过美国，成为全球制造业第一大国，自此我国连续多年稳居世界第一。2017年我国制造业增加值占世界的份额高达27.0%，成为驱动全球工业增长的重要引擎[1]。

（2）我国制造业规模在全球遥遥领先。从制造业产值看，2018年我国制造业产值为40027亿美元，与美国的21733亿美元（2017年）、日本的10073亿美元（2017年）、德国的8324亿美元（2018年）、韩国的4409亿美元（2017年）远远拉

[1] 《中国成为世界第一工业制造大国》，http://www.chinanews.com/cj/2019/07-10/8890479.shtml。

开了距离。我国制造业产值分别是美国的184%、日本的397%、德国的481%、韩国的908%[1]。

（3）我国是世界第一大货物贸易出口国。1978年我国货物出口总额仅为167.65亿元[2]，2020年已达到17.93万亿元[3]，约增长1068.5倍。在“中国制造卖全球”的情况下，自2009年起，我国已连续多年稳居世界第一大货物贸易出口国地位。

（4）中国制造在全球抗疫中发挥了中流砥柱的作用。中国制造具有全产业链的突出优势，在生产抗疫物资中能够有效保障供给。截至2020年10月20日，我国已向150个国家和7个国际组织提供抗疫援助，出口口罩1790多亿只、防护服17.3亿件、检测试剂盒5.43亿人份[4]。

2. 我国开始成为“世界市场”

（1）我国将成为全球最大的消费市场。2019年，我国社会消费品零售总额达5.96万亿美元，而美国同期为6.22万亿美元。从进口规模看，我国已是仅次于美国的第二大进口国，进口规模占全球的比重已由2001年的3.8%升至2019年的10.8%，接近美国的12.3%[5]。考虑到2020年全年美国经济萎缩3.5%[6]，随着我国经济率先复苏，我国社会消费品零售市场和进口规模均有望很快超越美国，成为全球第一。

（2）我国消费市场规模仍有巨大提升空间。2020年上半年我国社会消费品零售总额同比增速始终为负（见图1-1），第二季度最终消费支出对经济增长的贡献率下降至 - 73%。2020年8月我国社会消费品零售总额同比增速开始由负转正，第

[1] 《专家观点|王继祥：中国制造业供应链的实力与短板》，https://mp.weixin.qq.com/s/77C1hwBi-t_RjHychaGCRQ。

[2] 国家统计局：《中国统计年鉴2020》，中国统计出版社，2020。

[3] 《2020年国民经济稳定恢复　主要目标完成好于预期》，http://www.stats.gov.cn/tjsj/zxfb/202101/t20210118_1812423.html。

[4] 习近平在第三届中国国际进口博览会开幕式上的主旨演讲。

[5] 张茉楠：《打造中国超大规模市场优势须改革与开放相互促进》，《中国经济时报》2020年12月29日第4版。

[6] 《美国2020年第四季度经济增长率上调至4.1%》，https://baijiahao.baidu.com/s?id=1692741484865680405&wfr=spider&for=pc。

三季度最终消费支出对经济增长贡献率已回升至34.9%[1]。2020年，我国全年社会消费品零售总额391981亿元，比上年下降3.9%[2]。随着常态化疫情防控机制的运行及新冠疫苗投入生产，我国消费需求将进一步回升。2019年，我国居民人均服务型消费增长12.6%，高于居民整体消费增速4个百分点，占比提高到45.9%[3]。预计到2025年，我国居民人均服务型消费占比将上升到52%～55%，由此将释放数十万亿元的消费潜力。

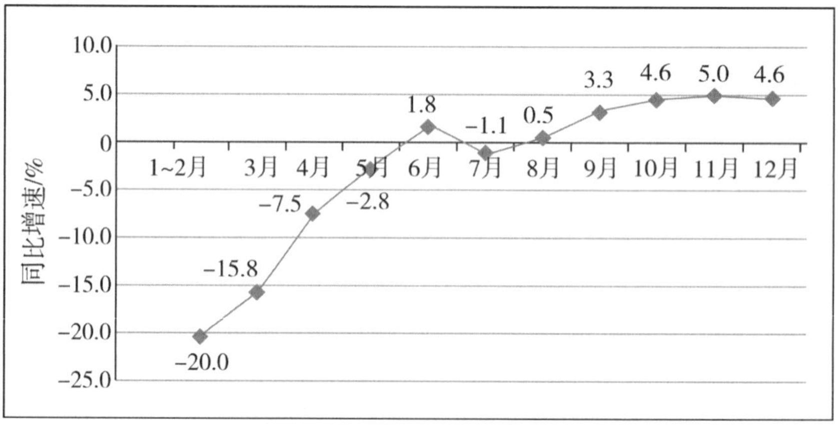

图1–1　2020年我国社会消费品零售总额同比增速变化趋势

数据来源：国家统计局。

（3）我国居民消费率仍有巨大提升空间。最近几年，我国居民消费率开始不断提升，但与部分经济体相比，仍有不小的差距。2019年，我国居民消费率仅为39.4%（见表1–1）[4]，不仅低于印度、南非、俄罗斯等金砖国家的水平（50%以上），更远低于英国等发达国家的水平（64%以上）。也就是说，我国居民消费率

[1]　《2020年中国消费市场发展报告——新消费成为引领国内大循环重要动力》，http://www.clii.com.cn/lhrh/hyxx/202012/P020201216101947.pdf。

[2]　《2020年国民经济稳定恢复　主要目标完成好于预期》，http://www.stats.gov.cn/tjsj/zxfb/202101/t20210118_1812423.html。

[3]　《方晓丹：居民收入和消费稳定增长　居民生活水平再上新台阶》，http://www.ce.cn/xwzx/gnsz/gdxw/202001/19/t20200119_34154564.shtml。

[4]　尚前名：《扩大消费要实现三个升级》，《瞭望》2020年第15期。

仍有15～20个百分点的提升空间。摩根士丹利预计，到2030年，我国个人消费将从2016年的4.4万亿美元增长到9.7万亿美元[1]。

表1-1 2000—2019年部分年份各国居民消费率（%）

国家	2000年	2010年	2015年	2017年	2018年	2019年
中国	46.7	34.3	37.8	38.5	38.5	39.4
印度	63.7	54.7	59.0	59.0	59.3	60.2
日本	54.4	57.8	56.6	55.4	55.6	—
韩国	54.5	50.4	48.5	47.6	48.0	48.6
南非	63.1	59.0	59.8	59.2	59.9	60.2
加拿大	54.7	57.1	57.8	57.9	57.9	57.8
美国	66.0	67.9	67.4	68.3	68.0	—
巴西	64.6	60.2	64.0	64.5	64.7	64.9
德国	56.3	55.1	52.9	52.3	52.1	52.3
俄罗斯	46.2	51.5	52.7	52.9	49.5	50.4
英国	66.5	64.3	64.5	65.0	65.5	64.9

数据来源：《中国统计年鉴2020》。

3. 中国与世界经济的依存度呈现历史性变化

（1）中国对外贸易依存度呈现下降趋势。我国的对外贸易依存度在2006年达到峰值（64.2%）（见图1-2），2008年的全球金融危机后，下降到2020年的31.6%。出口导向的发展模式，已经转变为内需导向的发展模式。

（2）中国已经成为全球第二大进口国。2019年美国进口总额为2.5万亿美元，中国进口总额为2万亿美元。根据2018年的数据，中国对202件商品的进口量排名全球第一。中国的十大进口商品为电子集成电路、原油、铁矿石、石油气和其他气态烃、大豆、铜矿石、半导体制造机器、光学器材、飞机、未锻轧的精炼铜及铜合金，其中铁矿石和大豆的进口量占全球进口总量超过50%[2]。

---

[1] 《大摩：2030年中国个人消费将达9.7万亿美元　如何投资消费型经济的中国？》，https://t.qianzhan.com/caijing/detail/171119-fd401f30.html。

[2] 《张茉楠专栏｜“双循环”是高质量高水平的开放大战略》，https://www.chinatimes.net.cn/article/101626.html。

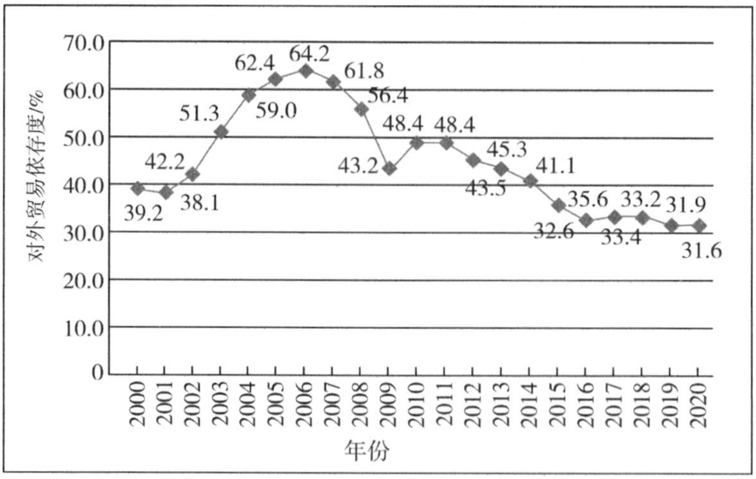

图1-2　2000—2020年我国对外贸易依存度

数据来源：国家统计局。

（3）世界对中国经济的依赖性逐步增强。麦肯锡全球研究院发布的中国-世界经济依存度指数显示，世界对中国经济的依存度相对上升，依存度指数从2000年的0.4增至2017年的1.2，而中国对世界经济的依存度则相对下降，依存度指数在2007年达到最大值0.9，到2017年下滑至0.6[1]。

（4）中国市场为全球企业提供巨大成长机会。以苹果公司为例，2019年的销售总收入为5190亿美元，其中中国地区销售收入2460亿美元，占比47.4%，在所有市场中位列第一，美国、欧洲和日本分别以1380亿美元、510亿美元、370亿美元依次排列[2]。中国拥有全球规模最大的移动互联网用户群体，为大数据、人工智能、云计算、移动互联网、物联网、区块链等数字技术提供了巨大应用市场。例如，机器人、新能源汽车、移动支付以及一些高技术产业，尽管其核心技术不在中国，但最大的应用市场在中国。

[1]　《麦肯锡：中国对世界经济依存度相对下降，世界对中国依存度相对上升》，https://www.jiemian.com/article/3275429.html。

[2]　《苹果首次披露App Store商业生态：2019年全球创收5190亿美元，中国地区占比最高》，https://www.jiemian.com/article/4536911.html。

二、从经济全球化的参与者到引领者

改革开放前期，我国只是经济全球化进程的参与者，主要是通过对外开放学习、引进国际先进管理经验发展经济。在新冠肺炎疫情大流行、全球治理赤字凸显的今天，中国提出的构建人类命运共同体、“一带一路”倡议等在世界范围内的影响力日益扩大，中国主动参与全球治理体系建设，逐步成为经济全球化的引领者。

1. 倡导推动构建人类命运共同体

党的十八大以来，我国提出构建人类命运共同体的倡议，集中体现了我国作为新型开放大国的全球观、开放观。从新冠肺炎疫情的暴发来看，病毒不分国籍，在全球人员流动、经济流动频繁的时代，世界已连成一个整体，面对危机和挑战，没有任何一个人、任何一个国家能独善其身。正如习近平主席2020年3月12日同联合国秘书长古特雷斯通电话时所强调的：“新冠肺炎疫情的发生再次表明，人类是一个休戚与共的命运共同体。在经济全球化时代，这样的重大突发事件不会是最后一次，各种传统安全和非传统安全问题还会不断带来新的考验。国际社会必须树立人类命运共同体意识，守望相助，携手应对风险挑战，共建美好地球家园。”[1]构建人类命运共同体是人类应对共同难题和全球化新挑战的“中国方案”，并越来越成为世界范围内的共识。

专栏1.2　人类命运共同体的提出

党的十八大以来，中国国家主席习近平提出了构建人类命运共同体的重要倡议。

2013年3月23日，习近平主席在莫斯科国际关系学院发表的演讲中，第一次在外交场合向世界提出“命运共同体”的理念[2]。

2013年3月25日，习近平主席在访问坦桑尼亚时谈及：“这段历史告诉我

[1]　《习近平同联合国秘书长古特雷斯通电话》，《人民日报》2020年3月13日第1版。

[2]　习近平：《顺应时代前进潮流，促进世界和平发展》，载《习近平谈治国理政》第一卷，外文出版社，2018。

们，中非从来都是命运共同体，共同的历史遭遇、共同的发展任务、共同的战略利益把我们紧紧联系在一起。”[1]

2015年3月，习近平主席在博鳌亚洲论坛2015年年会主旨演讲中提出了“通过迈向亚洲命运共同体，推动建设人类命运共同体”的倡议，提出迈向命运共同体的“四个坚持”：坚持各国相互尊重、平等相待，坚持合作共赢、共同发展，坚持实现共同、综合、合作、可持续的安全，坚持不同文明兼容并蓄、交流互鉴[2]。

2015年9月，习近平主席在美国纽约联合国总部发表重要讲话时指出：“当今世界，各国相互依存、休戚与共。我们要继承和弘扬联合国宪章的宗旨和原则，构建以合作共赢为核心的新型国际关系，打造人类命运共同体。”[3]

2017年10月18日，习近平主席在党的十九大报告中提出，坚持和平发展道路，推动构建人类命运共同体。同时倡导构建人类命运共同体，促进全球治理体系变革[4]。

2018年3月11日，第十三届全国人民代表大会第一次会议通过的《中华人民共和国宪法修正案》，将宪法序言中“发展同各国的外交关系和经济、文化的交流”修改为“发展同各国的外交关系和经济、文化交流，推动构建人类命运共同体”[5]。

2018年12月18日，习近平主席在庆祝改革开放40周年大会上的讲话中指出：“我们积极推动建设开放型世界经济、构建人类命运共同体，促进全球治理体系变革，旗帜鲜明反对霸权主义和强权政治，为世界和平与发展不断贡献中国智慧、中国方案、中国力量。”

2020年11月19日，习近平主席在亚太经合组织工商领导人对话会上的主旨

[1] 习近平：《永远做可靠朋友和真诚伙伴》，载《习近平谈治国理政》第一卷，外文出版社，2018。

[2] 习近平：《迈向命运共同体 开创亚洲新未来——在博鳌亚洲论坛2015年年会上的主旨演讲》，《人民日报》2015年3月29日第2版。

[3] 习近平：《携手构建合作共赢新伙伴，同心打造人类命运共同体》，载《习近平谈治国理政》第二卷，外文出版社，2017。

[4] 《中国共产党第十九次全国代表大会文件汇编》，人民出版社，2017。

[5] 《中华人民共和国宪法修正案》，http://www.xinhuanet.com/politics/2018lh/2018-03/11/c_1122521235.htm。

演讲中高瞻远瞩地指出："这场疫情再次说明，人类命运休戚与共，各国利益紧密相连，世界是不可分割的命运共同体。无论是赢得全球抗疫最终胜利，还是推动世界经济复苏，国际社会必须团结协作，共同应对危机考验。"[1]

2. "一带一路"成为经济全球化新主角

（1）丝绸之路经济带和21世纪海上丝绸之路共同构成了"一带一路"倡议。2013年9月7日，习近平主席在哈萨克斯坦纳扎尔巴耶夫大学发表演讲，提出了共同建设丝绸之路经济带。同年10月，习近平主席出访东盟，提出共同建设21世纪海上丝绸之路。2015年3月28日，我国发布《推动共建丝绸之路经济带和21世纪海上丝绸之路的愿景与行动》。

（2）"一带一路"在合作抗疫与经济复苏中发挥了重要作用。我国与"一带一路"合作伙伴在疫情中相互支持，作为全球抗疫物资最大供应国，先后向150个国家和地区、7个国际组织提供了280多批次抗疫援助[2]。2019年，我国与138个签署"一带一路"合作文件的国家的货物贸易额达1.9万亿美元，占我国货物贸易总额的41.5%[3]。2020年1～11月，我国企业在"一带一路"沿线国家非金融类直接投资额1106.8亿元，同比增长25.7%（折合159.6亿美元，同比增长24.9%），占同期总额的16.3%；对外承包工程项目新签合同额7932亿元，完成营业额4914.7亿元，分别占同期对外承包工程新签合同额和完成营业额的57.4%和58.9%[4]。

（3）"一带一路"引领新型全球化。在新冠肺炎疫情导致国际合作受阻的形势下，中国倡导的"一带一路"以开放包容为原则，以多边主义为基础，以互利共

[1] 《习近平在亚太经合组织工商领导人对话会上发表主旨演讲》，《人民日报》2020年11月20日第1版。

[2] 《卫健委：主要大国应承担相应责任　支持WHO发挥全球抗疫领导作用》，http://finance.sina.com.cn/hy/hyjz/2020-11-12/doc-iiznezxs1533144.shtml。

[3] 《中国不断与"一带一路"相关国家深化经贸合作　催生世界经济新格局》，http://china.cnr.cn/news/20200908/t20200908_525244605.shtml。

[4] 《2020年1～11月我对"一带一路"沿线国家投资合作情况》，http://www.mofcom.gov.cn/article/tongjiziliao/dgzz/202012/20201203027817.shtml。

赢为目标，成为新型经济全球化的主要载体。世界银行研究组分析了共建“一带一路”倡议对71个潜在参与国的贸易影响，结果表明共建“一带一路”倡议将使参与国之间的贸易往来增加4.1%[1]。

3. 推动改革和完善全球治理体系

（1）中国成为全球治理的重要参与者。最近10多年来，我国全力落实联合国千年发展目标，在消除贫困与饥饿、普及初等教育、促进性别平等、保障妇幼健康、疾病防控、环境保护等诸多方面取得了巨大进展[2]。2015年9月，联合国通过《2030年可持续发展议程》之后，我国率先发布了《中国落实2030年可持续发展议程国别方案》，已获批加入了30多项与生态环境有关的多边公约和议定书，在推动《巴黎气候变化协定》的达成和生效方面付出了艰苦卓绝的努力。我国在联合国大会上明确提出二氧化碳排放力争于2030年前达到峰值，努力争取在2060年前实现碳中和[3]。

（2）中国在全球经济治理中的话语权进一步提升。截至2018年，我国在世界银行的投票权升至第三位（从4.45%上升至5.71%），仅次于美国和日本（分别为15.87%和6.83%）[4]；在国际货币基金组织的投票权份额从3.8%提高至超过6%，排名由第六跃升至第三[5]。

（3）中国开始提供全球性公共产品。2014年11月，中国政府宣布出资400亿美元成立丝路基金，2017年5月，中国政府宣布向丝路基金增资1000亿元。截至2020年

[1] 代贺：《一带一路　数读“五通”》，《人民日报》（海外版）2019年4月25日第8版。

[2] 《中国的改革开放怎样影响了世界》，http://www.qstheory.cn/dukan/hqwg/2019-01/10/c_1123970739.htm。

[3] 孙秀艳：《减碳，中国设定硬指标》，《人民日报》2020年9月30日第14版。

[4] 《重磅！世界银行确认将增资130亿美元　中国投票权升至第三位》，https://t.qianzhan.com/caijing/detail/180423-ffc4d541.html。

[5] 《中国IMF投票权跃升第三位》，https://www.sohu.com/a/49513498_148974。

10月，丝路基金已累计签约项目47个，承诺投资金额178亿美元[1]。2016年11月20日，我国发起设立亚洲基础设施投资银行。截至2018年底，亚洲基础设施投资银行已从最初的57个创始成员，发展到遍布各大洲的93个成员，最近成员数量已增至100个；累计批准贷款75亿美元，撬动其他投资近400亿美元，已批准的35个项目覆盖印度尼西亚、巴基斯坦、塔吉克斯坦、阿塞拜疆、阿曼、土耳其、埃及等13个国家[2]。截至2020年12月，我国已拿到了约16个国家的近5亿剂疫苗订单，至少已有40个国家向我国企业提出了订购疫苗的需求[3]。同时，我国已向33个国家和地区派出35个医疗专家组，向150个国家和地区、7个国际组织提供280多批次抗疫援助，向200多个国家和地区提供和出口防疫物资[4]。

三、从经济全球化的受益者到贡献者

如果说改革开放前期，中国是经济全球化的受益者，那么今天中国的发展为全世界提供机遇，中国更是经济全球化的贡献者。全球的共同抗疫离不开中国的支持，中国改革开放的持续推进，将为推动全球自由贸易进程、促进世界经济稳定复苏提供强大引擎。

1. 全球自由贸易进程的重要推动者

随着经济实力的壮大，我国不仅仅是全球自由贸易进程的适应者，还是重要的发动机。世界发展指数（WDI）显示，截至2018年，中国已成为120多个国家的最大贸易伙伴。2001—2017年，中国货物进口平均增速达13.5%，是世界平均增

[1] 《丝路基金已签约47个项目、承诺投资金额178亿美元》，https://www.chinanews.com/cj/2020/10-23/9320948.shtml。

[2] 代贺：《一带一路　数读“五通”》，《人民日报》（海外版）2019年4月25日第8版。

[3] 《超40国求购中国疫苗，中国已拿到近5亿剂订单！阿根廷订单有变》，https://baijiahao.baidu.com/s?id=1687193192237785512&wfr=spider&for=pc。

[4] 《卫健委：主要大国应承担相应责任　支持WHO发挥全球抗疫领导作用》，http://finance.sina.com.cn/hy/hyjz/2020-11-12/doc-iiznezxs1533144.shtml。

速的2倍；同期中国服务进口平均增速为16.7%，是世界平均增速的2.7倍[1]。世界银行数据库显示，2019年中国货物和服务出口额、进口额分别占全球的10.58%、10.21%。

2. 世界经济增长的重要贡献者

最近几年我国对世界经济增长的贡献率持续保持在30%左右。2013年以来，我国对世界经济增长的贡献率位居世界第一，2017年为34.6%，约为美国的2倍[2]。世界银行数据库显示，2018年世界经济净增量为4.9万亿美元，中国GDP净增量为1.46万亿美元，比美国的1.01万亿美元高出0.45万亿美元，占世界经济净增量的29.8%；印度同年增长率为全球第一，实际经济增量仅为0.074万亿美元。中国的抗疫和经济复苏在全球一枝独秀。国家统计局公布的统计公报显示，初步核算，我国2020年全年国内生产总值为1015986亿元，比上年增长2.3%，继续坐稳世界经济增长最强引擎宝座[3]。

3. 全球数字革命的重要推动者

2017年8月，麦肯锡全球研究院发布的《中国的数字经济：全球领先力量》显示，中国拥有世界上最多的数字技术投资者、使用者和独角兽企业，中国独角兽企业数量占全球的1/3[4]。我国在电子商务和数字支付方面处于全球领先地位。以华为公司为例，目前它已成为全球5G技术的领跑者，在全世界有26个研发中心，拥有在职数学家700多人、物理学家800多人、化学家120多人[5]。中国信息通信研究院发布

[1] 钟轩理：《泾渭由来两清浊——给中国对世界的贡献算算账》，《人民日报》2018年10月10日第2版。

[2] 钟轩理：《泾渭由来两清浊——给中国对世界的贡献算算账》，《人民日报》2018年10月10日第2版。

[3] 《中华人民共和国2020年国民经济和社会发展统计公报》，http://www.stats.gov.cn/tjsj/zxfb/202102/t20210227_1814154.html。

[4] "China's Digital economy: A leading global force"，https://www.mckinsey.com/featured-insights/china/chinas-digital-economy-a-leading-global-force.

[5] 《任正非答中国媒体30问：准备了十几年应对今天碰到的问题》，http://finance.china.com.cn/industry/renwu/20190118/4874298.shtml。

的《中国数字经济发展白皮书（2021）》显示，2020年我国数字经济规模达到39.2万亿元，占GDP的比重为38.6%（比2019年提升约2.4个百分点），同比名义增长9.7%[1]。

4. 增加全球就业的重要贡献者

截至2019年底，我国已在“一带一路”沿线国家建设的合作区累计投资350亿美元，上缴东道国税费超过30亿美元，为当地创造就业岗位33万个[2]。安永会计师事务所指出，2005—2016年中国在非洲创造的就业岗位超过13万个，是美国的3倍多。此外，根据国际劳工组织发布的《中国–拉丁美洲与加勒比地区经贸合作进展报告（2019）》，1990—2016年中国为拉美和加勒比地区创造了180万个就业岗位[3]。

[1] 《中国数字经济发展白皮书（2021）》，https://coffee.pmcaff.com/article/13701912_j。

[2] 《7年来中国与“一带一路”沿线国家货物贸易进出口总额增至1.34万亿美元》，https://baijiahao.baidu.com/s?id=1677162009465366471&wfr=spider&for=pc。

[3] 钟轩理：《泾渭由来两清浊——给中国对世界的贡献算算账》，《人民日报》2018年10月10日第2版。

第三节

高水平开放：应对大变局的中国选择

新发展阶段的中国，也是世界的中国。一方面，世界百年未有之大变局为我国全面参与经济全球化、实现高质量发展并提升国际影响力和话语权提供了重要的历史机遇。另一方面，作为新型开放大国，我国以高水平开放融入世界经济，实现高质量发展，也将给世界各国的发展注入巨大正能量。

一、高水平开放的特定内涵

“十四五”期间，我国要从自身处于新发展阶段的基本国情出发，从我国与世界关系的历史性变化出发，以高水平开放形成改革发展新布局，在对冲逆全球化不利影响的同时，突出加强创新能力的开放合作，走出一条以开放促进高质量发展的新路子。

1. 高水平开放的提出

随着我国经济发展水平的不断提高，经济由高速增长阶段转向高质量发展阶段，对外开放也相应需要向更高水平、更高层次迈进。党的十八大以来，习近平主席提出了高水平开放的一系列重要论述。2018年的中央经济工作会议首次提出“推动由商品和要素流动型开放向规则等制度型开放转变”。2019年4月26日，国家主席习近平在第二届“一带一路”国际合作高峰论坛开幕式上发表的主旨演讲中强调：“下一步，中国将采取一系列重大改革开放举措，加强制度性、结构性安排，促进更高水平对外开放。”[1]党的十九届四中全会首次提出“建设更高水平开放型

[1] 习近平：《齐心开创共建“一带一路”美好未来——在第二届“一带一路”国际合作高峰论坛开幕式上的主旨演讲》，《人民日报》2019年4月27日第3版。

经济新体制”。党的十九届五中全会将“更高水平开放型经济新体制基本形成”列入“十四五”时期经济社会发展主要目标。

专栏1.3 党的十八大以来习近平关于高水平开放的重要论述

1.“中国将在更大范围、更宽领域、更深层次上提高开放型经济水平。中国的大门将继续对各国投资者开放，希望外国的大门也对中国投资者进一步敞开。”

——在同出席博鳌亚洲论坛2013年年会的中外企业家代表座谈时的讲话（2013年4月8日）

2.“我们将实行更加积极主动的开放战略，完善互利共赢、多元平衡、安全高效的开放型经济体系，促进沿海内陆沿边开放优势互补，形成引领国际经济合作和竞争的开放区域，培育带动区域发展的开放高地。”

——《深化改革开放，共创美好亚太》，《人民日报》2013年10月8日第3版

3.“要顺应我国经济深度融入世界经济的趋势，发展更高层次的开放型经济，积极参与全球经济治理，促进国际经济秩序朝着平等公正、合作共赢的方向发展。”

——在十八届中央政治局第二十八次集体学习时的讲话（2015年11月23日）

4. “必须坚持扩大开放，不断推动共建人类命运共同体。改革开放40年的实践启示我们：开放带来进步，封闭必然落后。中国的发展离不开世界，世界的繁荣也需要中国。我们统筹国内国际两个大局，坚持对外开放的基本国策，实行积极主动的开放政策，形成全方位、多层次、宽领域的全面开放新格局，为我国创造了良好国际环境、开拓了广阔发展空间。”

——在庆祝改革开放40周年大会上的讲话（2018年12月18日）

5.“下一步，中国将采取一系列重大改革开放举措，加强制度性、结构性安排，促进更高水平对外开放。”

——在出席第二届“一带一路”国际合作高峰论坛开幕式上的主旨演讲《齐

心开创共建“一带一路”美好未来》（2019年4月26日）

6.“中国对外开放是全方位、全领域的，正在加快推动形成全面开放新格局。中国将继续鼓励自由贸易试验区大胆试、大胆闯，加快推进海南自由贸易港建设，打造开放新高地。中国将继续推动京津冀协同发展、长江经济带发展、长三角区域一体化发展、粤港澳大湾区建设，并将制定黄河流域生态保护和高质量发展新的国家战略，增强开放联动效应。”

——在第二届中国国际进口博览会开幕式上的主旨演讲《开放合作 命运与共》（2019年11月5日）

7.“锐意开拓全面扩大开放。当前，世界经济面临诸多复杂挑战，我们决不能被逆风和回头浪所阻，要站在历史正确的一边，坚定不移全面扩大开放，推动建设开放型世界经济，推动构建人类命运共同体。新发展格局不是封闭的国内循环，而是开放的国内国际双循环。要优化升级生产、分配、流通、消费体系，深化对内经济联系、增加经济纵深，增强畅通国内大循环和联通国内国际双循环的功能，加快推进规则标准等制度型开放，率先建设更高水平开放型经济新体制。”

——在深圳经济特区建立40周年庆祝大会上的讲话（2020年10月14日）

8.“中国将有效发挥自由贸易试验区、自由贸易港引领作用，出台跨境服务贸易负面清单，在数字经济、互联网等领域持续扩大开放，深入开展贸易和投资自由化便利化改革创新，推动建设更高水平开放型经济新体制。”

——在第三届中国国际进口博览会开幕式上的主旨演讲（2020年11月4日）

9.“深入推进高水平制度型开放，增创国际合作和竞争新优势。对外开放是我国的基本国策，任何时候都不能动摇。”“要敞开大门欢迎各国分享中国发展机遇，积极参与全球经济治理。凡是愿意同我们合作的国家、地区和企业，我们都要积极开展合作。浦东要着力推动规则、规制、管理、标准等制度型开放，提供高水平制度供给、高质量产品供给、高效率资金供给，更好参与国际合作和竞争。”

——在浦东开发开放30周年庆祝大会上的讲话（2020年11月12日）

2. 高水平开放的基本内涵

（1）基本概念。所谓高水平开放，是指与全球自由贸易发展趋势和本国发展阶段相适应，更大范围、更宽领域、更深层次的市场开放。

（2）基本内涵。从实践看，市场对外开放水平要与WTO发布的《服务贸易总协定》以及投资贸易自由化变革的大方向相适应，与高标准双边、多边自由贸易区的发展趋势相适应，与国内高质量发展的趋势相适应。

（3）基本特征。一是实施更大范围的市场开放，主要是要优化对外开放的空间布局，加快沿边、内陆开放，改变东快西慢、沿海强内陆弱的开放状况，引导沿海、内陆、沿边开放优势互补、协同发展。二是实施更宽领域的市场开放，不仅要推进制造业领域的开放，也要高度重视提升服务业领域和农业领域的市场开放度，使三次产业都能够形成国际竞争力。三是实施更深层次的市场开放，主要是推进规则等制度型开放，与国际通行的经贸规则对接，形成制度性、结构性安排，使其能体现权利与责任的对等性、国际规则的透明性、全球治理的公平性。

二、高水平开放是个大战略

高水平开放是我国积极应对世界百年未有之大变局的战略举措，不仅有利于我国实现高质量发展，也有利于推动经济全球化的健康发展。

1. 应对全球化新变局的战略选择

（1）“十四五”时期是我国迈向高收入国家行列的重要时段。2019年，我国人均GDP达到10276美元，比中等偏上收入国家的平均水平（9040美元）高出13.7%，接近高收入国家分组的下限水平（12235美元）[1]。能否达到高收入国家收入标准，关键取决于“十四五”时期的发展。

（2）高水平开放是创造良好外部发展环境的战略选择。以高水平开放化解新

[1] 蔡昉：《科学把握新发展阶段（深入学习贯彻党的十九届五中全会精神）》，《人民日报》2020年11月25日第7版。

冠肺炎疫情冲击叠加中美经贸摩擦带来的不确定性和不稳定性，创造新的战略机遇期，形成新的发展动能，使经济保持5%～6%的增速，确保到“十四五”末达到现行的高收入国家标准，到2035年实现经济总量或人均收入翻一番，为我国在2035年如期基本实现社会主义现代化以及人均GDP达到中等发达国家水平奠定坚实基础。

2. 推动经济高质量发展的战略选择

（1）高水平开放与高质量发展相互融合。我国作为新型开放大国，国内市场与国际市场已经高度融合，实现高质量发展离不开高水平开放的突破。

（2）高水平开放是推动形成国内国际双循环发展新格局的战略选择。我国拥有超大规模的市场优势和内需潜力，推进高水平开放有利于我国放大内需市场优势参与国际大循环，加快形成以国内大循环为主体、国内国际双循环相互促进的新发展格局。

（3）高水平开放是形成创新发展新格局的战略选择。全球新科技革命与经济转型升级的相互融合，正在深刻改变我国经济结构，并形成强大的增长动力。以高水平开放推动创新发展，有利于我国加快新旧动能转换，推动产业迈向全球价值链中高端，开辟巨大市场空间。

3. 推动全球治理变革的战略选择

（1）我国走近世界舞台中央，需要形成与国际规则引领者相适应的大国开放体系。作为新型开放大国，无论是支持多边贸易体制、捍卫世界贸易组织核心价值和基本原则，还是实现“一带一路”高质量发展、构建高标准自贸区网络，都对高水平开放提出了新的要求。

（2）高水平开放是促进新型经济全球化的战略选择。当前的经济全球化逆潮，很大程度上反映了传统经济全球化的积弊。我国提出的“一带一路”倡议，是新型经济全球化下的“中国方案”，不仅包容发达国家，也包容广大发展中国家。推进高水平开放，将为“一带一路”的高质量发展提供新机遇，注入新动力。

（3）高水平开放是推动形成新型全球治理模式的战略选择。在疫情冲击下，单边主义、保护主义和极端民族主义思潮蔓延，全球范围内的“治理赤字”“信任赤字”“和平赤字”“发展赤字”进一步扩大。推进更高水平对外开放有助于我国同各国加强防疫合作，促进世界经济稳定，推进全球治理，维护以联合国为核心的国际体系和以国际法为基础的国际秩序，推动构建人类命运共同体。

三、高水平开放的现实路径

我国需要立足于国内国际双循环新发展格局，推动自由贸易进程和服务贸易发展，打造高水平对外开放新高地，坚持制度型开放，积极构建高水平社会主义市场经济体制。

1. 以构建国内国际双循环新发展格局为基本要求

构建以国内大循环为主体、国内国际双循环相互促进的新发展格局，是我国应对复杂多变的国际经济政治环境而实行的战略转型。这一战略转型与未来我国经济转型升级的趋势相适应，并且是长期战略。当前，我国正处于经济转型升级的关键时期，具有以国内大循环为主体的基础和条件。从产业结构升级来看，2020年，我国第三产业增加值553977亿元，比上年增长2.1%[1]，第三产业增加值占国内生产总值（1015986亿元）的比重约为54.5%，预计未来5～10年还有10个百分点左右的升级空间。从消费结构升级来看，2019年我国城乡居民服务型消费占比为45.9%，预计未来10年左右服务型消费还有15～20个百分点的升级空间。从城乡结构升级来看，2019年我国常住人口城镇化率为60.6%，预计未来还有10个百分点左右的升级空间[2]。

2. 以推动自由贸易进程为战略目标

推进合作共赢、合作共担、合作共治的共同开放，建设开放型世界经济，是各

[1]　《2020年国民经济稳定恢复　主要目标完成好于预期》，http://www.stats.gov.cn/tjsj/zxfb/202101/t20210118_1812423.html。

[2]　迟福林：《以高水平开放构建“双循环”新发展格局》，《经济参考报》2020年9月30日第1版。

国的共同责任。经济全球化的大势没有改变，各国走向开放、走向合作的大势没有改变。我国坚持高水平开放，主动推进双边、多边自由贸易进程。目前，RCEP已经正式签署，我国积极考虑加入CPTPP。未来几年，我国将以主动加入CPTPP为契机，加快推进服务业领域的规则、规制、管理、标准等更大程度与国际接轨，不断提升我国服务贸易竞争力。例如，率先在医疗健康等社会需求强烈的服务业领域引入国际先进管理标准；加快完善“准入前国民待遇＋负面清单”管理制度，全面取消外资准入负面清单之外的限制等。我国坚定不移地全面扩大开放，坚定不移地推进全球自由贸易进程，坚定不移地参与全球经济治理变革，为国际社会注入更多正能量。

3. 以服务贸易发展为重大任务

进入新发展阶段，释放14亿人消费潜力的重点是服务型消费，关键是扩大服务业市场开放和加快服务贸易发展。从经济全球化趋势看，服务贸易已经成为全球自由贸易的焦点。2010—2019年，全球服务贸易额由7.8万亿美元增长至11.9万亿美元，年均名义增长4.8%，是同期货物贸易增速的2倍[1]。从我国经济发展趋势看，服务贸易开始成为经济转型升级的重点。2014—2019年，我国服务贸易额年均增长7.8%，是货物贸易增速的2.2倍，是外贸整体增速的1.9倍[2]。适应经济全球化大趋势与国内经济转型升级的需求，协同推进强大国内市场和贸易强国建设，关键是加快补齐服务贸易发展的突出短板。“十四五”期间，我国要同步推进生活性服务业和生产性服务业的服务贸易开放进程，争取到2025年服务贸易额占贸易总额的比重由2019年的14.6%提高至20%以上。

4. 以打造高水平对外开放新高地为重要突破

经济特区、粤港澳大湾区、自由贸易试验区、自由贸易港等，是中国建设更高水平开放型经济新体制的试验田，肩负着服务贸易和服务业市场开放的历史使命。充分发挥试验田的先驱作用，打造高水平对外开放新高地，一是要以服务贸易发展

[1] 数据来源于世界银行数据库。

[2] 国家统计局：《中国统计年鉴2020》，中国统计出版社，2020。

为主导加快海南自由贸易港建设。海南自由贸易港建设要对标世界最高水平开放形态，尽快打造面向东盟的重要门户，在引领区域经济合作中扮演新角色、发挥重要作用。二是要以服务贸易一体化为重点加快粤港澳大湾区建设。推进粤港澳大湾区建设的重要突破点在于加快粤港澳服务贸易一体化进程。未来几年，我国需要加快推动树立三地互认衔接的服务业管理标准及明确人才资格要求，实现粤港澳服务业产业深度合作、市场体系直接融合、服务体系全面对接。三是要以服务贸易项下的自由贸易分步推进自由贸易试验区转型发展。要以新的思路推动自由贸易试验区探索，分类推进自由贸易试验区服务贸易开放。例如，推动上海、广东等部分自由贸易试验区率先对标全球高标准自由贸易园区，赋予其“零关税、低税率、区内流转免征增值税”等国际自由贸易园区通行的相关政策，并加快其在数字贸易、服务贸易等新兴贸易领域的规则探索进程。

5. 以构建高水平社会主义市场经济体制为重要保障

党的十九届五中全会提出的构建高水平社会主义市场经济体制，是推进高水平开放的根本保障。坚持扩大高水平开放和深化市场化改革互促共进，建设更高水平开放型经济新体制，以开放促改革促发展，一是要以制度型开放推动高标准市场体系建设。制度型开放对建设高标准市场体系具有重大影响，以高水平开放倒逼深层次市场化改革，有可能推动一些深层次体制机制问题取得实质性突破，进一步形成以开放促改革促发展的新格局。与此同时，更高水平开放型经济新体制的建设依赖于高标准市场体系建设。深化市场化改革是扩大高水平开放的重要基础，有助于推动更高水平开放型经济新体制的建立。二是要适应高水平开放，推动要素市场化改革。例如，深化土地要素市场化改革，建立城乡统一的土地要素市场；着眼于释放人力资源活力，加快改革人才管理体制，建立以人为中心的科技创新激励机制；深化户籍制度改革，全面实行以公民身份号码为唯一标识的居住证制度，充分释放新型城镇化的巨大潜能等。三是要以推进服务业市场开放进程，实质性地打破服务业领域的各类市场垄断与行政垄断，加快建设更高水平开放型经济新体制。

CHAPTER 2

第二章

以高水平开放构建国内国际双循环新发展格局

党的十九届五中全会强调：“加快构建以国内大循环为主体、国内国际双循环相互促进的新发展格局。”构建以国内大循环为主体、国内国际双循环相互促进的新发展格局，是育新机、开新局的战略选择，是后疫情时代促进经济复苏与国际合作的重大举措。面对复杂多变的国际经济政治环境，要以高水平开放的重大突破，带动构建以国内大循环为主体、国内国际双循环相互促进的新发展格局。

第一节

我国经济转型升级蕴藏巨大内需潜力

未来5~10年，我国经济转型升级处于关键时期并蕴藏着巨大的内需潜力。“十四五”时期，14亿人口的广阔内需市场潜力的释放将激发源源不断的创新潜能，构成以国内大循环为主体、国内国际双循环相互促进新发展格局的战略基点，并将继续支撑长期可持续的经济增长。

一、我国处于经济转型升级的关键时期

经过40多年的改革发展，我国总体上进入工业化后期，经济转型升级呈现新的历史性特点：产业结构正由工业主导向服务业主导转型，消费结构正由以物质型消费为主向以服务型消费为主转型，城镇化结构正由规模城镇化向人口城镇化转型。

1. 消费结构升级处在关键期

（1）进入消费新时代，服务型消费开始成为消费重点。一方面，改革开放以来，我国恩格尔系数明显下降。1978年，我国城乡居民恩格尔系数分别为57.5%和67.7%；2000年，我国城乡居民恩格尔系数分别下降至39.4%和49.1%，城镇居民恩格尔系数首次低于40%；2017年，我国居民恩格尔系数为29.3%，首次低于30%[1]；2019年，我国居民恩格尔系数进一步下降到28.2%，连续8年下降，已经达到联合国20%~30%的富足标准[2]。另一方面，我国服务型消费比重持续提升。我国进入消费新时代，消费升级的趋势明显，服务型消费逐步成为全社会消费的重点。2013—

[1] 《改革开放40年我国居民消费水平节节高升　恩格尔系数比1978年下降一半》，https://baijiahao.baidu.com/s?id=1619007080243703943&wfr=spider&for=pc。

[2] 《2019年中国居民恩格尔系数28.2%　连续8年下降》，https://m.chinanews.com/wap/detail/sp/sp/shipin/cns/2020/01-21/news9066527.shtml。

2019年，我国居民人均服务型消费支出占比由39.7%上升至45.9%（见表2–1）。其中，城镇居民人均服务型消费支出占比由41.7%上升至48.2%，农村居民人均服务型消费支出占比由34.3%上升至39.7%。

表2–1 2013—2019年我国城乡居民人均服务型消费支出占比情况（%）

范围	2013年	2014年	2015年	2016年	2017年	2018年	2019年
全国	39.7	40.3	41.1	41.8	42.6	44.2	45.9
城镇	41.7	42.3	43.0	43.6	44.4	46.5	48.2
农村	34.3	35.1	36.2	37.0	37.7	38.3	39.7

数据来源：《中国统计年鉴2020》。

（2）消费结构还有15～20个百分点的提升空间。服务型消费占比在一定发展阶段实现较快增长是一个基本规律，但随着一个经济体进入富裕阶段，服务型消费占比将趋于稳定。以美国为例，其服务型消费占比在提高到60%以后，增速开始放缓。按当前态势预测，美国服务型消费占比可能在70%左右达到一个稳定状态。再以日本为例，从1994年开始，日本个人服务型消费增长平稳，相比于耐用品、非耐用品等商品消费，服务型消费成为日本消费者的主要支出项。2007年以后，日本的服务型消费占比趋于平稳，保持在58%左右[1]。中国（海南）改革发展研究院（简称“中改院”）课题组曾在2014年对我国城乡居民服务型消费需求稳态预测进行了研究，综合考虑城镇化率等因素影响，我国城乡居民服务型消费占比在提高到65%左右后将趋于稳定。

2. 产业结构升级处在关键期

（1）进入工业化后期，服务业成为主导产业。服务业增加值占GDP的比重在一定程度上反映了一国的经济发展模式与所处的发展阶段。近年来我国服务业增加值占GDP的比重不断上升，并于2015年首次超过了50%，2019年服务业增加值占GDP的比重达到53.9%（见表2–2）[2]。从全球范围来看，由生产型制造转向服务型

[1] 三浦展：《第4消费时代》，马奈译，东方出版社，2014。

[2] 国家统计局：《中国统计年鉴2020》，中国统计出版社，2020。

制造是一个大趋势。尤其是在第四次工业革命背景下，制造业服务化、智能化的趋势更加明显。发达国家有“两个70%”的经济现象：服务业增加值占GDP的70%，生产性服务业增加值占服务业增加值的70%。部分研究显示，近年来我国生产性服务业快速发展的趋势明显，2005—2018年，我国生产性服务业增加值占服务业增加值的比重由36.12%上升到49.90%[1]，但与发达国家“两个70%”相比仍有较大差距，制造业转型升级仍有很大空间。

（2）产业结构还有10个百分点左右的提升空间。2019年我国第三产业占比为53.9%，与2018年全球第三产业平均水平（71.1%）相差17.2个百分点，还有巨大的发展空间。2020年，我国第三产业占比提升至54.5%[2]。预计到2025年这一数字将超过60%，并且在这个水平上保持相对稳定。“十四五”末要实现服务业占比60%以上的目标，需要在服务业领域更大力度地推进开放。

表2-2　服务业增加值占GDP比重（%）

范围	2017年	2018年	2019年
世界	71.2	71.1	—
高收入国家	75.9	75.8	—
中等收入国家	59.9	59.9	60.5
低收入国家	54.3	56.9	57.6
中国	52.7	53.3	53.9

数据来源：世界银行数据库。

3. 城镇化结构升级处在关键期

（1）进入城镇化中后期，城乡协调发展是个大趋势。党的十九届五中全会明确提出：“推动形成工农互促、城乡互补、协调发展、共同繁荣的新型工农城

[1]　宣烨、杨青龙：《生产性服务业助推制造强国建设》，《中国社会科学报》2020年11月4日第3版。

[2]　《2020年国民经济稳定恢复　主要目标完成好于预期》，http://www.stats.gov.cn/tjsj/zxfb/202101/t20210118_1812423.html。

乡关系。”2019年我国常住人口城镇化率达到60.31%，较2018年（59.58%）上升0.73个百分点，超过世界平均水平（55.71%）4.6个百分点，超过中等收入国家水平（52.88%）7.43个百分点[1]。受制于城乡二元户籍制度，大量的农民工进城后由于无法落户，享受不到与户籍人口平等的公共服务，户籍人口城镇化率与常住人口城镇化率之间存在较大缺口。过去几年，我国户籍人口城镇化率明显提升。数据显示，2012年我国常住人口城镇化率为52.57%（见表2-3），户籍人口城镇化率为35.30%，两者缺口为17.27个百分点。到2019年，常住人口城镇化率为60.31%，户籍人口城镇化率为44.38%，两者缺口缩小到15.93个百分点。

表2-3　2012—2019年我国城镇化率（%）

年份	常住人口城镇化率	户籍人口城镇化率
2012	52.57	35.30
2013	53.73	35.90
2014	54.77	36.30
2015	56.10	39.90
2016	57.35	41.20
2017	58.52	42.35
2018	59.58	43.37
2019	60.31	44.38

数据来源：国家统计局网站。

（2）人口城镇化率还有15～20个百分点的提升空间。世界银行统计数据显示，2019年，我国常住人口城镇化率（60.31%）不仅低于高收入国家水平（81.05%）（见表2-4），而且低于巴西（86.82%）、南非（66.86%）、俄罗斯（74.59%）。若从户籍人口城镇化率的角度来看，我国与这些国家的差距更大。考虑到城市化和城市群的发展，以及城乡二元户籍制度改革，常住人口城镇化率有可能保持年均1个百分点的增速，预计到2025年，我国常住人口城镇化率将由2019

[1]　数据来源于世界银行数据库。

年的60.31%提高到66%左右，户籍人口城镇化率将由2019年的44.38%提高到50%左右。预计到2030年，常住人口城镇化率将提高到70%～75%，户籍人口城镇化率将达到60%左右。这意味着常住人口城镇化率还有10～15个百分点的提升空间，户籍人口城镇化率还有15～20个百分点的提升空间[1]。

表2-4　1978—2019年世界城镇化水平（%）

年份	世界	高收入国家	中等收入国家	中国	印度	巴西	南非	俄罗斯
1978	38.53	70.47	30.18	17.90	22.38	63.63	48.29	68.70
1980	39.35	71.06	31.31	19.36	23.10	65.47	48.43	69.75
1990	43.03	73.75	36.43	26.44	25.55	73.92	52.04	73.39
2000	46.69	76.15	41.33	35.88	27.67	81.19	56.89	73.35
2010	51.65	79.43	47.53	49.23	30.93	84.34	62.22	73.69
2011	52.10	79.64	48.14	50.51	31.28	84.63	62.75	73.73
2012	52.56	79.81	48.74	51.77	31.63	84.92	63.27	73.79
2013	53.01	79.98	49.34	53.01	32.00	85.21	63.79	73.86
2014	53.46	80.15	49.94	54.26	32.38	85.49	64.31	73.95
2015	53.91	80.32	50.54	55.50	32.78	85.77	64.83	74.05
2016	54.37	80.50	51.13	56.74	33.18	86.04	65.34	74.16
2017	54.82	80.68	51.72	57.96	33.60	86.31	65.85	74.29
2018	55.27	80.86	52.31	59.15	34.03	86.57	66.36	74.43
2019	55.71	81.05	52.88	60.31	34.47	86.82	66.86	74.59

数据来源：世界银行数据库。

二、经济转型升级蕴藏巨大内需潜力

我国经济转型升级蕴藏着国内巨大的消费和投资需求增长空间。14亿人口内需大市场的潜力释放，将推动我国成为“世界市场”，并为全球的企业提供发展机遇。在当前全球需求不足、经济增长乏力的情况下，我国内需大市场将成为世界经济的突出亮点。

[1]　受限于国际统计数据公布时间，此处城镇化率的提升空间的计算基数为2019年的城镇化率。

1. 消费结构升级蕴藏巨大内需潜力

近年来，我国社会消费品零售总额以年均10%左右的速度增长。虽然受新冠肺炎疫情影响，我国社会消费品零售总额2020年出现了负增长（见表2-5），但是随着疫情防控常态化以及居民消费率（见表2-6）和服务型消费的快速增长，预计未来5～10年，我国消费市场规模将呈现持续扩大的态势。2019年我国社会消费品零售总额达到411649亿元，同比增长8%。2020年，我国社会消费品零售总额达到391981亿元，比上年下降3.9%；四季度社会消费品零售总额同比增长4.6%，比三季度提高3.7个百分点。到2030年，我国社会消费品零售总额有望翻一番，达到100万亿元左右。

表2-5　1978—2020年部分年份我国社会消费品零售总额及其增速

年份	总额/亿元	增速/%
1978	1558.6	8.8
1980	2140.0	18.9
1985	4305.0	27.5
1990	8300.1	2.5
1995	23613.8	26.8
2000	39105.7	9.7
2005	68352.6	14.9
2010	158008.0	18.8
2011	187205.8	18.5
2012	214432.7	14.5
2013	242842.8	13.2
2014	271896.1	12.0
2015	300930.8	10.7
2016	332316.3	10.4
2017	366261.6	10.2
2018	380986.9	9.0
2019	411649.0	8.0
2020	391981.0	−3.9

数据来源：国家统计局。

表2-6 2000—2018年部分年份各国居民消费率（%）

国家	2000年	2005年	2010年	2015年	2017年	2018年
中国	46.9	40.2	35.4	38.8	38.4	38.7
印度	63.7	57.4	54.7	59.0	59.0	59.4
日本	54.4	55.6	57.8	56.6	55.5	55.6
韩国	53.8	52.2	50.3	49.3	48.1	48.6
南非	63.1	62.0	59.0	59.8	59.2	59.9
加拿大	54.7	54.5	57.1	57.9	58.0	58.0
美国	66.0	67.1	67.9	67.4	68.3	68.1
巴西	64.6	60.5	60.2	64.0	64.0	64.3
德国	56.3	56.5	55.1	52.9	52.3	52.1
俄罗斯	46.2	49.9	51.5	52.4	52.7	49.4
英国	66.5	64.9	64.2	64.5	65.0	65.5

数据来源：《国际统计年鉴2019》。

2. 产业结构升级蕴藏巨大内需潜力

（1）服务业快速发展蕴藏巨大的内需潜力。2020年，我国服务业增加值占GDP的比重为54.5%[1]，低于2019年中等收入国家平均水平（60.5%）和2018年的世界平均水平（71.1%）[2]。如果到2025年，我国服务业占比达到中等收入国家2019年的平均水平（60.5%），服务业规模有望提高到70万亿元左右，市场增量将提高到10万亿元左右。

（2）制造业升级蕴藏巨大的投资发展潜力。2019年，我国制造业数字化转型支出达到2205亿元。阿里研究院预测，到2025年企业应用云化率和人工智能利用率均将达到90%，数据、智能与制造业的深度融合将催生数个十万亿级产业[3]。

[1] 《2020年国民经济稳定恢复 主要目标完成好于预期》，http://www.stats.gov.cn/tjsj/zxfb/202101/t20210118_1812423.html。

[2] 数据来源于世界银行数据库。

[3] 班娟娟、郭倩：《业内预计2025年企业人工智能利用率达90%》，《经济参考报》2019年1月7日第2版。

3.人口城镇化和乡村振兴蕴藏巨大内需潜力

（1）农村内需潜力巨大。随着农村市场环境持续改善，以及电商等新兴业态向农村地区加快下沉，农村消费潜力将持续释放。2019年，我国第一产业固定资产投资12633亿元，同比增长0.6%；我国乡村消费品零售额60332亿元，增长9.0%，增速高出城镇消费品零售额增速（7.9%）1.1个百分点，乡村消费品零售额占社会消费品零售总额的比重为14.66%[1]。2020年，我国第一产业固定资产投资增长19.5%，远高于第二产业（0.1%）和第三产业（3.6%）；受疫情影响，2020年，我国乡村消费品零售额52862亿元，下降3.2%，但仍高于城镇消费品零售额增速（-4.0%）[2]。

（2）新型城镇化的内需潜力巨大。以消费为例，户籍人口城镇化的重要标志包括城乡居民消费水平的趋同和消费公平程度的不断提升等。2019年，我国城镇居民人均消费支出（28063.4元）约是农村居民人均消费支出（13327.7元）的2.11倍[3]。如果户籍人口城镇化进程加快，进城农民工能享受到城镇人口的公共服务和公共设施，随着其消费水平接近或达到城镇居民的平均水平，一年至少有5万亿元的新增消费需求。未来5～10年，城乡一体化和城乡融合发展，将形成近百万亿元的投资与消费需求，成为我国中长期发展的“最大红利”。

三、内需潜力释放决定增长前景

经济转型升级蕴藏着的巨大内需潜力，后者是我国发展最大的战略优势。依托这个优势，我国完全有条件在未来10年实现6%左右的经济增长，并有望实现产业基础高级化、产业链现代化的重要突破。

---

[1] 《中华人民共和国2019年国民经济和社会发展统计公报》，http://www.stats.gov.cn/tjsj/zxfb/202002/t20200228_1728913.html。

[2] 《2020年国民经济稳定恢复 主要目标完成好于预期》，http://www.stats.gov.cn/tjsj/zxfb/202101/t20210118_1812423.html。

[3] 国家统计局：《中国统计年鉴2020》，中国统计出版社，2020。

1. 内需潜力释放是应对全球化新变局的“压舱石”

“十四五”时期，我国仍需要面对中美关系的不确定性，巨大内需潜力释放是我国应对美国贸易挑战的最大底气。与当年美日贸易战不同，我国是世界上唯一一个拥有全部工业门类的国家，有着14亿人口、4亿中等收入群体、快速升级中的内需大市场。即便中美贸易摩擦出现最坏情况，我国也可以依托内需至少在亚洲区域内推动经济一体化。就是说，要在中美贸易摩擦中赢得主动权，关键是构建以国内大循环为主体、国内国际双循环相互促进的新发展格局，关键是把释放内需潜力这个优势充分利用好、发挥好。

2. 内需潜力释放能够支撑未来15年5%～6%的中速增长

2020年，我国社会消费品零售总额（39.2万亿元）和全国固定资产投资（不含农户）（51.9万亿元）合计已达到91.1万亿元，这个巨大的市场是我国经济中速增长的重要动力。例如，2019年，我国经济增长速度为6.1%，但服务业增长速度为6.9%，而且服务业在整个国民经济中的比重不断上升。2020年，尽管受疫情影响，我国经济仍增长2.3%，服务业增长2.1%[1]。在服务业领域行政垄断和市场垄断逐步被打破的条件下，服务业增加值年均增速将保持在9%左右，按照这个增速测算，每年将带动经济增长3.8～4.3个百分点，加上人口城镇化、消费结构升级带来的增长叠加效应，有望使经济增长速度在未来5～10年保持在6%左右，确保我国在“十四五”末步入高收入国家行列。

3. 内需潜力释放可以支撑我国基本实现社会主义现代化

随着14亿人的内需大市场充分释放，我国经济未来15年将按照年均5%～6%的速度增长，到2035年我国将基本实现社会主义现代化，全体人民将朝着共同富裕迈出坚实步伐。按照年均5%的增长速度，我国人均GDP将在2035年达到22432美元（见表2-7）；按照年均6%的增长速度，我国人均GDP将在2035年达到26106美

[1] 《2020年国民经济稳定恢复 主要目标完成好于预期》，http://www.stats.gov.cn/tjsj/zxfb/202101/t20210118_1812423.html。

元，这都将达到高收入国家中等水平。

表2-7　我国人均GDP增长预测

单位：美元

年份	GDP保持5.0%增长	GDP保持5.5%增长	GDP保持6.0%增长
	人均GDP	人均GDP	人均GDP
2019	10276	10276	10276
2020	10790	10842	10893
2021	11330	11438	11547
2022	11896	12067	12239
2023	12491	12731	12974
2024	13116	13431	13752
2025	13771	14170	14577
2026	14460	14949	15452
2027	15183	15771	16379
2028	15942	16639	17362
2029	16739	17554	18404
2030	17576	18519	19508
2031	18455	19538	20678
2032	19378	20612	21919
2033	20347	21746	23234
2034	21364	22942	24628
2035	22432	24204	26106

数据来源：中改院课题组测算。

第二节

以内需为导向推进高水平开放

与改革开放初期的出口导向不同，我国进入新发展阶段，内外环境发生深刻变化，构建国内国际双循环新发展格局，需要发挥国内超大规模市场优势，以内需为导向推进高水平开放，加快形成与大国经济相适应的开放体系。

一、把扩大内需作为高水平开放的战略基点

“十四五”时期以内需为导向推进高水平开放，是我国社会矛盾变化的客观要求，是国内经济转型升级的迫切需要，是大国经济发展的必由之路。

1. 高水平开放要适应社会矛盾变化

我国进入新发展阶段，社会主要矛盾已经转化为人民日益增长的美好生活需要和不平衡不充分的发展之间的矛盾。正如习近平总书记在党的十九大报告中所强调的：“我国社会主要矛盾的变化是关系全局的历史性变化，对党和国家工作提出了许多新要求。”[1]社会矛盾变化对高水平开放提出新的要求，主要表现在开放不仅仅是满足国外需求，更重要的是满足国内需求。以内需为导向推进高水平开放，就是要把握社会主要矛盾变化的时代特征，使对外开放的进程充分体现满足人民对美好生活的向往和追求。适应社会矛盾变化推进高水平开放，关键是突出开放导向的变化，应当说这是一个全面、系统的历史性变化。

2. 高水平开放要适应国内经济转型升级的现实需求

（1）把握经济转型升级与新一轮经济全球化历史交汇的时代特征。尽管疫

[1] 习近平：《决胜全面建成小康社会，夺取新时代中国特色社会主义伟大胜利》，载《习近平谈治国理政》第三卷，外文出版社，2020。

情下经济全球化遭遇逆潮，但新型经济全球化初见端倪。我国推动共建“一带一路”、签署RCEP等，都体现了新型经济全球化开放包容的大趋势。以内需为导向推进高水平开放，融入国际大循环，就是要通过推进新型经济全球化实现国内经济转型升级。

（2）把握产业变革与全球新一轮科技革命历史交汇的时代特征。伴随着新一轮科技革命与产业变革的到来，全球以数字经济为代表的新经济蓬勃发展。以内需为导向推进高水平开放，就是要充分利用国内超大规模市场优势，推进人工智能、大数据、物联网等新技术、新应用、新业态的快速发展，在新的国际赛道上占据领先地位。

（3）把握双循环新发展格局与新一轮全球自由贸易进程历史交汇的时代特征。我国服务型消费与全球服务贸易快速发展、同步契合、交相辉映，为双循环新发展格局的形成提供了重要历史机遇。以内需为导向推进高水平开放，就是要把国内产业变革、消费结构升级和推动新一轮全球自由贸易进程有机结合，通过主动参与全球服务贸易形成现代产业体系。

3. 高水平开放要体现大国经济特点

内需是大国经济的根基。从美国、日本、德国等国发展的历史经验看，大国经济需要利用外需，但不能建立在外需的基础之上，大国经济最终都走向以内需驱动为主的发展道路。大国经济也只有建立在消费主导的基础之上，才能在发展上不受制于人，才能真正拥有大国话语权，才能形成全球影响力。

专栏2.1 美国、日本、德国等大国经济消费主导的特点

1.美国

美国能长期稳居全球第一大经济体的位置，消费对经济的贡献功不可没。2020年三季度的数据显示，美国私人消费占GDP的比重就达到了67.6%，再加上公共消费的14.3%，消费占GDP的比重接近82%。由此可见，消费对美国的经济多么重要。我国消费对经济的贡献与美国相比还有不小差距。

2.日本

近年来，日本因为自身的经济增速放缓，所以私人消费对经济的贡献率一直在下降，由2009年的60%降到了现在的54%左右。不过，日本的公共消费因为有日本央行的大力支持，倒是一直在上涨，占GDP的比重已经达到了23.6%。所以日本的消费占GDP的比重达到了77.6%，比美国低，但比我国高。

3.德国

德国算是欧洲发达国家里面经济比较好的，不过也只是相对来说。事实上，德国近年来的经济增长速度也是很慢了。所以跟日本一样，私人消费也在萎缩，对GDP的贡献率由最高的57.6%降到了现在的51.4%。私人消费的萎缩只能靠公共消费来弥补，因此德国的公共消费也一直在涨，目前已经达到了23.7%。消费对GDP的贡献率是75.1%。

资料来源：《我国消费对经济的贡献已超过60%，从全球范围来看，算高吗？》。

二、发挥国内超大规模市场优势推进高水平开放

“十四五”时期推进高水平开放，关键是把国内超大规模市场优势利用好、发挥好，实现国内国际双循环相互促进，促进国际国内要素双向自由流动、国际国内市场深度融合，赢得国内发展和国际竞争的主动地位。

1. 我国具有不断成长的国内超大规模市场优势

（1）我国拥有超大人口规模优势。从全球主要经济体人口比较来看，截至2019年末，我国内地总人口数量为14.0005亿人，占全球人口数量的18.4%，是东盟（约6.54亿人）的2.14倍，是欧盟（约5.13亿人）的2.73倍，是美国（约3.27亿人）的4.28倍，是日本（约1.27亿）的11倍。

（2）我国拥有超大劳动力规模优势。2019年，我国劳动年龄人口数量为9.92亿人，占到全球劳动年龄人口总量的20%，是美国（约2.14亿人）的4.64倍，是欧盟（约3.31亿人）的3倍，是日本（约0.76亿人）的13.05倍[1]。

[1] 《充分发挥我国超大规模市场新优势》，http://www.cf40.org.cn/news_detail/10601.html。

（3）我国拥有超大规模中等收入群体优势。中等收入群体人数增长是超大规模消费市场的基础。目前我国中等收入群体的人数已经超过了4亿人，按照同样的标准（三口之家年均收入10万～50万元），欧盟、美国和日本的中等收入群体人数分别约为2.1亿人、1亿人、8500万人[1]。按照该标准，目前我国的中等收入群体人数已经相当于欧盟、美国和日本的总和。

2. 立足促进国内大循环推进高水平开放

（1）超大规模国内市场是我国经济发展的稳定器。由于有着超大规模的国内市场，我国的经济增长相对稳定，更能够避免大幅波动。世界银行的数据表明：1978—2018年中国GDP增长率的变异系数为0.2830，同期美国、日本、印度和世界的变异系数分别为0.6837、1.0893、0.4360和0.4187[2]。就是说，这意味着制度安排和宏观调控使我国经济在长时段内具有超高速增长、低水平波动的特征。

（2）超大规模消费市场是我国高水平开放的王牌。一方面，超大规模消费市场为我国应对外部冲击提供了巨大回旋余地，使我国的经济发展更具有韧性，更能够经受住狂风骤雨。另一方面，超大规模消费市场是我国形成国内国际双循环发展的关键，其为拓展我国与世界各国的经贸关系提供重要条件，也为经济全球化提供重要红利。

（3）让高水平开放服务于国内大循环。我国新发展阶段的高水平开放，需要适应经济全球化的大趋势，但与以往有所不同，是“以我为主”的开放。就是说，高水平开放需要把立足点放在国内发展上，把着眼点放在释放国内市场需求潜力上。

3. 以高水平开放推动国内国际双循环相互促进

（1）以高水平开放形成大国经济的开放体系。尽快改变过去以激励出口、抑制进口为重要特征的开放体系；主动扩大进口，实现国际收支平衡；推进人民币在

[1] 《充分发挥我国超大规模市场新优势》，http://www.cf40.org.cn/news_detail/10601.html。

[2] 高帆：《如何理解和挖掘我国超大规模市场优势》，《社会科学报》2020年3月12日第2版。

资本项目下可自由兑换，加快人民币国际化；等等。

（2）突出超大规模消费市场联通国际国内的重要作用。以高水平开放突出超大规模国内消费市场优势，既把握双边、多边自由贸易进程的主动权，又使扩大开放服务于消费主导的经济转型升级。

（3）突出开放创新在建设现代化经济体系中的引领作用。高水平开放要突出开放创新，更加注重通过集聚全球创新资源促进经济发展，以更快的速度、更低的成本，获得更多的创新收益与更强的国际竞争力。

三、以高水平开放促进产业链迈向中高端

党的十九届五中全会强调，“推进产业基础高级化”“提升产业链供应链现代化水平”。“十四五”期间推进高水平开放，需要从我国经济高质量发展的全局出发，着眼于推进产业基础高级化，提升产业链现代化水平。

1. 我国产业链迈向中高端的大趋势

（1）我国拥有完整产业链的优势。我国经过40多年的改革开放，已经建立起世界最庞大、最健全的产业链，已经成为全球唯一拥有联合国产业分类中全部工业门类的国家。在世界500多种主要工业产品当中，中国有220多种工业产品的产量居全球第一。2016—2019年，我国制造业增加值年均增长8.7%，由20.95万亿元增至26.92万亿元，占全球比重超过28.1%[1]。

（2）我国处于国际产业链的中低端。改革开放以来，我国以“世界工厂”的形式嵌入以发达国家为主导的全球价值链当中。尽管我国的产业链已经深度融入国际产业链和供应链，但与发达国家相比，产业链、供应链和价值链处在“微笑曲线”的中低端。

（3）“十四五”推动产业链迈向中高端。“十四五”期间，面对疫情冲击，

[1] 《工信部：中国制造业占全球比重约三成》，https://baijiahao.baidu.com/s?id=1687466173432359576&wfr=spider&for=pc。

我国在实现国内产业链安全可控的基础上，利用世界通用技术，实现关键核心技术突破创新，推动中国制造在国际产业链、价值链上不断攀升，建设制造业强国。

2. 打造世界级产业集群

（1）抓住疫情下全球产业链重构的历史机遇。疫情大流行导致的产业链区域化、本土化、数字化，对于我国这样一个拥有全产业链的经济大国来说，是产业链迈向中高端的重要机遇。

（2）积极打造世界级产业集群。从美国、德国、日本等国家的历史经验看，其产业链迈向中高端，很大程度上是因为这些国家抓住了全球分工格局调整的历史机遇，形成了一批世界级产业集群。

（3）加快构建国家价值链和区域价值链体系。“十四五”期间，我国在长三角、珠三角等地区积极布局一批世界级产业集群，目的是以打造世界级产业集群为重点，促进国内产业融入全球产业链，使我国成为经济全球化的主战场，推动基于内需的经济全球化。

3. 积极推动产业链国际合作

（1）加强与“一带一路”沿线国家之间的产业链合作。积极通过“一带一路”加快西部地区“向西开放”步伐，借助中欧班列“内外联通”枢纽作用推动西北地区特色优势产业融入全球产业链；推进东北和东部沿海地区与日本、韩国合作构建区域链，积极打造环渤海经济圈，打造中蒙俄经济走廊，构建北亚新型区域经济板块。

（2）借助RCEP强化产业链合作。例如：以海南自由贸易港为中心打造“泛南海经济合作圈”；加快推进中日韩自贸谈判，强化与日韩的产业链合作；在粤港澳大湾区打造世界级产业集群，增进与东盟国家的深度合作；等等。

第三节

适应消费结构升级主动扩大进口

“十四五”期间适应消费结构升级，适度扩大进口，不仅是新时代满足人们日益增长的美好生活需要的务实选择，也是新时期扩大开放的重大举措，将对我国打开对外开放新局面产生重要影响。中国主动扩大进口，不仅有利于提高国内消费者福利水平，还有利于提振世界经济复苏的信心。

一、以扩大进口满足人们对美好生活的新需求

“十四五”期间积极扩大进口，既能丰富国内消费供给渠道，提高人民的获得感和幸福感，又有利于通过国际竞争倒逼国内企业转型升级，助推经济高质量发展。

1. 改革开放以来我国进口贸易快速发展

（1）我国成为世界第二大进口贸易国。改革开放40多年来，尤其是2001年加入WTO之后，我国进口规模快速增长。2009年，我国进口额超过德国，首次成为全球第二大进口国。2020年，我国货物进口总额达到142231亿元[1]，约是2001年（20159.2亿元）的7倍，约是1978年（187.4亿元）的759倍[2]。

（2）我国进口贸易增速远快于全球平均水平。数据显示，2001—2019年，我国进口贸易总额年均增长12.6%，高出全球平均水平6.3个百分点[3]。

（3）消费品进口额快速提升。2000—2017年，我国消费品进口额由约210亿美元增长至约2391亿美元，年均增长15.4%，占进口商品的比重由9.4%上升至13.0%

[1] 《2020年国民经济稳定恢复　主要目标完成好于预期》，http://www.stats.gov.cn/tjsj/zxfb/202101/t20210118_1812423.html。

[2] 国家统计局：《中国统计年鉴2020》，中国统计出版社，2020。

[3] 胡晓炼：《支持扩大进口贸易是使命所在》，《人民日报》2020年11月6日第7版。

（见图2-1）。据海关统计，2019年我国消费品进口额1.45万亿元，较上年增长19.0%，占同期我国进口总额的10.1%[1]。从横向对比来看，我国消费品进口额占比不仅远低于美国（36.80%）、英国（40.39%）等国家，与世界平均水平（30.92%）也存在较大差距，这意味着我国消费品进口有巨大提升空间和增长潜力。

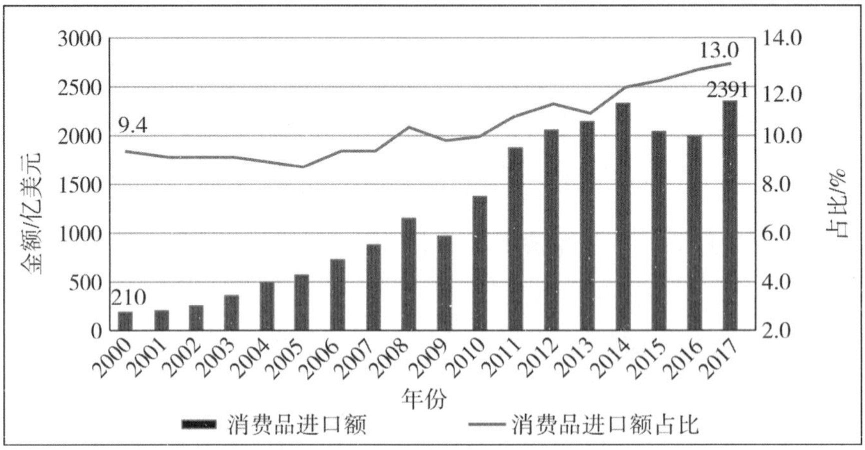

图2-1 2000—2017年中国消费品进口额及其占比

数据来源：世界银行数据库。

（4）我国高技术产品进口额快速增长。自2001年以来，我国高技术产品进口规模总体呈现快速增长的发展态势，从2001年的736亿美元增长到2017年的6219亿美元。2017年，我国高技术产品进口额占我国进口总额的份额为33.73%，占世界高技术产品进口额的份额为16.15%。2019年，我国高技术产品进口额达到6370.92亿美元[2]。

（5）进口贸易来源多元化。从贸易结构看，1979年我国进口贸易伙伴仅有42个国家和地区，约有一半进口来自前三大进口来源国，即日本、美国和德国。到2018年，我国进口来源地已涵盖全球230多个国家和地区，我国从韩国、日本、美

[1] 《2019年我国消费品进口情况是怎样的？》，http://guoqing.china.com.cn/zhuanti/2020-04/15/content_75934787.htm。

[2] 《2019年12月中国高新技术产品进口金额同比增长16.7%》，https://s.askci.com/news/maoyi/20200115/1048521156364.shtml。

国三大进口来源国的进口份额也下降为29.8%[1]。

2. 扩大进口要与国内消费升级的趋势相适应

（1）公共需求全面增长。经过40多年的改革开放，城乡居民私人产品需求总体得到满足，但是城乡居民的公共需求全面增长，尤其是对社会保障、医疗和养老、生态环境、教育公平、公共安全等问题的关注度不断提升，医疗、教育、社保等改革连续多年成为人民群众关注的热点问题。例如，随着人口老龄化进程的加快，我国居民对健康养老的需求快速增加。预计到2030年，我国老年产业的市场规模将达到22万亿元[2]。居民的公共需求全面增长不仅体现在对公共服务数量提升的要求上，还体现在对公共产品和公共服务供给多样化、精准化的更高要求上。

（2）新型消费需求明显增多。我国进入消费新时代，突出表现在个性化消费、体验式消费等新型消费模式快速兴起，信息消费、数字消费等新的消费需求快速释放，“90后”“00后”等更具消费意愿的消费主体逐渐成为消费的新主力。新型消费需求的形成与释放，将为建设现代化经济体系、跨越经济转型升级的关键节点以及实现高质量发展提供重要动力。

（3）人民对良好生态环境的需求日益增强。进入新发展阶段，人民对清新空气、干净水质、优美环境等绿色发展的需求日益增强。转向高质量发展，既要创造更多物质财富和精神财富以满足人民日益增长的美好生活需要，也要提供更多优质生态产品以满足人民日益增长的优美生态环境需要。

二、主动扩大优质产品和服务进口

我国需要把培育建设国际消费中心城市作为重要抓手，形成扩大优质产品和服务进口的载体与平台，走出一条以扩大进口贸易带动区域经济高质量发展的新路子。

[1] 金辉：《我国连续10年稳居世界第二大进口国》，《经济参考报》2019年11月13日第A05版。

[2] 《鲍学全称2030年中国老年产业规模将达到22万亿》，https://www.chinanews.com/cj/2014/12-07/6852588.shtml。

1. 培育建设国际消费中心城市

（1）国际消费中心城市是面向全球的消费集聚地。巴黎、伦敦、纽约、香港等现代国际化大都市，都是国际消费中心城市，这些城市形成了享誉世界、繁荣活跃的消费商圈，成为全球消费者心中的“购物天堂”。总的来看，国际消费中心城市既拉动了进口贸易，又强化了现代国际化大都市的核心功能。

（2）建设国际消费中心城市成为我国不少城市的发展目标。党的十九届五中全会明确提出“全面促进消费”“培育国际消费中心城市”。截至2020年，北京、上海、广州、深圳等一线城市，成都、天津、武汉、厦门、青岛、大连、哈尔滨等大城市，都提出以打造国际消费中心城市为城市发展的目标。

（3）把培育国际消费中心城市作为扩大优质产品和服务进口的重要载体。“十四五”期间，加快进口政策调整，因地制宜打造一批立足国内、辐射周边、面向世界的具有全球影响力、吸引力的综合性国际消费中心城市，使其成为引领消费、促进产业结构升级、拉动经济增长的新载体和新引擎。

2. 主动扩大优质服务进口

服务贸易进口是我国外贸最具提升空间的领域，是促进国内国际双循环最具发展潜力的领域。“十四五”时期，扩大服务贸易进口，既有利于满足国内消费需求，又有利于我国改善同发达国家之间的经贸关系。从现实情况看，服务型消费需求快速增长已成为人们对美好生活需要的突出特征。建议加大医药和康复养老等优质服务的进口力度，取消服务进口领域不合理的限制措施，不断提高服务进口的自由化、便利化水平，更好满足人们的服务型消费需求。

3. 主动扩大优质产品进口

积极扩大优质产品进口是“保民生”的重大举措。当前，我国居民消费价格出现上涨过快的势头。2020年，我国居民消费价格比2019年同期上涨2.5%[1]。扩大优

[1] 《2020年国民经济稳定恢复　主要目标完成好于预期》，http://www.stats.gov.cn/tjsj/zxfb/202101/t20210118_1812423.html。

质产品进口，有利于我国利用国际资源满足国内消费升级需求，避免经济复苏带来的通货膨胀。虽然消费者物价指数（CPI）总体上呈现逐月收窄态势，物价涨势总体温和，但预计部分食品价格还将继续上升。“十四五”期间，我国要主动扩大优质产品进口，充分利用国际资源平抑物价，同时推动“中国制造”充分参与国际竞争，从而倒逼国内制造业企业转型升级。

4. 加快加入WTO《政府采购协定》进程

加入WTO《政府采购协定》，不断提升政府采购领域的开放程度，不仅有利于提高我国政府采购产品与服务的质量，也有利于我国企业和产品在其他国家的政府采购市场中获得国民待遇。截至2020年，我国政府采购规模虽然保持一定增速，但与发达国家相比，我国政府采购占比仍然偏低。2019年，我国政府采购规模为33067亿元，较上年减少2794.4亿元，占全国财政支出和GDP的比重分别为10.0%和3.3%[1]，一些发达国家政府采购规模一般都占GDP的10%～15%[2]。如果我国经济总量101.60万亿元中的10%能够作为政府采购向全球开放市场，那么这对整个世界而言将是一次再增长，对我国来说则是一次更深层次的开放。

三、多种方式扩大进口渠道

“十四五”期间扩大进口，要适应“一带一路”高质量发展以及双边、多边自由贸易进程的发展趋势，更加注重发展跨境电商，有效促进国际国内市场联通。

1. 扩大面向“一带一路”相关国家的进口

“一带一路”相关国家是我国进口贸易增长的重要来源。2013年，我国从“一带一路”相关国家的进口额为6779.74亿美元，占我国当年进口总额的比重约为34.77%；2019年，我国从“一带一路”相关国家的进口额增长至9173.9亿美元，

[1] 《2019年中国政府采购规模33067亿元》，https://www.chinanews.com/cj/2020/08-27/9275562.shtml。

[2] 《全国政府采购总规模18年来首次出现下降》，https://baijiahao.baidu.com/s?id=1676233775584765941&wfr=spider&for=pc。

是2013年的1.35倍，占我国当年进口总额的比重约为44.18%[1]。以农产品为例，根据农业农村部的统计，2019年，除新加坡、文莱、巴林、马尔代夫、巴勒斯坦以及波黑等6个国家以外，我国从其余57个“一带一路”沿线国家进口农产品的金额为2372.22亿元（折合343.87亿美元）[2]，约占我国农产品进口总额（1509.7亿美元[3]）的22.78%。“十四五”期间，我国要适应国内消费需求升级，充分发挥进口博览会作用，扩大面向“一带一路”相关国家的品质生活消费品进口，形成进口贸易增长点。

2. 扩大面向发达国家的进口

进入21世纪以来，我国面向发达国家的高技术产品进口快速增长。高技术产品进口规模从2001年的736亿美元增长到2019年的6370.92亿美元。但从进口结构上看，我国高技术产品进口一直以中间品和资本品为主，两者之和占我国高技术产品进口规模的95%以上，高技术消费品进口所占份额不足5%[4]。“十四五”期间，要大幅度降低高技术消费品进口关税，切实降低国内企业的进口成本；同时，大幅度减少对欧美发达国家高科技外资企业的投资限制，形成以投资促进进口的新局面。

3. 更加注重通过跨境电商促进进口

近年来，我国跨境电商交易规模迅速扩大。2000—2018年，我国跨境电商交易规模从500亿元上升到了90000亿元，占贸易总额的比重从1.27%上升至29.5%。但由于我国物流成本占跨境电商总交易成本的比例过高、跨境物流运输时间过长，降低了国内消费者的跨境购买体验。2018年，我国的跨境电商交易中，出口占比

[1] 《7年来中国与“一带一路”沿线国家货物贸易进出口总额增至1.34万亿美元》，https://baijiahao.baidu.com/s?id=1677162009465366471&wfr=spider&for=pc。

[2] 《中国与“一带一路”沿线国家农产品贸易：与57个国家的贸易总额超4200亿，印度增幅最大》，https://kuaibao.qq.com/s/20200425AZPTKL00?refer=spider。

[3] 《2019年我国农产品进出口情况》，《农民日报》2020年2月27日第4版。

[4] 《〈2019中国进口发展报告〉发布，七大亮点为世界经济注入中国动力》，http://www.qstheory.cn/economy/2019-11/12/c_1125223560.htm。

78.9%，进口占比21.1%。2019年，我国进口跨境电商交易规模为2.74万亿元，同比增长30%[1]。“十四五”期间，我国要把促进进口作为发展跨境电商的重要任务，要推动跨境电商信息化基础设施建设，为跨境进口电商的发展提供良好的软硬件设施，切实降低跨境电商的物流成本和交易成本，使跨境电商能够有效满足国内消费者需求。

四、建立与扩大进口相适应的政策体系

扩大进口需要多方面的政策调整。“十四五”期间，我国要对标高水平国际经贸规则，推动进口政策调整，加快建立与经济大国相适应的进口政策体系。

1. 充分发挥进口贸易促进创新示范区作用

2020年底，我国首次设立10个进口贸易促进创新示范区。这是我国在疫情背景下扩大进口、构建国内国际双循环新发展格局的重大举措。“十四五”期间，我国要充分发挥10个进口贸易促进创新示范区先行先试和压力测试作用，积极探索扩大进口的政策体制创新，尽快形成可复制的经验并向全国推广；要切实降低关税水平，推动跨境电商综合改革试验，最大限度提升进口贸易自由化、便利化水平，建设国际商品展示交易平台，打造区域扩大进口的重要基地，在以进口贸易促进创新发展方面为全国提供经验借鉴。

专栏2.2　培育一批进口贸易促进创新示范区

第二届进博会期间，我国明确提出要培育一批进口贸易促进创新示范区。2020年在第三届进博会开幕之际，商务部、国家发展改革委、财政部、中国人民银行、海关总署等9部门共同作出决定，在全国设立10个进口贸易促进创新示范区。

这10个进口贸易促进创新示范区包括：上海市虹桥商务区、辽宁省大连市金普新区、江苏省昆山市、浙江省义乌市、安徽省合肥经济技术开发区、福建省厦

[1] 胡晓炼：《支持扩大进口贸易是使命所在》，《人民日报》2020年11月6日第7版。

门市湖里区、山东省青岛西海岸新区、广东省广州市南沙区、四川省天府新区、陕西省西安国际港务区。其中，长三角占据四席。

资料来源：根据网络公开资料整理。

2. 进一步降低高端消费品关税水平

加入WTO以来，我国积极履行“入世”承诺，实现了关税水平的大幅下降。2016年，我国平均关税由“入世”前的15.3%降为9.8%，而贸易加权平均税率为4.4%[1]，不仅低于其他发展中国家，还十分接近发达国家。例如，美国贸易加权的实际进口关税是2.4%，欧盟是3%，澳大利亚是4%[2]。也就是说，我国总体关税水平已降至国际公认的适宜水平。2018年，我国进一步大幅降低汽车等关税水平，将汽车整车税率为25%的135个税号和税率为20%的4个税号的税率降至15%，将汽车零部件税率分别为8%、10%、15%、20%、25%的共79个税号的税率降至6%[3]。2020年底，我国又宣布，自2021年1月1日起，对883项商品（不含关税配额商品）实施低于最惠国税率的进口暂定税率，调整后的税目总数为8580个，比2020年增加31个；自2021年7月1日起，我国还将对176项信息技术产品的最惠国税率实施第六步降税。总的来看，我国在高端消费品等领域的关税水平仍然较高。“十四五”期间，我国可以考虑进一步降低奢侈品、日用消费品进口关税水平，更好地满足国内消费需求。

3. 取消部分进口药品和医疗产品的增值税

根据财政部2017年最新关税税率调整方案，我国进口药品最惠国税率为2%～4%，而进入销售还需要在此基础上征17%的增值税，较高的税负使得进口药

[1] 王珂：《希望美方不要一意孤行》，《人民日报》2018年3月30日第3版。

[2] 《中国对外开放的进展评估与变革展望——中美贸易战系列研究》，https://www.sohu.com/a/233343678_467568。

[3] 《国务院关税税则委员会关于降低汽车整车及零部件进口关税的公告》，http://www.gov.cn/xinwen/2018-05/22/content_5292720.htm。

品价格上升30%左右[1]。根据国际惯例，大部分发达国家对药品进口增值税进行减免，欧洲的平均水平为8.8%，美国、澳大利亚、英国和瑞士等国家将药品进口增值税降低为0[2]。新一轮关税降低方案涉及药品和药品原料、医疗器械、婴儿奶粉以及新基建或高新技术产业所需部分设备、零部件、原材料等产品。从进一步减轻患者经济负担出发，建议适时取消药品及常见病所使用的医疗器械进口增值税，为解决老百姓看病贵难题提供重要条件。

[1] 《中国对外开放的进展评估与变革展望——中美贸易战系列研究》，https://www.sohu.com/a/233343678_467568。

[2] 《中国对外开放的进展评估与变革展望——中美贸易战系列研究》，https://www.sohu.com/a/233343678_467568。

第四节

扩大内需同深化供给侧结构性改革有机结合

充分发挥消费结构升级对国内经济的拉动作用，形成强大国内市场，我国需要解决供给侧与需求侧不匹配的问题，需要重点优化供给结构，全面提升供给体系对内需的适配性。党的十九届五中全会强调："坚持扩大内需这个战略基点，加快培育完整内需体系，把实施扩大内需战略同深化供给侧结构性改革有机结合起来，以创新驱动、高质量供给引领和创造新需求。"

一、发挥消费结构升级对改善供给质量的牵引作用

我国超大规模的消费市场是形成国内国际双循环新发展格局的基石。畅通国内大循环，需要适应消费结构升级的大趋势，依托强大国内市场，贯通生产、分配、流通、消费各环节，加快形成需求牵引供给、供给创造需求的更高水平的动态平衡。

1．消费结构升级带动产业结构升级

随着人们收入水平的提高，消费结构发生了变化，消费结构的变化也推动了工业化进程和产业结构的调整。从国际经验来看，消费结构变化速度快于产业结构变化速度。以美国为例，1960—1978年，美国恩格尔系数从18.87%持续下降到13.74%，在此期间第一产业的比重只下降了0.8%（见表2-8），而农产品消费的比重却下降了5.7%，第三产业的比重上升了5%，并成为支柱产业，而同期服务消费比重上升了6.7%[1]。

[1] 根据美国经济分析局的数据整理。

表2-8　美国消费结构变化速度与产业结构变化速度的比较（%）

产业类别	1960年	1970年	1978年	结构变动幅度（平均变动率）
第一产业	4.0	3.6	3.2	−0.8
农产品消费	27.1	23.8	21.4	−5.7
第二产业	38.0	36.5	34.0	−4.0
工业品消费	24.7	24.2	23.7	−1.0
第三产业	58.0	60.0	63.0	+5.0
服务消费	48.2	52.0	54.9	+6.7

数据来源：《现代美国经济问题简论》。

2. 消费结构升级是产业结构升级的重要导向

没有消费需求释放，产业结构调整将成为无源之水。只有围绕消费升级的方向进行投资、创新和生产，才能最大限度地提高投资和创新的有效性，提升产业竞争力，进而实现经济提质增效。未来，我国需要增强消费对产业升级的引领作用，以消费升级带动产业升级，引导相关领域的科技创新，引领基础设施建设和公共服务等领域的新投资，促进产业结构升级和创新消费供给，进而加快培育其成为经济发展的新动力。

3. 供给体系要适应消费结构升级

疫情背景下，尽管我国的消费受各类因素影响而下降，但消费升级的趋势没有改变。2020年，我国社会消费品零售总额为391981亿元，比上年下降3.9%，降幅比前三季度收窄3.3个百分点。但同时我们也看到，消费升级类商品零售的逆势增长势头十分明显。2020年，限额以上单位文化办公用品类、体育娱乐用品类、化妆品类和通信器材类等消费升级类商品零售额比上年分别增长5.8%、8.4%、9.5%和12.9%，增速明显高于商品零售平均水平。分季度来看，第四季度限额以上单位体育娱乐用品类、金银珠宝类、化妆品类和通信器材类等消费升级类商品零售额同比分别增长11.9%、17.3%、21.2%和26.0%，增速分别比第三季度快3.7个百分点、5.0个百分点、7.1个百分点和16.0个百分点[1]。

[1]　《基本民生保障有力　制度优势充分展现》，《经济日报》2021年1月20日第9版。

二、适应消费结构升级的趋势优化投资结构

适应我国消费结构升级的大趋势，着力破解消费“有需求、缺供给”的突出矛盾，关键在于优化投资结构，拓展新的投资空间，实现投资与消费的高水平的动态平衡。

1. 着力破解消费“有需求、缺供给”的突出矛盾

进入消费新时代，释放我国巨大的内需潜力，面临的突出挑战在于“有需求、缺供给”。尤其是在服务业领域，供给短缺不仅仅表现在服务总量短缺上，而且表现在服务质量、服务标准等与人民日益增长的美好生活需要不相适应上。例如，目前我国进入人口老龄化社会，老年健康管理服务、老年康复护理、老年家政服务等需求全面快速增长，2019年12月31日，工信部等五部门印发的《关于促进老年用品产业发展的指导意见》提出，“到2025年，老年用品产业总体规模超过5万亿元”。

由于服务型消费供给不足，大量消费外流。以教育为例，送子女出国读书成为中等收入家庭和高收入家庭的普遍现象。我国自费出国留学人数由2011年的31.48万人增长到2018年的59.63万人，年均增长9.6%，而且留学人员逐步呈现低龄化趋势[1]。如果按人均留学支出10万美元估算，需要支出近600亿美元。

2. 供求关系失衡的根源是投资消费结构失衡

随着我国消费结构升级，服务型消费领域有巨大的投资需求和投资空间。某些物质型消费领域产能过剩与大多服务型消费领域供给严重不足并存，重要的原因就在于我国投资消费结构长期失衡，投资结构与消费结构不匹配。从投资率和消费率变动趋势的角度看，1978—2019年我国投资率总体呈现上升趋势：1983年处于历史最低点，仅为31.86%；2011年上升到历史最高点，为47.03%，上升幅度达到15.17个百分点；到2019年，投资率仍然保持在43.08%的高位[2]。

[1] 根据教育部历年公开数据整理。

[2] 国家统计局：《中国统计年鉴2020》，中国统计出版社，2020。

与投资率总体提升相比，我国最终消费率和居民消费率总体呈现下降趋势。我国最终消费率1983年处于历史最高点，达到67.3%；2010年降到历史最低点，仅为49.3%（见图2–2）。我国居民消费率1981年处于历史最高点，达到53.4%；2010年降到历史最低点，为34.6%。2019年，我国最终消费率与居民消费率分别为55.4%和38.8%[1]。

与其他国家相比，2018年，我国投资率为44.1%，分别比韩国（30.2%）、新加坡（26.6%）、日本（24.4%）、俄罗斯（22.7%）、德国（21.8%）、美国（21.0%）、巴西（15.4%）高13.9个百分点、17.5个百分点、19.7个百分点、21.4个百分点、22.3个百分点、23.1个百分点、28.7个百分点；而我国居民消费率为38.7%，则分别比美国（68.1%）、巴西（64.3%）、日本（55.6%）、德国（52.1%）、俄罗斯（49.4%）、韩国（48.6%）低29.4个百分点、25.6个百分点、

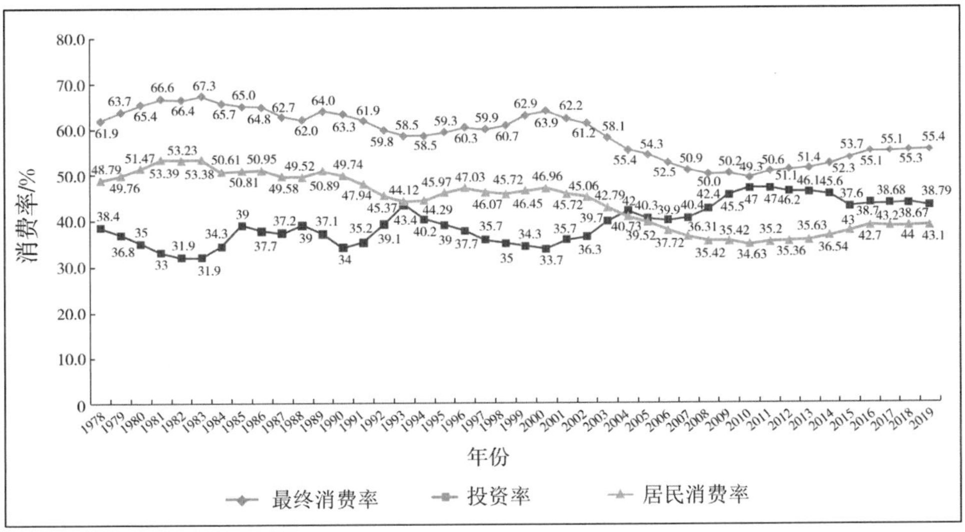

图2–2　1978—2019年我国最终消费率、居民消费率和投资率变化趋势

数据来源：《中国统计年鉴2020》。居民消费率用居民消费支出与支出法GDP的比值表示。

[1] 国家统计局：《中国统计年鉴2020》，中国统计出版社，2020。

16.9个百分点、13.4个百分点、10.7个百分点、9.9个百分点（见表2–9）。

表2–9　2018年不同国家居民消费率和投资率（%）

国家	居民消费率	投资率
中国	38.7	44.1
日本	55.6	24.4
韩国	48.6	30.2
新加坡	34.9	26.6
美 国	68.1	21.0
巴西	64.3	15.4
德国	52.1	21.8
俄罗斯	49.4	22.7

数据来源：《国际统计年鉴2019》。

3. 优化投资结构

（1）优化投资结构。对中长期消费需求增长明显放缓的中低端制造业和服务业，应加快产能转移和产能退出。对改善性住房需求明显上升的地区，应加快低端房地产去库存进程，促进房地产行业优化升级。对消费需求面临趋势性停滞或滑落的部门，需降低国企债务率，加速去杠杆。为适应城乡居民在健康、医疗、教育、养老等服务业领域快速上升的需求，需降低现代服务业的成本尤其是制度性交易成本，加快补齐服务消费供给的短板。

（2）拓展投资空间。从现实情况看，政府主导的投资模式越来越难以持续，容易造成产能过剩加剧、投资边际效益递减、金融风险增大等问题；而且政府主导的投资会对社会投资产生一定的“挤出效应”，导致社会力量参与不足。因此，不能再把政府投资作为扩大投资的主渠道。政府投资应主要集中在保基本、社会效益回报率高的领域，把竞争性领域更多让给社会投资，发挥政府投资“四两拨千斤”的作用。一方面，调整政府投资的存量，重点是调整国有资本战略配置，以公益性为导向加大对社会领域的投入，加快补齐基础设施、市政工程、农业农村、公共安全、生态环保、公共卫生、物资储备、防灾减灾、民生保障等领域的短板。另一方面，重点释放社会资本活力，激发民间投资活力，形成市场主导的投资内生增长机制。

（3）推进投资主体多元化。近年来，老百姓抱怨较多的主要是教育、医疗、电信等服务行业的垄断和由此形成的高价格、低品质服务。在服务业领域尤其要打破行政垄断，引入政府采购、政府和社会资本合作（PPP）模式，通过竞争提高质量、降低价格，形成有效供给。

三、提升供给体系对国内需求的适配性

我国需以深化供给侧结构性改革为重点，加快完善扩大内需的政策支撑体系，促进形成需求牵引供给、供给创造需求的更高水平动态平衡。

1. 把握消费结构升级，深化供给侧结构性改革

疫情防控常态化形势下的供给侧结构性改革要牢牢抓住城乡居民消费升级的大趋势，持续优化供给结构，改善供给质量，提升供给体系对国内需求的适配性。一是要通过调整现有供给结构，提高产品质量，积极促进物质型消费提档升级。二是要改善服务质量，推进服务型消费提质扩容。三是要加快传统产业改造升级，减少无效和低端供给，扩大有效和中高端供给，增强供给结构对需求变化的适应性和灵活性。四是要注重技术创新和新业态发展，推进产业集群化发展，加快技术创新推动产业链再造和价值链提升。

2. 推动需求侧改革，优化需求侧管理

（1）妥善处理好需求侧管理和需求侧改革的关系。2020年的中央经济工作会议明确提出“紧紧扭住供给侧结构性改革这条主线，注重需求侧管理”。这是适应消费结构升级、释放消费潜力的重大改革部署。需求侧管理是宏观经济调控的手段，重点是通过财政政策、货币政策调控需求，熨平经济周期，这是一个短期相机抉择的政策工具。需求侧改革则是全面深化改革的重要内容，重点是通过收入分配改革、公共服务体系建设等体制机制改革与完善，打破抑制消费潜力释放的政策

与制度障碍[1]。深化供给侧结构性改革，注重需求侧管理，是加快形成需求牵引供给、供给创造需求的更高水平动态平衡的重要途径。

（2）多措并举释放消费潜力。一是有序取消一些行政性限制消费购买的规定。二是合理增加公共消费，提高教育、医疗、养老、育幼等公共服务支出效率。三是以激发中小企业活力为重点加快形成扩大就业的体制机制。四是加快收入分配改革，力争在未来15年内国民收入实现倍增、中等收入群体人数实现倍增，明显缩小收入分配差距。五是加快农村土地制度改革，真正赋予农民长期而有保障的土地财产权，提升农民收入水平。

3. 改善消费环境

（1）树立以消费者为中心的消费理念。政府需以消费者权益保护为目标和重点，出台改善消费市场环境的总体规划。加强消费基础设施建设，以改造物流体系为重点切实降低消费成本。

（2）健全消费者权益保护的联动机制。需建立商品和服务质量全程追溯制度，形成从生产到消费全过程的质量监督闭环。加快推进网络购物、在线旅游、预付消费、营利性教育培训、个人消费信息保护等重点领域配套政策和制度的出台与完善。完善消费品质量检测保障体系，全面推行不合格产品召回制度，加强服务业的品牌、技术等知识产权保护。

（3）营造安全便捷的市场消费环境。应以建立统一的消费信用体系为突破口，实现消费者快速维权、市场监管信息实时反馈和处理。完善消费争议化解机制，建立、完善非诉讼和诉讼调解渠道化解机制，促进社会调解、行政调解、司法调解的无缝衔接。进一步完善消费者个人信息保护制度，可以在相关部门下设个人信息保护机构，加强外部监管。要求以电商平台为销售主要载体的企业建立消费者个人信息保护机制，强化经营者对消费者的个人信息保护责任。

---

[1] 迟福林：《以消费结构升级推动构建新发展格局》，《光明日报》2020年12月23日第2版。

CHAPTER 3

第三章

推进双边、多边自由贸易进程

在当前国际贸易受疫情与单边主义、贸易保护主义交织影响的特定背景下，以区域合作为重点的双边、多边自由贸易机遇与挑战并存。党的十九届五中全会强调，“实施自由贸易区提升战略，构建面向全球的高标准自由贸易区网络”。“十四五”期间，我国要把握RCEP签署与中欧投资协定谈判完成的重要契机，以区域合作为载体，以服务贸易为重点，实现推动双边、多边和区域自由贸易进程的重要突破。

第一节

双边、多边自由贸易进程与高水平开放的新要求

推动双边、多边自由贸易进程既是我国推进全球自由贸易进程的重大使命，也是我国由贸易大国向贸易强国转变的必由之路。这有利于提升我国参与全球经济治理的制度性话语权，并将为我国经济转型升级与全面深化改革营造良好外部环境。

一、推动双边、多边自由贸易进程的新形势

RCEP签署与中欧投资协定谈判完成为我国推动双边、多边自由贸易进程提供了难得的历史机遇，同时也给我国推动以全面对接国际高标准市场规则体系为重点的高水平开放进程提出了新的要求。

1. 推动双边、多边自由贸易进程面临重要契机

截至2020年底，我国已与26个国家和地区签署了19个自由贸易协定，自贸伙伴遍及亚洲、欧洲、拉丁美洲、大洋洲和非洲。其中，2020年11月RCEP的签署意味着当前人口最多、经贸规模最大、最具发展潜力的自由贸易区成立，该自由贸易区涵盖我国每年1.4万亿美元以上的进出口贸易额，约占我国外贸总额的1/3。2020年1～11月，我国与自贸伙伴间进出口额同比增长3.3%，高于同期我国进出口总额增速1.5个百分点，其中与东盟间进出口额增长同比高出4.9个百分点[1]。

2. 我国的高水平开放取得重要进展

近两年，我国加大以服务业为重点的市场开放力度，在对接高水平国际经贸规则上取得重要进展，为推动双边、多边自由贸易进程创造了有利条件。例如，第

[1] 《见证“十三五”｜我国已与26个国家和地区签署19个自贸协定》，https://baijiahao.baidu.com/s?id=1687465594874285406&wfr=spider&for=pc。

十三届全国人民代表大会第二次会议表决通过了《中华人民共和国外商投资法》（简称《外商投资法》），这部法律已于2020年1月1日开始施行。《外商投资法》明确规定了对外资实行“准入前国民待遇+负面清单”管理制度。2013—2020年，我国自由贸易试验区负面清单特别管理措施在各领域均实现了大幅缩减。例如，农、林、牧、渔业由7项缩减至3项，工业由88项缩减至4项，服务业由95项缩减至23项[1]。此外，我国由鼓励出口向积极扩大进口促进贸易平衡转变。2000—2017年，我国消费品进口额由约210亿美元增长至约2391亿美元，年均增长15.4%；占进口商品的比重由9.4%上升至13.0%。

3. 加快对接高水平国际经贸规则

（1）贸易便利化水平有待进一步提升。以关税为例，从2018年11月1日起，我国降低1585个税目工业品等商品进口关税税率，将部分国内市场需求大的工程机械、仪器仪表等机电设备平均税率由12.2%降至8.8%，纺织品、建材等商品平均税率由11.5%降至8.4%，纸制品等部分资源性商品及初级加工品平均税率由6.6%降至5.4%，并对同类或相似商品减并税级[2]。我国关税总水平由2017年的9.8%降至2018年的7.5%。自2021年1月1日起，对883项商品（不含关税配额商品）实施低于最惠国税率的进口暂定税率（2018年我国与部分国家和地区所有产品的最惠国平均税率见图3-1），其中对乳蛋白部分水解配方等特殊医学用途配方食品、部分抗癌药原料等商品将实行零关税；自2021年7月1日起，取消9项信息技术产品进口暂定税率[3]。但是总的看来，我国关税水平仍有下降空间。

[1] 根据《中国（上海）自由贸易试验区外商投资准入特别管理措施（负面清单）（2013年）》《自由贸易试验区外商投资准入特别管理措施（负面清单）（2020年版）》整理。

[2] 《国务院：从11月1日起降低1585个税目进口关税税率》，https://baijiahao.baidu.com/s?id=1612753598992521283&wfr=spider&for=pc。

[3] 《国务院关税税则委员会关于2021年关税调整方案的通知（税委会〔2020〕33号）》，http://gss.mof.gov.cn/gzdt/zhengcefabu/202012/t20201223_3636573.htm。

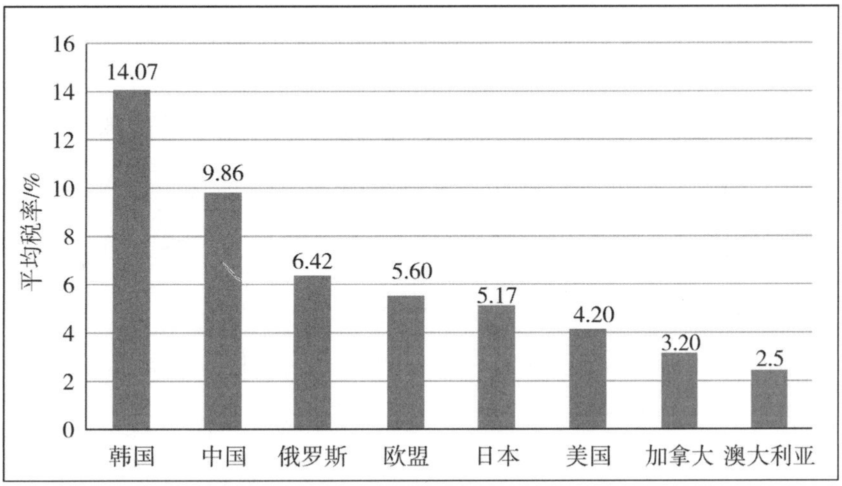

图3-1　2018年我国与部分国家和地区所有产品的最惠国平均税率

数据来源：世界银行数据库，2020年12月16日。

（2）需要进一步提升贸易开放度。从现实情况看，不同贸易协定开放度也不同，涵盖的内容差别较大。当前，服务贸易、金融服务、电子商务等领域成为我国对外自贸协定谈判的重点、难点。例如，《中国-韩国自由贸易协定》以商品为主，关于服务贸易的谈判仍在进行；《中国-东盟自由贸易协定》中，双方承诺的无限制开放比例在20%以下，部分开放或未承诺开放的比例超过80%[1]；《中国-新加坡自由贸易协定》《中国-澳大利亚自由贸易协定》《中国-瑞士自由贸易协定》等的服务贸易条款中，双边开放水平仍有较大提升空间。

（3）需要进一步提升监管与服务体系建设水平。例如，根据OECD贸易便利化评价体系，我国在贸易内外边境机构合作、贸易手续、贸易上诉程序、贸易非政府组织的参与等领域与OECD国家平均水平有一定差距，贸易监管内容仍然以货物贸易为主，信用监管还比较滞后，难以适应服务贸易与数字贸易快速发展的大趋势。

[1]　尹政平、杜国臣、李光辉：《多边贸易体制与区域贸易安排的关系与前景》，《国际贸易》2017年第7期。

二、加快推进双边、多边自由贸易区网络建设

构建双边、多边自由贸易区网络是我国以高水平开放推进全球自由贸易进程的重要载体。“十四五”期间，应对全球化新变局，需要主动作为，采取多种方式加快推进双边、多边自由贸易区网络建设，扩大自由贸易的“朋友圈”。

1. 疫情冲击下区域合作将成为一个重要选项

（1）自由贸易仍是经济全球化的大趋势。无论从优化资源配置和提高生产效率、推动技术外溢和技术进步看，还是从创造就业和反贫困看，自由贸易都是经济增长的重要动力。诺贝尔经济学奖获得者迈克尔·斯宾塞（Michael Spence）与罗伯特·索洛（Robert Solow）的研究表明，二战后，年均增长率达到7%或者更高水平并且维持25年或更长时间的经济体，共同特征之一是开放。当前，世界经济增长动能不足，不应以贸易保护为由再进一步分割既有市场，而是要通过推进非排他的自由贸易安排，推动建设开放型世界经济，推进全球市场一体化进程。作为新型开放大国，我国重在推进14亿人的国内大市场与世界大市场的深度融合，创造新的市场和新的需求，引导资源在更大范围内优化配置。

（2）区域经济合作的重要性明显提升。在疫情防控常态化的背景下，产业链、供应链的区域化、本土化、数字化是经济全球化的重要趋势，并为区域经济合作提供新空间。我国作为亚太区域内第一大经济体，有条件以抗疫互助合作为重要契机，以产业链、供应链的调整为抓手，以加强同东北亚、东南亚的区域合作及推动RCEP、中日韩自贸区进程作为区域经济一体化的重点，形成合理分工、有竞争力的区域一体化布局。亚太区域经济合作进程的加快，将为疫情后我国有效应对单边主义、民族主义、贸易保护主义等提供重要条件，将为区域各国的经济复苏奠定重要基础。

2. 推动双边、多边自由贸易协定升级

（1）我国区域自由贸易协定自由化、便利化水平不高。由于协定涵盖议题较

窄、市场较小等因素，我国已签署的区域自由贸易协定对贸易的带动作用仍有待进一步提升。例如，我国仅在《中国–韩国自由贸易协定》第二阶段谈判中首次使用负面清单方式开展服务贸易和投资谈判；在我国已签署的19个自由贸易协定中（含内地与港澳更紧密经贸关系安排），有14个未涉及金融服务，13个未涉及电子商务。2019年，我国与签署区域自由贸易协定的贸易伙伴实现贸易额16138.4亿美元，占我国贸易总额的比重仅为35.3%。

（2）打造升级版的双边、多边自由贸易协定。重点加强边境内措施、制度的对接与协调，积极推动与自贸伙伴的贸易投资管理体制和制度的对接与合作，力争在政府监管制度的协同与合作等方面取得重要突破。表3–1为2019年我国与已签署自由贸易协定的国家和地区间贸易额、占比及同比增速。争取到2025年，以负面清单为主要模式，尽快实现现有区域自由贸易协定升级，涵盖金融服务与电子商务议题的区域自由贸易协定数量占比提升至50%左右；我国与已签署区域自由贸易协定的国家和地区间的贸易额占贸易总额的比重争取提升至50%以上。

表3–1　2019年我国与已签署区域自由贸易协定的国家和地区间贸易额、占比及增速

国家和地区	贸易额/千美元	占比/%	同比增速/%
马尔代夫	381726	0.008	−3.9
澳大利亚	169636442	3.700	10.8
瑞士	31808156	0.700	−25.2
哥斯达黎加	2245471	0.050	−8.0
新加坡	89940790	2.000	8.7
智利	40939993	0.900	−3.9
东盟	641466319	14.000	9.2
格鲁吉亚	1482742	0.030	29.0
韩国	284575772	6.200	−9.2
冰岛	257564	0.006	−38.9
秘鲁	23697695	0.500	3.1
新西兰	18294434	0.400	8.5
巴基斯坦	17973434	0.400	−5.9
中国香港	288032348	6.300	−7.2
中国澳门	3107774	0.070	−1.4

数据来源：中华人民共和国海关总署网站。

3. 以高水平开放加快双边、多边自由贸易进程

（1）明显提升双边、多边自由贸易区的贸易和投资自由化、便利化水平。进一步降低关税，在加强开放风险防范中加快与自贸伙伴的双向市场开放，同时显著提升贸易便利化水平。争取在3～5年内，将货物贸易通关时间缩短一半以上、成本降低一半以上；加快与自贸伙伴的电子通关工程建设；实施原产地企业自主申报制，严格事后监管，加快与自贸伙伴建立原产地电子数据交换系统；显著提高与贸易尤其是服务贸易相关的人员往来便利化水平，简化签证程序，减少环节和等待时间。

（2）明确把“准入前国民待遇＋负面清单”管理制度作为对外开展自由贸易区谈判的基本内容。当前，我国已全面实施“准入前国民待遇＋负面清单”的管理模式，以此为基本内容开展对外自由贸易区谈判。一是将“准入前国民待遇＋负面清单”相关规则写入已签订的自由贸易协定，由此实现自由贸易协定的实质性升级。二是以“准入前国民待遇＋负面清单”为原则开展中国–挪威、中国–以色列等双边自由贸易区谈判，最大限度地减少和取消贸易壁垒。三是在服务业领域，加快贸易开放和降低市场准入门槛，有序推进金融、教育、文化、医疗等重点领域的市场开放。

（3）推进与自贸伙伴的规制合作。更深层次的自由贸易制度关键在于规制合作，与自贸伙伴间加强贸易规制合作，将进一步提升我国开放水平。应加强边境内措施、制度的对接与协调，积极推动与自贸伙伴的贸易投资管理体制、制度的对接与合作，缩小负面清单的限制范围，推进政府监管制度的协同与合作，提出符合我国发展阶段的自由贸易新规则。

三、主动参与全球服务贸易与数字贸易规则制定

服务贸易与数字贸易是当前双边、多边和区域自由贸易制度安排的焦点。“十四五”期间，要发挥我国在数字经济领域的突出优势，提升服务贸易与数字贸

易在多边、区域自由贸易谈判中的比重，并形成一系列自由化、便利化的制度安排，提升我国在数字贸易领域的话语权。

1. 服务贸易与数字贸易规则重构将改变全球经贸版图

（1）服务贸易规则重构进入关键期。截至2020年，世界贸易组织框架下《国际服务贸易协定》（TiSA）谈判已经进行到第20轮。但由于各个国家发展水平的差异及协商一致原则的限制，《国际服务贸易协定》谈判在短期内仍难以完成。在此背景下，服务贸易规则重构，更有赖于高标准区域贸易协定谈判。例如，在2007年底前签订的区域双边自由贸易协定中，涉及服务贸易内容的仅有56个，占同期区域贸易协定数量的33.9%；在2008—2020年签订的区域双边自由贸易协定中，涉及服务贸易内容的增加至99个，占比71.7%[1]。总的来看，服务贸易已成为全球自由贸易规则重构的重点与难点。

（2）数字贸易规则构建进入关键期。当前，数字贸易兴起成为全球贸易的突出特点。例如，2019年，全球网络零售额约为3.54万亿美元，同比增长20.7%，高于全球零售交易总额增速（4.5%）16.2个百分点；同时全球网络零售额占全球零售交易总额的比重也由2017年的10.4%上升到2019年的14.1%，预计2023年这一比重将达到22%[2]。加快构建数字贸易规则成为当前多边、区域自由贸易谈判的重点之一。例如，在2019年达沃斯世界经济论坛上，欧盟28国和其他47个WTO成员决定启动谈判，以制定全球电子商务规则；2019年G20财长和央行行长会议也提出，将针对大型跨国信息技术企业制定全球统一“数字税”课税规则，确立了将在2020年达成最终协议的目标。然而，由于多边数字服务税规则进展缓慢，全球统一“数字税”课税规则仍处在推进阶段。

（3）全球经贸格局面临重要变革。数字贸易的快速兴起，使得传统的国际贸易和制造业时空界限、地理界限日渐模糊，使不同国家之间的经济联系和贸易往来

[1] 迟福林、郭达：《在大变局中加快构建开放型经济新体制》，《开放导报》2020年第4期。

[2] 《中国电子商务报告2019》，http://images.mofcom.gov.cn/wzs2/202007/20200703162035768.pdf。

变得比以往任何时候都更加紧密。例如，5G技术快速发展将促使全球各国的生产方式、生活方式、贸易方式产生颠覆性变革。能否在全球5G规则制定中赢得主动，不仅决定一个国家产业的未来竞争力，还将决定其在未来全球经济格局中的地位。

2. 加快建设以服务贸易为重点的双边、多边自由贸易区

（1）以服务贸易为重点升级现有的双边、多边自由贸易协定。主动适应全球经贸规则重构的大趋势，在我国正在谈判或开展可行性研究的双边、多边自由贸易协定中增加服务贸易的内容。

（2）以服务贸易为重点推进“一带一路”高质量发展。把握周边国家和“一带一路”沿线国家基础设施互联互通对信息、金融、咨询、建筑等服务贸易的特定需求，加快与周边国家和“一带一路”沿线国家的自由贸易区建设，提升服务贸易自由化、便利化水平。

（3）提升与欧盟、日本等发达经济体服务贸易自由化水平。根据国内产业转型升级的需要，降低技术专利、咨询、保险、养老、医疗、教育等服务贸易领域对贸易伙伴的进口壁垒，在扩大相关服务进口中加快推动自身贸易结构和产业结构转型升级。

3. 积极参与和引领服务贸易规则制定

当前，在全球尚未形成统一服务贸易制度的背景下，发达国家把服务贸易作为主导贸易规则制定的制高点。把握服务贸易将成为双边、多边和区域自由贸易重点的客观趋势，把服务贸易作为我国高水平开放的重大任务。从推进全球自由贸易进程出发，我国应积极推动开放、包容、共享、均衡的区域性和全球性服务贸易协定实施，带动新兴经济体和发展中国家平等参与区域和全球服务贸易体系建设，释放全球服务贸易需求潜力。要积极参与构建开放包容的数字贸易规则，与其他数字贸易大国形成数字贸易项下的自由贸易政策。

第二节

推动形成“一带一路”自由贸易制度安排

产能合作与服务贸易合作相结合，是“一带一路”建设高质量发展的客观趋势。“十四五”时期共建“一带一路”，需要在深化国际产能合作的同时，突出服务贸易合作的引领作用。这不仅有利于为推进“一带一路”基础设施互联互通及产能合作提供重要保障，也有助于为发达国家及发展中国家的参与拓展更大的市场空间。

一、推动国际产能合作与服务贸易的融合发展

当前，我国同“一带一路”沿线国家的产能合作带来了巨大的服务贸易增长空间。我国应充分利用发达国家的服务贸易优势与我国产业变革、消费结构变革等优势，推动国际产能合作与发展服务贸易，并由此探索“一带一路”创新发展的新模式。

1. 深化国际产能合作对“一带一路”服务贸易提出新要求

（1）深化国际产能合作带来巨大的服务贸易需求。近年来，我国同“一带一路”沿线国家间的产能合作进程不断深化。据统计，2013—2019年，我国企业对“一带一路”沿线国家累计直接投资1173.1亿美元，在“一带一路”沿线国家完成对外承包工程营业额5475亿美元[1]。2020年，我国企业对“一带一路”沿线58个国家非金融类直接投资177.9亿美元，同比增长18.3%，占同期总额的16.2%，较上年提升2.6个百分点；我国企业在“一带一路”沿线国家新签承包工程项目合同额

[1] 中华人民共和国商务部、国家统计局、国家外汇管理局：《2019年度中国对外直接投资统计公报》，中国商务出版社，2020。

1414.6亿美元（见图3-2），完成营业额911.2亿美元，分别占同期总额的55.4%和58.4%[1]。基础设施互联互通将带来直接投资项目、国际产能合作，不仅将为当地带来大量的工业品和消费品等市场需求，还将带来大量服务贸易需求。

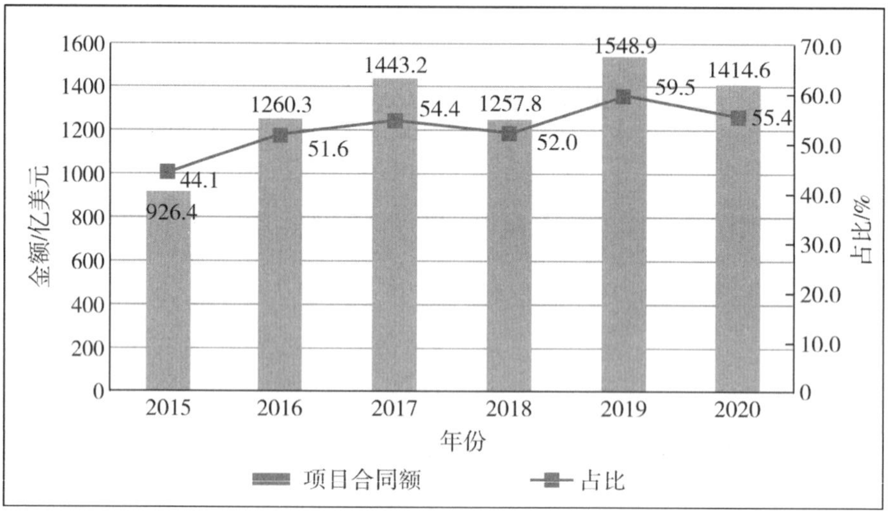

图3-2　2015—2020年我国企业在“一带一路”沿线国家新签承包工程情况

数据来源：商务部网站。

（2）深化国际产能合作要求服务贸易与其协同发展。随着国际产能合作进程的不断加快，迫切需要围绕产能合作推动研发设计、商务物流、金融保险等服务贸易的协调发展，以提升产能合作的有效性并降低风险。当前，我国开展国际产能合作，要更加注重同时推动工程承包、研发设计、相关咨询、第三方认证、金融、保险、物流、采购等服务业企业“走出去”，以服务贸易合作提升产能合作水平，引领关联产业的上下游国际市场需求。尤其是在以信息技术为重点的高科技迅猛发展的背景下，各国在数字经济、服务贸易、智能制造等新兴产业与技术领域的合作空间巨大。

[1]　《商务部召开例行新闻发布会（2021年1月21日）》，http://www.mofcom.gov.cn/xwfbh/20210121.shtml。

（3）拓展第三方市场的合作需求明显增强。近年来，我国与发达国家共同开拓第三方市场并取得了积极进展。以德国西门子股份公司为例，公开数据显示，截至2017年，西门子已与中国能建、中国电建和中石油等上百家央企，在建设“一带一路”的电力、油气与化工、矿山与工业等投资领域开展了合作，创造了大量的商业机会。2017财年（2016年10月1日至2017年9月30日），西门子在中国的总营收达到72亿欧元，比2014财年增长了12%，增速是2011—2014财年的15倍[1]。2018财年（2017年10月1日至2018年9月30日），西门子在中国市场实现营收逾81亿欧元，比上一财年增长12%[2]。

（4）服务贸易滞后于产能合作进程。目前，“一带一路”沿线国家间的产能合作与金融合作已经展开。2019年，我国与“一带一路”沿线国家服务贸易规模达到1178.8亿美元，占我国服务贸易总额的15.0%，比2015年提高2.8个百分点[3]，但与货物贸易占比近30%[4]的水平相比仍有明显差距。2019年我国与“一带一路”沿线国家服务贸易额占贸易总额的比重仅为8.3%[5]。就是说，随着“一带一路”建设的高质量发展，服务贸易领域国际合作水平仍有巨大的提升空间。

2. 推动“一带一路”产能合作与服务贸易发展

（1）“一带一路”由以产能合作为主逐步向产能合作、服务贸易并重转变。产生这种客观趋势的原因有以下三点。一是大量产能合作项目对研发、物流、金融、设计等服务贸易的需求日益加大。二是吸引更多发达国家参与“一带一路”建

[1] 《西门子：“一带一路”建设为跨国企业带来商机》，https://www.imsilkroad.com/news/p/94643.html。

[2] 《西门子2018财年在华营收增长》，http://www.xinhuanet.com/world/2018-11/09/c_1123689368.htm。

[3] 《中国对外贸易形势报告（2020年秋季）》，http://zhs.mofcom.gov.cn/article/cbw/202012/20201203021345.shtml。

[4] 《海关总署：去年我国与“一带一路”沿线国家进出口总值达9.27万亿元 增长10.8%》，http://news.cnr.cn/dj/20200114/t20200114_524937958.shtml。

[5] 数据来源于商务部网站。

设，关键在于充分发挥发达国家的服务贸易优势与中国制造优势，共同开发第三方大市场。三是在疫情蔓延的背景下，发展中国家产业链和供应链遭受严重冲击，发展以保险、金融、会计等为重点的商务服务贸易的迫切性明显增强。

（2）加快构建灵活多样的"一带一路"自由贸易网络。加快构建多种形式的自由贸易网络，有利于提升产能合作的稳定性，有利于提升疫情冲击下产业链、供应链的稳定性，有利于我国在推进新一轮全球贸易和投资自由化、便利化进程中发挥更大作用。"十四五"期间，我国将根据"一带一路"沿线国家的发展水平、发展优势、发展需求，打造多层次、多类型的自由贸易区，在推进贸易和投资自由化、便利化、法治化的进程中，让更多新兴经济体和发展中国家、发达国家参与进来。例如，加快推进上海合作组织自由贸易区建设，创造条件使之成为"一带一路"中的多边自由贸易区；围绕制造业、服务业、能源资源等多个领域开展广泛合作，通过建立多种形式的经济合作圈，在贸易和投资自由化、便利化的制度安排上先行先试；将有条件的跨境经济合作区升级为双边自由贸易区，简化通关流程，降低关税，推进资金流、物流、人员流动的便利化。

（3）以统筹产能合作与服务贸易发展吸引更多发达国家参与"一带一路"建设。一方面，大多数发展中国家仍处于工业化初期阶段，对基础设施建设和工业发展有较大需求，但缺乏技术和资金。另一方面，发达国家受产业空心化、国内市场需求不足等因素的影响，虽拥有先进的技术和核心装备，但限于国内产能不足及成本过高，无法有效拓展第三方市场，因此经济增长动力不足。如果重产能合作而轻服务贸易，不仅会对产能合作产生制约作用，也会降低发达国家参与"一带一路"建设的积极性。吸引发达国家参与"一带一路"建设，关键是要把我国发展进口服务贸易与产能合作的优势结合起来，共同开拓第三方市场。

（4）以统筹产能合作与服务贸易构建"一带一路"产业链。通过服务贸易合作带动我国制造业全球布局，进一步建立健全区域合作的供应链、产业链和价值链，这有助于我国制造业在全球范围内配置资源，实现转型升级。例如，通过技术服务贸易，促进制造业同信息技术密集型服务业高度融合，以服务型制造为核心的新业态参与全球产业链的结构再调整和价值链重构，提升生产要素的配置范围——从国内合理配置到全球范围配置，提升我国制造业的国际竞争力。

3. 探索疫情下“一带一路”产能合作与服务贸易发展新模式

（1）疫情蔓延给共建“一带一路”高质量发展带来严峻挑战。在疫情影响下，发展中国家产业链和供应链遭受严重冲击，“一带一路”沿线部分国家有可能经受不住疫情的冲击。例如，很多“一带一路”沿线国家的商业瘫痪、工厂和建筑工地的关闭，导致一些投资项目推迟或搁置，石油等国际大宗商品的市场需求减少、价格大幅度下跌，旅游业和外汇收入减少，以及部分国家国内经济活动放慢，大部分发展中国家将面临财政收支和国际收支“双赤字”与经济衰退，这些因素显著加大了金融危机发生的可能性与社会政治动荡风险。

（2）推进“一带一路”沿线国家抗疫合作。一是加大对“一带一路”沿线发展中国家抗疫物资的支持力度，包括必要的卫生医疗设备、检测试剂、应急物资和人员等的支持；加强技术合作与交流，建立密切的技术沟通机制，分享相关防控和诊疗技术，携手应对疫情，真正体现“你中有我、我中有你”的人类命运共同体精神。二是建立“一带一路”公共卫生全球行动协调机制。将公共卫生安全作为“一带一路”倡议的重要合作内容，以各国联合行动减少突发公共卫生危机对全球经济社会的严重冲击。例如，建立由“一带一路”沿线国家政府首脑或卫生部部长组成的协调与合作机制，使各国在面对公共卫生危机时共同采取更为及时、有效的措施和行动。

（3）构建自由贸易网络，有效应对疫情对共建“一带一路”的冲击。以构建自由贸易网络为重点，在基础设施、产能合作、服务贸易等领域形成一系列制度性、机制性安排，这不仅有利于提升疫情冲击下产能合作的稳定性，而且有助于我国在服务业国际分工中占据主动地位，并对促进全球经济一体化和改善全球经济治理结构产生重要、积极的影响。

（4）统筹产能合作与服务贸易，形成“一带一路”产业链和供应链新布局。一是深化国际产能合作与服务贸易协同发展，更加注重推动工程承包、研发设计、相关咨询、第三方认证、金融、保险、物流、采购等服务业企业“走出去”，以服务贸易合作提升产能合作水平，带动关联产业的上下游国际市场需求。二是进一步建立健全区域合作的供应链、产业链和价值链，通过技术服务贸易，促进制造业同信息技术密集型服务业高度融合，以服务型制造为核心的新业态参与全球产业链的结构再调整和价值链重构。三是促进“一带一路”沿线国家的优势互补。例如，依托我国的基建技术、工程能力、工业结构和价格结构等优势，结合西方发达国家企业在国际基建项目可行性论证、规划实施、风险管控、后期整合运营等方面的经验，合作拓展第三方市场。

二、构建“一带一路”双边、多边自由贸易网络

推动共建“一带一路”高质量发展，需要以构建多层次自由贸易网络为重要目标，打造包括广大发展中国家在内的全球共商共建共享大平台，为共建开放型世界经济、维护并完善多边贸易体制、推动全球自由贸易进程提供重要动力。

1. 以构建双边、多边自由贸易网络探索新型经济全球化

（1）双边、多边自由贸易网络是新型经济全球化的重要实现形式。推动共建“一带一路”高质量发展，重在探索新型经济全球化。这需要加快建立双边自由贸易区，开展多种形式的自由贸易，尽快形成制度安排，在投资贸易便利化上实现重要突破。推进“一带一路”自由贸易网络建设，对促进全球经济一体化和改善全球经济治理结构有重要影响，同时，有利于增强各方对全球经济一体化的信心，共同抵制各种形式的贸易保护主义。

（2）以构建双边、多边自由贸易网络提升共建“一带一路”的包容性。总的来看，推动共建“一带一路”高质量发展仍面临多方面挑战。例如，目前“一带一路”沿线国家大部分都是发展中国家，且经济发展程度、政治体制、文化历史、宗

教状况各有不同。为此，需要以构建灵活多样的自由贸易网络为契机形成制度安排。在此背景下，在构建自由贸易网络过程中，在基础设施、产能合作、服务贸易等领域形成一系列制度性、机制性安排，在画好“一带一路”工笔画的同时，进一步拓展“一带一路”合作网络，吸引更多国家参与建设。

（3）构建双边、多边自由贸易网络，有效降低“一带一路”贸易成本。世界银行发布的《2019年营商环境报告》显示，受经济基础、市场开放和成熟程度等诸多因素的影响，欧洲及中亚国家、东亚及太平洋地区国家、南亚国家的出口所需费用成本分别是OECD的1.1倍、2.7倍、2.5倍，进口所需费用成本分别是OECD的1.6倍、4.1倍、5.0倍。贸易成本过高成为区域发展的主要障碍之一。与欧盟等在区域一体化方面取得实质性进展的地区相比，“一带一路”沿线国家面向区域内国家的出口额和进口额在对外贸易总额中的比重明显偏低。因此，构建“一带一路”自由贸易网络是降低参与国贸易成本的一项实质性举措。

2. 推进“一带一路”多边自由贸易区建设

（1）探索建立上海合作组织自由贸易区。目前，上海合作组织成员国合作的领域已经从传统的贸易、投资、能源、交通领域扩大到金融、科技、农业、环保、旅游等多个领域，但主要是具体项目对接。在这个基础上，应加快推进贸易投资、市场准入、海关监管等方面的规则与机制对接，提升贸易和投资自由化、便利化水平。有研究表明，如果将上海合作组织8个成员国间的通关时间缩短25%，整体区域的GDP总量将增加540亿美元，进出口总额会相应增加200亿美元[1]。从现实情况看，建立上海合作组织自由贸易区的一个现实有利条件是多数成员国都是WTO成员，可以WTO协定为基础，尽快启动自由贸易区谈判。

（2）推进中国-海湾阿拉伯国家合作委员会自由贸易区合作进程。2004年以来，中国-海合会自由贸易区已经进行了9轮谈判，在货物贸易、服务贸易、投资、

[1] 《区域经济杀出“黑马”上合组织经贸项目步入落地期》，http://zgyt.org/index.php?c=article&id=5875。

经济技术合作、海关核查程序、技术性贸易壁垒、卫生和植物卫生措施、贸易救济等领域达成一致。总体看，建立中国–海合会自由贸易区的时机条件比较成熟。在“一带一路”框架内，推动国际产能合作与海合会的经济结构多元化战略对接，相互借力，加快推动经济结构优化调整，带动我国与海合会的经济合作。

（3）适时将中国与欧亚经济联盟经贸合作协定升级为自由贸易协定。欧亚经济联盟的成员国有俄罗斯、哈萨克斯坦、白俄罗斯、吉尔吉斯斯坦和亚美尼亚，均是“一带一路”建设的重要合作伙伴。一方面，欧亚经济联盟积极与欧盟合作，主动提出建立自由贸易区的意愿，而欧盟对此并不积极。另一方面，欧亚经济联盟大力推进与上海合作组织和丝绸之路经济带的对接合作，并积极同OECD合作。在此背景下，加快推进中国与欧亚经济联盟自由贸易合作进程，对推动共建“一带一路”高质量发展具有重要意义。建议以中国–东盟自由贸易区升级版为参考，启动中国–欧亚经济联盟自由贸易协定谈判，并将此作为构建“一带一路”自由贸易网络的重要内容。

3. 加快与“一带一路”重要贸易伙伴的双边自由贸易进程

（1）升级已有的双边自由贸易区。目前，我国已同26个国家和地区签署了19个自由贸易协定[1]，但自由贸易协定主要集中在传统贸易领域，如人员劳务、商品流通、产业合作、消除贸易壁垒等方面。短期内，可在条件具备的情况下逐步提升已有自由贸易区的自由化水平；中长期，为适应服务贸易加快发展的大趋势，需以建立高标准自由贸易网络为目标，围绕提升贸易便利化水平、服务业市场开放、产能合作、双向投资自由化便利化、规制合作、削减关税和非关税壁垒、保护知识产权、环境保护、电子商务、自然人流动便利化等方面，推动中国–东盟、中国–新西兰、中国–韩国、中国–智利、中国–秘鲁、中国–瑞士等自由贸易区升级版进程。

（2）加快推进已取得实质性谈判成果的双边自由贸易进程。一是加快中国–挪威自由贸易协定谈判进程。在“一带一路”框架内，加强丝绸之路与北欧新琥珀之路的对接，充分利用中国、挪威关系明显改善的重大契机，加快实现中国–挪威

[1] 朱琳：《发挥自贸优势　便利企业出海》，《经济日报》2020年11月19日第6版。

自由贸易协定谈判的重要突破，以此带动我国与北欧国家和地区的合作进程。二是加快中国–以色列自由贸易协定谈判进程。以农业及农业项下的技术、商务等为重点，争取尽快实现中国–以色列自由贸易协定谈判的突破。三是加快中国–斯里兰卡自由贸易协定谈判进程。

（3）启动与重要贸易伙伴的双边自由贸易区谈判。一是启动中国与南非等非洲国家双边自由贸易区谈判。利用中非合作论坛机制，积极落实中非“十大合作计划”，推进中非基础设施合作计划和中非贸易投资便利化合作计划，与南非、加蓬等非洲国家开展自贸合作，推进包括货物贸易、服务贸易和投资合作等在内的全面自由贸易协定。二是加快与巴西、墨西哥、土耳其等新兴市场国家自由贸易区的谈判进程。借鉴亚太贸易协定商签的优惠贸易协定方式进行谈判，逐步建立自由贸易区。在投资领域，实行特定产业的开放。同时，利用中国–拉共体论坛机制，加快与更多拉美国家的自由贸易协定的谈判，争取缔结更多的双边自由贸易协定。三是启动与尼泊尔、孟加拉国等南亚国家自由贸易区谈判。尽快开展中国–尼泊尔、中国–孟加拉国双边自由贸易协定联合可行性研究，在此基础上，启动中国–尼泊尔、中国–孟加拉国双边自由贸易区谈判，加快构建中国–尼泊尔、中国–孟加拉国自由贸易区。

（4）将有条件的跨境经济合作区提升为双边自由贸易区。随着跨境经济合作的进一步深化，可以将有条件的跨境经济合作区升级为双边自由贸易区，简化通关流程，降低关税，消除贸易壁垒，推进资金流、物流、人员流动的便利化，逐步消除生产要素跨境流动的障碍，使升级后的双边自由贸易区成为双边深化投资贸易合作的先行试验区。例如，把黑龙江省绥芬河市、云南省临沧市等跨境经济合作区提升为跨境自由贸易区。

三、探索多种形式的“一带一路”经济合作圈

疫情背景下要立足“一带一路”沿线国家的现实情况，发挥各自的资源优势，

探索建立多种形式的经济合作圈，重点深化公共卫生、数字经济、绿色发展、科技教育合作，促进人文交流。

1. 打造能源经济合作圈

（1）建立沿线能源经济合作圈。在我国与“一带一路”沿线国家的能源通道节点城市，建设能源加工园区、能源保税港区、新能源产业园区、能源跨境经济合作区、以能源为重点的工业港区等。能源贸易和投资自由化、便利化的制度安排先行先试，打造区域能源贸易中心、能源共同储备基地、能源合作创新中心等。

（2）加强与中东国家的能源产业合作。我国与中东国家在能源投融资、勘探开采、运输物流、加工储存、技术研发等领域的合作空间巨大。建立能源共同储备机制对加强“一带一路”能源供给安全、稳定当前世界能源市场价格具有战略意义。建议与具备相关条件的中东国家建立更加紧密的能源战略合作机制。

2. 建立旅游经济合作圈

（1）构建“泛南海旅游经济合作圈”。构建“泛南海经济合作圈”是我国开发南海、加强与泛南海区域经贸关系的一篇大文章。构建“泛南海旅游经济合作圈”是构建“泛南海经济合作圈”的重要突破口。加快开辟泛南海邮轮旅游航线，使海南邮轮旅游产业成为构建“泛南海旅游经济合作圈”的先导产业，发挥海南在“泛南海旅游经济合作圈”中的重要作用。以旅游经济合作圈提升开放合作水平。借助“一带一路”基础设施互联互通建设，促进区域内旅游交通设施便利化。加强海南与泛南海区域旅游合作，充分发挥各地区位优势和旅游资源优势，共同打造边境旅游试验区、跨境/境外旅游合作区，构建开放性的区域旅游经济合作网络。建议在中央部委的大力支持下，争取推动有实力的企业参与建设，尽快把三亚凤凰岛建成一流的邮轮母港。

（2）建立东北亚旅游经济合作圈。东北亚地区旅游资源丰富，潜力巨大，但各国在发展旅游业方面均有不同程度的短板。例如，俄罗斯的自然旅游资源丰富，但对旅游资源的开发不足；韩国国土面积小，旅游资源优势不明显，但旅游产业发展迅速；日本人文旅游资源丰富，传统文化和旅游形象鲜明，但国土面积不大，难以开发多样化的旅游产品；中国东北地区有着丰富的旅游资源与人文历史资源，但旅游产业发展相对滞后。加快构建东北亚旅游经济合作圈，在旅游标准制定、人员跨境流动、跨境旅游线路设计、基础设施互联互通等方面实现重要突破，并以旅游合作带动人文交流，可以为东北亚地区增强政治互信、安全互信提供重要条件。

（3）建立中亚旅游经济合作圈。中亚地区旅游资源丰富，具有极高的历史文化价值，在世界旅游市场上具有资源独特性。由于基础设施建设滞后、入境手续烦琐等因素，中亚地区旅游资源优势尚未转化为经济优势。世界经济论坛发布的《2019年旅游业竞争力报告》显示，哈萨克斯坦、塔吉克斯坦、吉尔吉斯斯坦的旅游业竞争力在全球排名分别为第80位、第104位、第110位。近年来，在"一带一路"框架内，我国与中亚多个国家共同举办旅游年活动，创办丝绸之路旅游市场推广联盟等取得重要进展。"十四五"期间，中亚地区各个国家可依托我国大市场，推动共建中亚旅游经济合作圈，实现我国西北五省区与中亚五国在旅游线路、旅游基础设施、入境免签等方面的全面对接，通过联手举办旅游节活动、推出精品旅游线路、创建国际丝绸之路文化遗产、统一品牌形象等途径，实现资源共享、优势互补、互惠互利、共赢发展，推动建设丝路旅游共同体。

3. 建立医疗健康产业合作圈

（1）加快建设健康医疗服务自由贸易园区。逐步对外资开放医疗服务业，吸引国际医疗服务机构、国际商业医疗保险机构进驻，推动我国医疗健康服务产业的升级和"一带一路"沿线国家协同发展。例如，允许境外资本在园区内创办独资、合资医疗机构；在园区内实行高水平医疗标准；放宽境外医师在园区内执业限制；适当降低园区部分医疗器械和药品的进口关税；鼓励园区利用多种渠道融资，吸引社会投资；在园区内先行探索医疗保障制度对接试点；等等。

（2）多平台、多形式、多领域地开展医疗健康合作。通过建立健康产业基金、健康科技园区、健康服务业合作示范基地等合作平台，形成集资金、政府监管、科研于一体的合作体系，打造一批面向“一带一路”沿线国家的国际化医疗保健机构。加强在健康管理、健康职业教育、健康技术研发等领域的互利合作。

（3）推动中国传统医疗保健产业“走出去”。充分发挥我国传统医疗产业优势，推广中医文化，积极发展中医药服务贸易，拓展与“一带一路”沿线国家的合作。

4. 建立新经济与科技创新合作圈

（1）全面扩大“一带一路”数字经济领域的开放合作。2017年12月，在第四届世界互联网大会上，中国、老挝、沙特阿拉伯、塞尔维亚、泰国、土耳其、阿联酋等国家相关部门共同发起《“一带一路”数字经济国际合作倡议》。该倡议标志着“一带一路”倡议的相关国家在数字经济方面的合作迈出了重要步伐。我国要以落实该倡议为重点，尽快出台21世纪的数字丝绸之路建设行动方案，加强我国数字经济发展与“一带一路”沿线国家之间的对接合作，支持鼓励我国数字经济领域的领军企业“走出去”扩大业务范围，为“一带一路”沿线国家提供发展数字经济的“中国方案”，吸引更多国家加入“一带一路”数字经济开放创新网络。

（2）建立数字经济和电子商务合作圈。《“一带一路”数字经济国际合作倡议》推出以来，越来越多的国家开始携手共建和平、安全、开放、合作、有序的网络空间。我国依托“一带一路”倡议，立足我国技术优势，以5G基础设施建设为重点，建立区域性的数字自由贸易产业园区，协调国家间数字贸易政策和竞争政策，推动形成数字贸易、数据传递、数据安全、网络安全与监管等制度安排。

（3）建立数字技术创新合作圈。充分发挥“一带一路”沿线国家科研机构和组织的地域特点及多学科综合优势，围绕“一带一路”建设重点领域，重大资源、环境、经济、民生和可持续发展等问题，组织、支持和实施国际科技合作研究计划[1]。搭建“一带一路”协同创新平台，加大重点科技基础设施建设力度，共同推进产业数字化转型。例如，在具备条件的“一带一路”沿线国家建立联合实验室、

[1] 《“一带一路”科技创新国际研讨会发布“北京宣言”》，http://scitech.people.com.cn/n1/2016/1108/c1007-28845320.html。

联合研究中心、技术转移中心、技术示范推广基地和科技园区等国际科技创新合作平台；推进科技网络平台建设，促进科技创新等信息共享与合作；对科学研究和教学用品、科技开发用品实行免征进口关税和进口环节增值税、消费税等政策。

四、拓展第三方市场合作

挖掘“一带一路”第三方市场空间，充分发挥发达国家服务贸易优势和国际合作经验优势，引导形成相关的制度，积极探索互利共赢、共同发展的国际合作新模式。

1.“一带一路”第三方市场空间巨大

（1）第三方市场投资空间巨大。拓展第三方市场合作已成为推动共建“一带一路”高质量发展的重要内容。统筹国际产能合作与服务贸易，推进“一带一路”第三方市场合作，不仅有助于在建立双边和多边机制层面突破结构性瓶颈，而且能够释放“一带一路”建设的新动能。亚洲开发银行指出，作为“一带一路”重点地区的亚洲，2019年基础设施投资需求约为4590亿美元，相当于亚洲GDP的2.4%，其中南亚、东南亚和中亚地区的投资需求将分别达到亚洲GDP的5.7%、4.1%和3.1%[1]。《“一带一路”国家基础设施发展指数（2020）》显示，虽然受新冠肺炎疫情严重冲击，2020年“一带一路”国家基础设施发展总指数大幅下降，跌至近10年来的最低水平，但是不同地区基础设施发展差异较大，东南亚保持领先，在各地区排名中位居第一；未来交通基础设施仍是各方合作的重点，公共卫生类基础设施发展有望加快。

（2）第三方消费市场潜力巨大。亚洲是全球经济活动最活跃的地区，2008年国际金融危机以来这一特点更加明显。2008—2017年，亚洲GDP年均增长4.6%，是全球平均增速的2倍，是发达国家平均增速的近4倍；亚洲地区最终消费年均增长

---

[1] 《“一带一路”国家基础设施发展指数报告2019》，http://www.199it.com/archives/886602.html。

5.8%，是全球平均增速的2.3倍，是发达国家平均增速的6.7倍。同时在疫情的冲击下，亚太地区仍然是全球经济复苏的主要拉动力量。世界银行预测，2021年全球经济增速将为4%，发达经济体增速将为3.3%，但是亚太地区经济增速将达到7.4%，分别领先全球和发达经济体3.4个百分点和4.1个百分点[1]。从增长空间来看，目前亚洲人口占全球的60%左右，但GDP总量仅占36.5%，最终消费规模占全球的31.5%。保守估计，若亚洲GDP年均增速保持4%，通货膨胀率按1%计算，到2030年亚洲将新增15万亿美元的经济总量；若亚洲最终消费年均增速保持5%，通货膨胀率按1%计算，到2030年亚洲将新增21万亿美元的消费市场[2]。在发达国家经济增速放缓、需求市场低迷的背景下，积极拓展“一带一路”第三方市场合作的重要性凸显。

（3）第三方市场贸易发展潜力巨大。一方面，消费规模的快速增长带来进口贸易的快速增长。2005—2017年，亚洲各类商品与服务进口额年均增长7%，高于出口额增速0.2个百分点，亚洲进口增速是全球平均水平的1.5倍，是发达国家平均进口增速的2.5倍。另一方面，亚洲国家正处于经济服务化的加速阶段。亚洲经济快速服务化，将带来巨大的服务贸易需求。2005—2017年，亚洲服务贸易年均增长8.1%，是全球平均增速的1.4倍，是发达国家平均增速的1.7倍[3]。

2. 推动中国产能优势与发达国家服务优势的融合

（1）推动金融与产能合作的融合。“一带一路”基础设施互联互通需要大量资金支撑。亚洲开发银行估算，2030年前亚洲基础设施建设的投资需求约为26万亿美元，其中电力投资需求14.7万亿美元、交通投资需求8.4万亿美元[4]。即使将亚洲开发银行与亚洲基础设施投资银行、世界银行的资金合在一起，仍然存在明显缺

[1] 《世界银行最新预测：2021年全球经济增长4%，中国7.9%！》，https://baijiahao.baidu.com/s?id=1688133644147263081&wfr=spider&for=pc。

[2] 根据联合国贸易和发展会议相关数据测算得出。

[3] 根据联合国贸易和发展会议相关数据测算得出。

[4] 《亚开行：2030年前亚洲基建投资需求达26万亿美元》，http://ifinance.ifeng.com/15217820/news.shtml。

口，需要更大的资金规模和更多元化的投资主体。我们建议，一是依照《“一带一路”融资指导原则》加强丝路基金、亚洲基础设施投资银行与亚洲开发银行、世界银行等的贷款合作。二是合作开发“一带一路”债权、股权、股债结合、股权投资计划、资产支持计划和私募基金等多种投融资产品。三是重点强化与英国、法国、日本、德国等国家在企业财产保险、人身保险、工程保险、各类责任保险、货物运输保险及相关衍生品等领域的合作。

（2）推动研发设计与产能合作的融合。目前，我国虽然已成为全球产业门类最齐全的国家，但在很多产业领域的技术水平还有待提升。依托我国的基建技术、工程能力、工业结构和价格结构等优势与丰富经验，进一步结合西方发达国家企业在国际基建项目可行性论证、规划实施、风险管控、后期整合运营等方面的经验，合作开拓第三方市场，不仅可以为所在国创造更多就业机会，带去实实在在的好处，而且对我国和发达国家经济增长也有益处。

（3）推动物流服务与产能合作的融合。以新亚欧大陆桥、中蒙俄、中国–中亚–西亚、中国–中南半岛、中巴和孟中印缅等六大国际经济合作走廊为重点，加快吸引发达国家优质物流企业入驻“一带一路”沿线跨境产业园，通过联合人才培养、技术合作、基础设施建设等方式，提升“一带一路”沿线物流产业发展水平；鼓励物流企业“走出去”，积极开展库存管理、物流成本控制、流通加工、物流信息服务等相关增值业务，延长物流产业链；积极推动我国物流企业与国外企业在出口信用保险、保价理赔、物流融资、海洋运输保险等物流金融方面的合作，提升我国物流综合服务能力；合作建设“一带一路”商贸物流（商务）数据交换平台，联合制定国际物流服务标准，打造功能齐全、智慧互联的一站式商贸物流公共信息服务网络。

（4）推动环境保护与产能合作的融合。当前，围绕环境保护的第三方市场合作已经展开。例如，来自相关国家和地区的100多个合作伙伴共同成立“一带一路”绿色发展国际联盟；我国积极实施“绿色丝路使者计划”，已培训“一带一路”沿线国家2000人次[1]。总的来看，日本等发达国家在绿色能源、绿色基础设施、绿色技术、绿色产品、绿色采购、绿色金融等方面具有明显优势且积累了多方面经验。“一带一路”沿线大部分国家改善环境的需求，为“绿色丝绸之路”的第三方市场合作提供了巨大空间。

3. 形成拓展第三方市场合作的制度安排

（1）强化第三方市场合作的顶层设计。加快同“一带一路”沿线发达国家、发展中国家政府及企业制定“一带一路”地方市场合作框架协议，在第三方市场合作的原则、程序、标准、合作机制、利益分配等方面作出明确安排，为各方提供一个稳定的预期。

（2）采用多种模式灵活拓展第三方市场合作。“一带一路”沿线国家的优势及发展需求不同，需要灵活采用如实施特定产业项下的自由贸易、共建特定产业的跨境合作园区、签署自由贸易投资协定、开展人文交流等多种方式推进。例如，对RCEP成员国，可积极努力推动自由贸易投资协定的签署；对尚不具备条件签署协定的国家，可从探索产能项下、基础设施项下、特定服务业项下的自由贸易政策入手。

（3）建立健全第三方市场合作支持机制。例如，建立三方共同参与的“一带一路”第三方市场合作常态化部门，并建立第三方市场合作的部长联席会议制度，制定详细的合作路线图及重点工作实施计划；充分利用互联网技术，建立第三方重点国别信息库和企业信息库，定期发布第三方市场合作需求清单，促进第三方市场合作供给与需求的有效对接；打造第三方市场合作企业、智库、金融等联盟，定期举办第三方市场合作论坛，促进形成全方位的第三方市场合作格局。

---

[1] 推进“一带一路”建设工作领导小组办公室：《共建“一带一路”倡议：进展、贡献与展望》，外文出版社，2019。

第三节

推动中欧经贸合作由投资协定走向自贸协定

2016年6月，中改院课题组发布《中欧自贸区——2020：深化中欧合作的重大选项》研究报告，提出“建立中欧自贸区，推动中欧两大市场的对接，是中欧面向21世纪、赢在转折点的重要选择，是促进世界经济可持续增长的重要选择”。2020年12月30日，中欧领导人共同宣布如期完成中欧投资协定谈判。当前，中欧两大经济体共同面临着单边主义与贸易保护主义的巨大压力，维护全球多边贸易体制不仅成为中欧自身发展的重大选项，也成为深化中欧经贸合作的重要目标。

一、深化中欧经贸合作的大趋势

经贸合作是中欧关系的“压舱石”。中国与欧盟作为世界主要的经济体，深化经贸合作，不仅将为疫情下充满不确定性的世界经济贡献稳定因素，也将进一步推动中欧经济可持续、高质量发展。

1. 共同应对贸易保护主义的挑战

尽管全球经济格局发生深刻调整，不稳定性、不确定性因素明显增加，但是中欧经贸合作的市场空间不仅没有缩小，反而变得更大。这需要中欧双方共同努力，把潜在的市场空间转换为现实的合作动力。当前，中欧同为受贸易保护主义措施影响较大的国家和地区。2009年至2019年6月，在全球遭受贸易限制措施影响最严重的前5个国家中，中国高居第一，欧盟成员占据三席，分别为德国、意大利、法国；在全球遭受贸易限制措施影响最严重的前10个国家中，有6个是欧盟成员。截至2019年6月，中国共遭遇贸易干预措施1370项，德国为851项，意大利、法国、英国超过700项，西班牙、荷兰等国家超过600项[1]。同时，中欧也共同面临着单边主义的挑战。例如，2018年5月美国宣布对欧盟征收25%的钢铁关税、10%的铝关税，2019年4月美欧发生航空补贴纠纷，等等。深化中欧经贸合作，尽快签署中欧投资协定，进而把中欧自贸区的可行性研究提上日程，这样中欧双方就会在应对单边主义、贸易保护主义的挑战中把握主动权。

2. 共同维护多边贸易体制

（1）中欧同为全球多边贸易体制的受益者。在多边贸易体制框架下，中欧贸易均实现了快速增长。2000—2019年，我国货物和服务出口额由1900.39亿美元提高至26433.77亿美元，年均增长14.86%，欧盟货物和服务出口额由25739.90亿美元提高至77279.98亿美元，年均增长5.96%[2]。

（2）欧盟难以维持原有对美经贸关系。欧美经济竞争性大于互补性。欧美在汽车、飞机等运输设备及中高端设备方面存在激烈竞争。例如，2019年欧盟对美国的出口增长4.49%，而从美国的进口只增长了3.47%，欧盟对美国的贸易顺差额达到1681.9亿美元[3]。其中，美国民用飞机出口下降是美国贸易逆差扩大的主要原因之一。从产业结构看，欧盟国家和美国同为后工业化国家，2018年欧盟28国服务业占比78.8%，美国服务业占比80.6%，且现代服务业占比与生产性服务业占比均较高，在教育、医疗、研发、金融等服务业领域竞争激烈。

（3）维护多边贸易体制成为中欧经贸合作的重要目标。随着我国改革开放进程的加快，深化中欧经贸合作，达成以WTO改革为重点完善多边贸易体制的共识，不仅有利于双方妥善处理与美国的经贸冲突，也有利于在全球自由贸易进程中赢得更大的话语权。此外，加快推动中欧自由贸易与投资进程，率先形成开放包容、共享均衡的经贸规则，形成中欧一体化大市场，可以为发达国家与新兴经济体的经贸合作提供样本。

---

[1] 数据来源于全球贸易预警信息网。

[2] 数据来源于世界银行数据库。

[3] 数据来源于欧盟统计局网站。

3. 共同推进中欧经济高质量发展

（1）欧盟经济复苏增长面临的挑战增多。尽管欧元区主权债务危机有所缓解，劳动力就业状况和信贷市场有所改善，但其内部需求不足、青年失业率高、经济复苏乏力等状况尚未得到根本改善。此外，英国“脱欧”使得欧盟一体化及经济增长的不确定性加大。据统计，2008—2019年，欧盟GDP年均增长-0.35%，比全球平均增速（2.96%）低3.31个百分点[1]。此外，欧盟经济复苏还面临难民危机、民粹主义等新矛盾、新问题。

（2）中欧经贸合作将释放巨大发展红利。一方面，欧盟对外贸易依存度较高，在内部市场基本饱和的背景下，对外经贸合作对其经济增长的拉动作用日益重要。据统计，2000—2019年，欧盟货物与服务出口占GDP的比重由35.9%上升至47.1%，居发达经济体首位，2019年不仅高于世界平均水平（30.5%）16.6个百分点，而且高于美国（11.7%）、日本（2018年为18.5%）30个百分点左右（见图3-3）。另一方面，我国经济转型升级，尤其是产业结构、消费结构升级，对欧

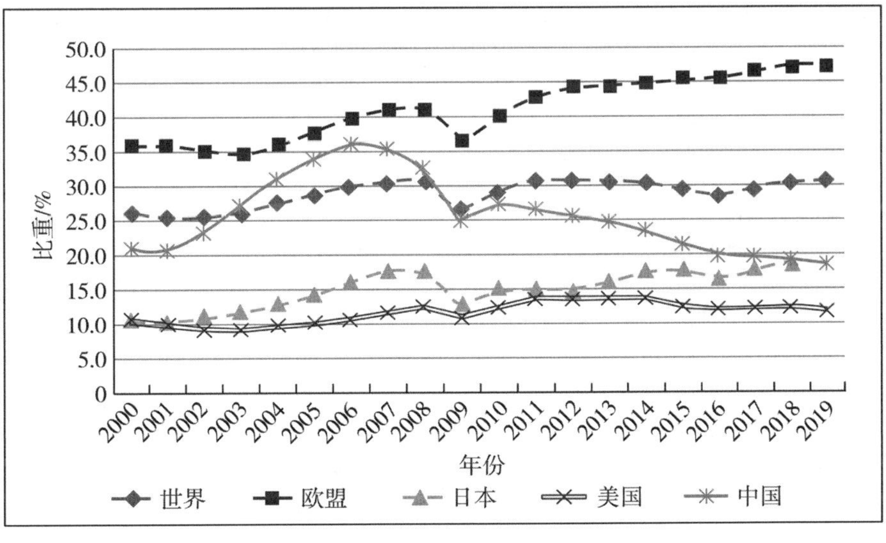

图3-3　2000—2019年世界和各大经济体货物与服务出口占GDP的比重

数据来源：世界银行数据库。

[1] 数据来源于世界银行数据库。

盟的资金、技术、人才、标准产生巨大需求。“十四五”期间，深化中欧经贸合作，发挥中欧经贸的互补优势，我国需要充分借鉴欧盟的管理模式与经验，以实现经济转型升级的突破；同时，欧盟可以利用我国巨大的需求市场空间实现经济复苏和可持续增长。

二、服务贸易成为深化中欧经贸合作的焦点

我国经济走向服务化需要发展服务贸易，欧盟在服务贸易上有突出的优势。服务贸易是中欧互补性最强、合作潜力最大的领域。深化中欧经贸合作，焦点是加快服务贸易的双向市场开放。

1. 中欧双边服务贸易快速增长

近年来，中欧双边服务贸易保持较快增长速度，并且相互之间的依赖性逐步增强。数据显示，2010—2017年，中欧双边服务贸易额由490.2亿美元增长到870.9亿美元，年均增长8.6%，高于欧盟服务贸易整体增速4.3个百分点，高于欧日双边服务贸易4.1个百分点，高于欧美双边服务贸易3.7个百分点。中欧双边服务贸易额占欧盟服务贸易总额的比重由1.5%提高到2.0%，提升了0.5个百分点（见图3-4）。

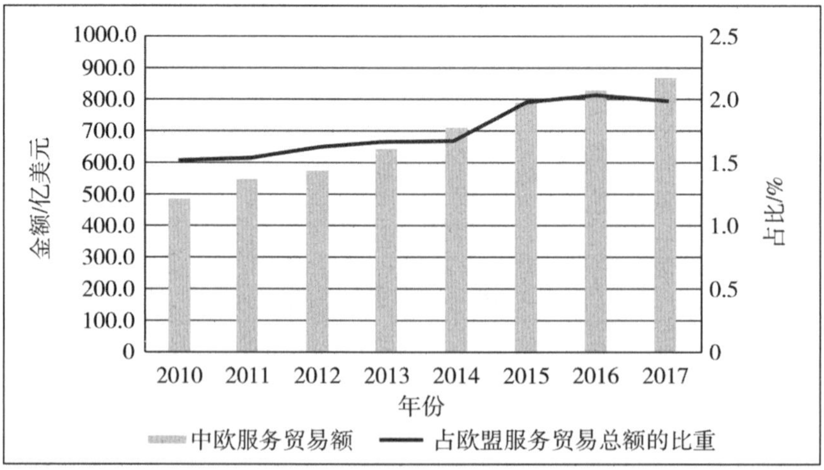

图3-4 2010—2017年中欧服务贸易额及占比

数据来源：世界贸易组织数据库。

2. 中欧服务贸易互补性强

（1）服务贸易是欧盟竞争优势所在。服务贸易是欧盟在参与新一轮全球化中发挥自身比较优势的重点所在，是欧盟推动新一轮全球贸易自由化进程的突出优势所在。2010—2019年，欧盟服务出口额由1.42万亿美元增长到2.22万亿美元，年均增长5.07%，服务贸易顺差额由1017.43亿美元增长到1757.31亿美元（见图3-5）。

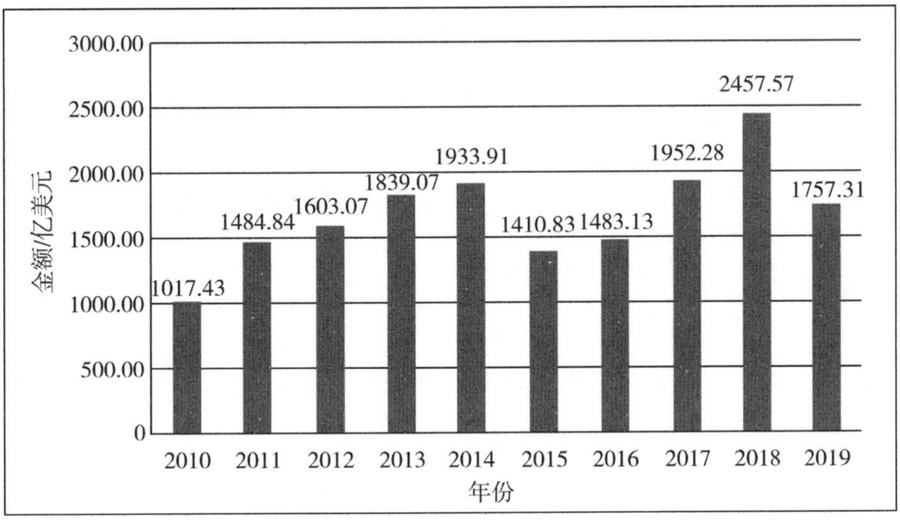

图3-5 2010—2019年欧盟服务贸易顺差额

数据来源：世界银行数据库。

（2）中国成为欧盟服务出口增速最快的市场。数据显示，2010—2017年，欧盟对我国服务出口额由260亿美元增长到526亿美元，年均增长10.6%（见图3-6），高于欧盟服务出口整体增速6.1个百分点，高于欧盟对日本服务出口增速4.2个百分点，高于欧盟对美国服务出口增速5.2个百分点。根据欧盟统计局的数据，2018年欧盟对我国（不包括香港）服务出口额达509.7亿欧元，同比增长9.3%，远高于其服务出口0.7%的平均增速。

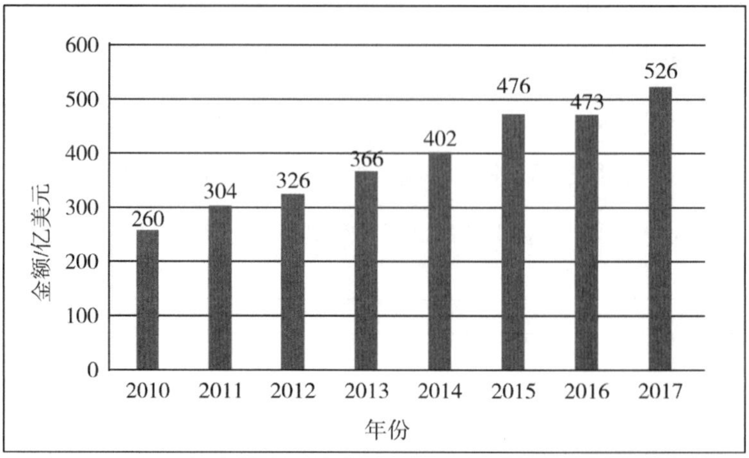

图3-6　2010—2017年中国从欧盟进口的服务规模

数据来源：经合组织数据库。

（3）中国服务贸易需求正快速释放。如图3-7所示，2010—2019年，我国服务进口额由0.14万亿美元增长到0.51万亿美元，年均增长约15.3%，是全球平均增速（4.9%）的3.1倍，是美国（3.4%）的4.5倍；服务进口额占全球服务进口额的比重

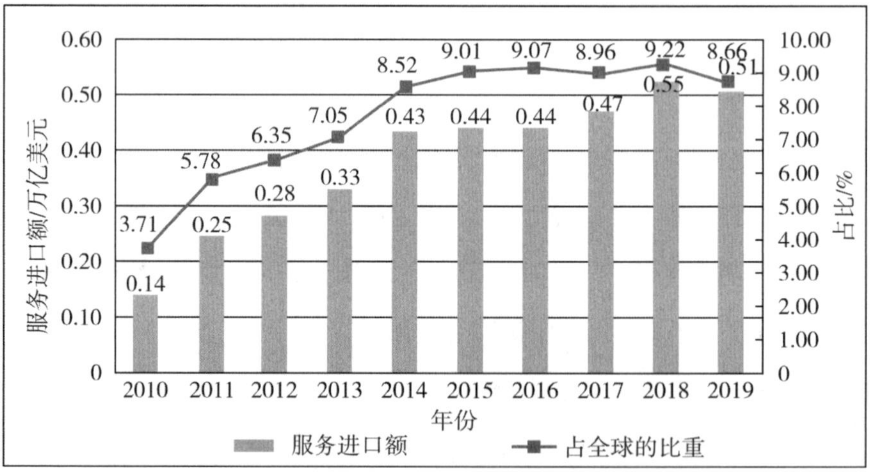

图3-7　2010—2019年中国服务进口额及占全球的比重

数据来源：世界银行数据库。

由3.71%增长至8.66%。按此增速预测：未来几年，我国服务进口额将超过美国，成为全球第一大服务进口国；到2030年，我国服务进口额将占全球服务进口总额的13.4%，领先于美国（7.7%）和德国（5.8%）。

3. 服务贸易是中欧经贸合作最具潜力的领域

欧盟总体已经进入后工业化阶段，中国正进入工业化后期。2019年，欧盟人均GDP约为中国的3.4倍，欧盟整体服务业比重（76.19%）比中国服务业比重（53.92%）高出22.27个百分点[1]。中欧贸易投资需求潜力特别是服务贸易潜力远未释放。2017年，中欧服务贸易额占双边贸易总额的比重为12.4%，远低于全球24%左右的平均水平。2018年，欧盟对中国服务出口额占其服务出口总额的2.3%，与其第一大服务出口伙伴国——美国相差8.8个百分点；目前，中欧服务贸易额占中欧贸易总额的比重只有14%左右，远低于全球24.2%的平均水平[2]。随着我国主动扩大进口和加快推进服务业市场开放进程以及14亿人的巨大服务消费需求潜力的不断释放，无论是从中间消费的生产性服务看，还是从最终消费的生活性服务看，我国服务业市场空间都将持续扩大。预计到2025年，中欧服务贸易额占欧盟服务贸易总额的比重将达到4%左右，占中欧贸易总额的比重将达到15%左右，由此至少将释放600亿美元左右的增长空间。

4. 服务贸易自由化便利化将对促进双边、多边贸易产生重大影响

（1）欧盟将赢得“先入者”的市场红利。预计未来15年，中国进口商品和服务将分别超过30万亿美元和10万亿美元[3]。未来几年，如果中欧能在以服务贸易为重点的自由贸易协定上取得重大突破，欧盟将从参与中国经济转型升级与扩大开放中受益，并率先分享中国服务大市场红利。

（2）我国经济转型升级将获得推动力。欧盟在电子技术、航空、通信技术、

[1] 数据来源于世界银行数据库。

[2] 数据来源于WTO数据库。

[3] 习近平：《共建创新包容的开放型世界经济——在首届中国国际进口博览会开幕式上的主旨演讲》。

生命科学技术、能源环境技术等生产性服务业领域，在健康管理、养老等生活性服务业领域有着技术先进和管理经验成熟等优势，而中国在这些领域有巨大的需求。通过加强与欧盟以生产性、生活性服务业为重点的合作，我国将有效提升健康、教育、文化、养老等生活性服务业的供给能力和供给水平，这有助于加快我国实现由生产型制造向服务型制造转型的进程。

（3）服务贸易自由化便利化将对维护多边贸易体制产生积极影响。总的来看，率先实现中欧服务贸易自由化便利化的制度安排，不仅将有助于形成全球服务贸易规则，还将对合力推进WTO改革、尽快完成WTO的《服务贸易总协定》谈判产生积极影响，有利于中欧减少分歧，进一步强化各方对多边贸易体制的信心。

三、以达成中欧投资协定为起点推动中欧自贸谈判

要尽快推动中欧投资协定的签署和落地。在此基础上，以服务贸易为重点，尽快启动中欧自贸谈判，这不仅有利于双方积极应对贸易保护主义的严峻挑战，而且有利于推动形成中欧经贸合作新格局。

1. 启动中欧自贸谈判

（1）尽快启动中欧自贸谈判。2016年，中改院课题组和欧洲政策研究中心就中欧自贸区开展研究时，就提出中欧应尽快启动中欧自贸区可行性研究。如果当时中欧就开展中欧自贸区可行性研究，今天在应对单边主义、贸易保护主义时就会有更大的主动权。当前，在中欧达到投资协定谈判的基础上，应尽快启动中欧自贸谈判，至少就尽快启动中欧自贸区进行可行性研究。

（2）以欧盟-越南自由贸易协定（EVFTA）为参考。2019年6月30日，欧盟与越南正式签订自贸协定，对关税减让、海关和贸易便利化、技术标准、动植物检验措施、开放投资、服务贸易和电子商务、知识产权、政府采购、竞争政策、国有企业、可持续发展等内容作了系统安排。与欧盟-越南自由贸易协定相比，中欧自贸协定的签订影响更大、条件更加成熟。2019年，我国GDP总量是越南的54.76倍，

货物进出口额是越南的8.83倍，居民最终消费支出是越南的34.10倍[1]。从开放度来看，中国在运输、零售、财务审计、房地产投资等服务领域的开放度均高于越南。

（3）高度重视中欧共同关注的服务贸易与数字贸易内容。提高服务贸易、数字贸易等新兴贸易的内容比重，并通过采用过渡期、实现产业项下自由贸易等多种方式，最终达成高标准、广覆盖的自贸协定。

2. 与德国、法国等在特定服务业项下深化合作

德国和法国是重要的发达经济体，也是欧洲经济一体化的重要推动力量，在推动中欧投资贸易自由化进程中有不可或缺的作用。比如，德国在汽车、机械、装备、化工等制造业和研发、物流、通信、职业教育等生产性服务业领域全球领先，法国在新能源、飞机制造、航空航天等制造业和旅游、健康、生物、制药等领域全球领先，这些都是中国消费结构升级和经济转型升级迫切需要发展的领域。为此，我国可以同德国、法国对双方存在巨大互补性的制造业和服务业，通过构建产业园区等多种方式，在技术和安全标准、非关税措施、知识产权等层面加强协同合作。

3. 加快实施早期收获项目

（1）共同推动实施服务贸易便利化措施。尽快探索与服务贸易特点相适应的通关管理模式，全面加强中欧双方在促进贸易便利化、提高过境效率、知识产权执法、贸易统计等方面的合作；提高人员签证的便利性，提高签证程序的透明度；加强在食品安全、质量标准领域的合作；推动第三方检测结果和认证服务的检测认证结果互认，加强信息资源共享。

（2）深化以环保技术为重点的技术合作。欧盟在绿色能源、低碳技术、环境治理技术等领域走在全球前列，尤其在清洁能源开发使用技术的出口方面有很大优势，而中国拥有全球最大的清洁能源市场和相对较低的制造成本，可以充分借鉴欧盟的先进技术和管理经验。因此，应当以环保技术为重点，率先放宽对欧盟环保企

[1] 数据来源于世界银行数据库。

业的市场准入，吸引欧盟企业进入我国环保市场。

（3）加强中欧基础设施投资合作。欧盟在桥梁、水道、铁路、公路、航空和电力等基础设施的更新、扩容和改造方面存在巨大投资需求，仅实施容克投资计划[1]就需要不低于3150亿欧元的投资，而我国在高铁、桥梁、机场、电力等方面有世界一流的技术与设备、建设能力和价格竞争力。双方可以将基础设施项下的自由贸易作为中欧一体化大市场的重要内容。

（4）扩大中欧政府采购合作。《第二十一次中国–欧盟领导人会晤联合声明》提出，“欧盟支持中国加快加入世贸组织《政府采购协定》进展”。总的来看，中欧双方扩大政府采购合作的空间很大，可以考虑以负面清单方式明确双方政府采购参与实体，加强中欧在政府采购方面的合作。

---

[1] 2014年11月，新任欧盟委员会主席容克正式公布了总额达3150亿欧元的欧洲投资计划，也称作“容克计划”。容克计划旨在促进基础设施、新能源、信息技术等领域的投资。

第四节

加快中日韩自贸区建设进程

面对经济全球化逆流和疫情的双重影响，中日韩需要共同应对贸易保护主义，共同推进经济全球化进程。当下，重要的是克服阻力，加快推进中日韩自贸区建设进程，并在此基础上积极开展“中日韩＋X”合作，由此构建中日韩经贸合作的新框架。

一、中日韩经贸合作步入快车道

在东北亚区域经济合作中，中日韩是“领头雁”“发动机”。未来几年，以“中日韩＋X”合作为重要载体，东北亚区域经济一体化将在多方面取得重要进展。

1. 深化中日韩经贸合作成为大趋势

（1）中日韩经贸合作不断加强。自1999年中日韩合作20多年来，三国不断深化合作，召开的21个部长级会议，建立的70多个对话机制，成为三国深化经贸合作的主要平台。根据统计，1999—2018年，中日韩三国贸易额从1300亿美元增长至7200多亿美元，经济总量占全球的比重由17%上升到24%[1]。中日韩经贸合作对促进世界经济增长和区域经济一体化发挥了重要作用，尤其是在经济全球化面临百年未有之大变局的背景下，深化中日韩经贸合作成为推进区域经济一体化的重要趋势。

（2）日韩对中国经济的依赖程度明显提升。2005—2019年，韩国对中国出口额由619.2亿美元增长到1362.0亿美元，年均增长5.79%，高于其出口整体增速

[1] 《中日韩合作未来十年展望》，http://www.xinhuanet.com/world/2019-12/24/c_1125383968.htm。

（4.72%）1.07个百分点，占其出口总额的比重由21.8%提升至25.1%，提高了3.3个百分点；日本对中国出口额由799.72亿美元增长到1346.90亿美元，年均增长3.79%，高于其出口整体增速（1.22%）2.57个百分点，占其出口总额的比重由13.4%提升至19.1%，提高了5.7个百分点（见图3-8）。目前，我国为日韩货物第一大出口目的国。

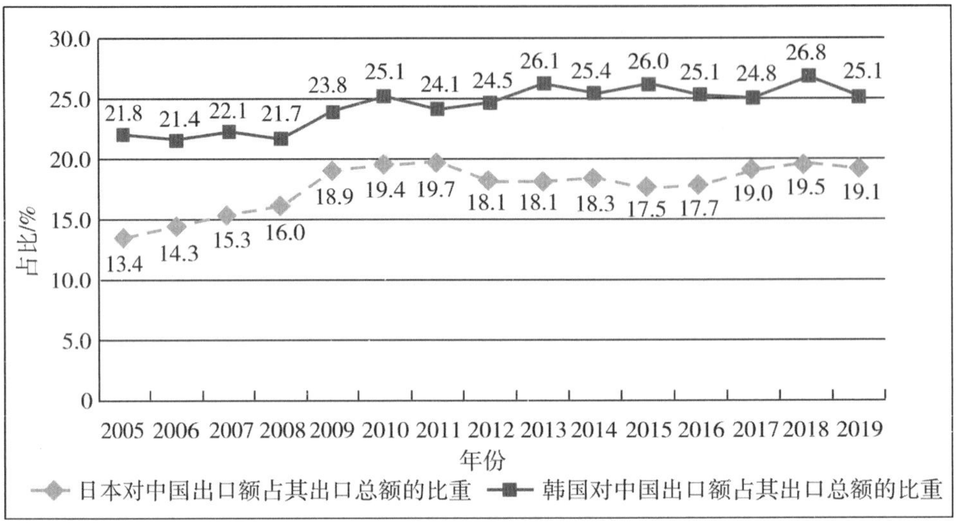

图3-8　2005—2019年日韩对中国出口额占其出口总额的比重

数据来源：历年商务部《国别贸易报告》。

（3）中日韩服务贸易快速发展。在服务贸易日益成为全球自由贸易进程的重点和焦点的背景下，中日韩在服务贸易领域的互补性全面增强。2019年，我国从日本和韩国服务进口341.5亿美元和166.8亿美元，分别占我国服务进口的6.8%和3.3%。党的十九大以来，我国从日本累计服务进口1052.7亿美元，年均增长4.6%，高出我国服务进口整体增速1.1个百分点，我国从韩国累计服务进口485.7亿美元[1]。

2. 中日韩有条件共同应对贸易保护主义的挑战

（1）中日韩面临单边主义与贸易保护主义的共同挑战。中美贸易摩擦不仅对中美两国产生重要影响，对其他国家和地区也产生了不同程度的影响。有机构分

[1] 《中国服务进口报告2020》，http://images.mofcom.gov.cn/aqygzj/202012/20201208091839285.pdf。

析，除中美两国外，受中美贸易摩擦影响最大的10个国家和地区中，韩国排在第6位，占62.1%[1]。韩国的电子产品、汽车、钢铁、船舶等产品出口都将受到直接威胁。根据相关预测，美国对中国产品加征关税，将导致韩国出口每年减少8.7亿美元以上[2]。中美是日本的两大贸易伙伴，而且日本是中国半导体、手机和其他产品制造企业的设备和零部件供应商，中美贸易摩擦也将影响日本经济。从2019年的情况看，日韩出口均出现持续负增长，表现甚至不如中国，中日韩区域内贸易也缩减近10%。在《世界经济展望》中，国际货币基金组织将日本GDP增长率从1.0%下调至0.8%，将韩国GDP增长率由2.6%下调至2.0%[3]。

（2）中日韩三国“抱团合作”，将有效应对单边主义和贸易保护主义的挑战。据统计，2019年，中日韩GDP总量达到21.07万亿美元，接近美国的经济总量（21.43万亿美元）；居民最终消费支出合计约为9万亿美元，接近美国的70%；货物和服务进出口总额达到8.21万亿美元，是美国的1.46倍[4]。中国商务部预测，中日韩自贸区建成后，中国的GDP获益增长1.1%～2.9%，日本获益增长0.1%～0.5%，韩国获益增长2.5%～3.1%[5]。英国《金融时报》也预测，如果中日韩自贸区建成，对中国GDP的拉动效应将占GDP的2.9%、对日本GDP的拉动效应为0.5%，对韩国GDP的拉动效应为3.1%[6]。

（3）深化中日韩经贸合作将释放巨大经济潜力。中日韩三国作为东北亚地区经济的中心，三国分别是世界第二大、第三大和第十一大经济体，约有16亿人口，

[1] 《10个受中美贸易战影响最大的国家和地区》，https://www.sohu.com/a/241288454_740195。

[2] 《韩国副总理：贸易战可能对韩国经济造成严重影响》，https://baijiahao.baidu.com/s?id=1634186905407573002&wfr=spider&for=pc。

[3] 沈建光：《构建中日韩经贸合作“新三角”》，《证券日报》2020年1月4日第A03版。

[4] 数据来源于世界银行数据库。

[5] 《商务部官员：中日韩自贸区有很多先天障碍》，http://www.chinanews.com/gn/2013/06-19/4947428.shtml。

[6] 《专家称中日韩自贸区对阵TPP为时尚早 美将搅局》，http://mil.news.sina.com.cn/2015-11-05/1048843085.html。

经济总量21.07万亿美元，占亚洲的70%以上，占全世界的近1/4。2019年，中日韩三国对外出口总额为4.22万亿美元，约占世界总出口额的16.89%；进口总额为4.00万亿美元，约占世界总进口额的16.46%[1]。在2019年第八次中日韩领导人会议上，中日韩领导人承诺在RCEP谈判成果的基础上，加快中日韩自贸协定谈判。如果未来几年中日韩自贸区能够形成，将充分发挥三国产业的互补优势，激发三国经济潜力。

3. 中国高水平开放将为中日韩经贸合作拓宽市场空间

（1）新形势下加快中日韩自贸区建设的迫切性增强。在面临贸易保护主义和单边主义挑战的新背景下，推进中日韩自由贸易进程的现实性、迫切性、重要性都明显上升。目前，我国已成为日韩最大的贸易伙伴，日本和韩国也是我国引进外资的主要来源地，三国处在不同发展阶段，在产业、贸易、金融、投资等领域具有很强的互补性。目前，中日韩三国区域内贸易比例仅占19%，低于东盟（24%）、北美（42%）、欧盟（65%）[2]。可以说，三国经济结构互补性仍远远大于竞争性，三方需要超越经贸摩擦，加快中日韩自贸区建设进程。中国作为新型开放大国，在世界经济面临百年未有之大变局的背景下仍坚持扩大开放，将为早日建成中日韩自贸区奠定重要基础。

（2）服务贸易开始成为推进中日韩自由贸易进程的重点。新环境下，发展服务贸易已开始成为经济全球化、区域经济一体化的重点所在。中日韩经济的一个共同特点是，长期以来制造业和货物出口贸易都是经济增长的重要动力，服务贸易的潜力远未释放。未来5～10年，中国新技术革命与14亿人的消费大市场的结合，将推动健康、文化、旅游、信息等服务型消费需求快速增长。为适应服务贸易发展的大趋势，中日韩都应以开放包容和可持续发展为基本原则，加快在服务贸易及与此密切相关的投资、知识产权、竞争中性、可持续发展等方面的谈判。

[1] 数据来源于世界银行数据库。

[2] 《贸易保护主义抬头 中日韩如何推动全球经济增长？》，https://www.chinanews.com/cj/2017/09-08/8326454.shtml。

二、实现中日韩自贸区建设的突破

为共同应对贸易保护主义和疫情的严重冲击，中日韩应采取灵活多样的推进方式，探索实施服务业项下的自由贸易政策，争取实现中日韩服务贸易发展的“早期收获”。

1. 中日韩服务贸易合作的迫切性增强

由于中国和日本、日本和韩国均尚未签订双边贸易投资协定，缺乏贸易投资自由化便利化的制度安排，双边贸易仅在WTO、“东盟10＋3”等框架下进行，关税与非关税壁垒相对较高。中韩虽然达成了自贸协定，但主要集中在货物贸易。在服务贸易上缺乏自由化便利化的制度安排，这不仅使得中日韩难以形成共同应对外部变化的合力，也难以适应中日韩经贸关系变化的大趋势。2018年，中日、中韩双边服务贸易额仅占我国服务贸易总额的4.7%、4.6%[1]，以服务贸易为重点的经贸合作潜力远未发挥。据中国商务部预测，中日韩自贸区建成后，中国的GDP获益增长1.1%～2.9%，日本的GDP获益增长0.1%～0.5%，韩国的GDP获益增长2.5%～3.1%[2]。在疫情影响下，以共同维护供应链安全稳定为目标，推动形成中日韩服务贸易优势互补的分工合作新机制的迫切性、现实性全面增强。

2. 以服务贸易为重点，率先打造中韩自贸区升级版

一方面，进一步降低货物贸易关税，尽快在农产品、电子产品、能源产品等双方贸易额较大或者具有巨大潜力的领域大幅降低双边关税。另一方面，加快以服务贸易为重点，建设中韩自贸区的升级版，在知识产权、文化旅游、电子商务、金融服务、研发、工业设计和数据处理等领域实现双边开放的重要突破，逐步推进双边服务标准的对接、服务市场的融合，进一步提升中韩自贸区质量，这将对中日韩自贸区谈判及整个东北亚区域经济一体化起到重要的示范带动作用。

[1] 数据来源于OECD统计数据库。

[2] 倪铭娅：《自贸区谈判“多点开花”力促产业升级》，《中国证券报》2013年6月20日第A06版。

3. 以率先实施服务业项下自由贸易政策突破谈判僵局

（1）积极开展旅游、教育、文化娱乐等产业项下的自由贸易。借鉴APEC商务旅行卡的成熟模式，制订中日韩岛屿旅游卡发展计划，在人员免签、免税购物、景点设计等方面实现更大便利；积极推动建立动漫游戏、影视文学等多个主题的跨境产业园，合作开展文化娱乐产品的研发、设计、推广等活动；鼓励中日教育合作交流，定期委派教师互相教学，扩大互派留学生规模等，探索中日教育合作新机制、新路径。

（2）积极推进医疗健康养老产业项下的自由贸易。建立中日大健康产业联盟，依托中国数字经济优势与日本完善的介护服务体系及护理机器人的技术优势，合力发展智慧医疗；积极促进中国与日本医疗健康服务标准、监管规则的对接，提升中国医疗健康产业发展质量。强化中日韩医疗健康职业教育合作。进一步扩大医疗健康职业教育双向市场开放，鼓励有条件的中日韩科研机构、高校与社会力量合作创办健康服务类职业教育机构；依托日方资金、技术优势，支持日本资本采用公益信托投资、公益教育基金、协议投资等形式参与健康产业的职业教育。

（3）开展智能制造产业项下的深度合作。以研发为重点开展国家层面的战略合作，借鉴中德合作经验，推动中日在国家层面签署战略合作协议，在智能制造领域合作开展相关课题研究和战略研究；率先在东北、山东等地建立自贸区性质的中日韩智能制造合作示范园区，在研发、人员培训、标准化合作等方面实现突破；建立中日韩智能制造企业合作网络，在大数据、云计算、机器人等新领域加强合作，以新经济领域合作引领东亚经济发展。

（4）深化绿色产业和环境治理领域合作。日韩在环境治理、新能源利用等领域有着丰富的技术和经验，中国则在市场、资金等方面独具优势。中日韩三国若能实现优势互补、深化合作，不仅将加快释放中日韩经贸合作新红利，也将对国际社会产生巨大的正面效应。例如，共同推进亚洲超级电网项目建设，率先在电动汽车、智能电网等领域开展合作，并在环境治理问题上加强区域合作、城市合作和信息交流，参照《巴黎协定》，共同推动环境治理。

三、以“中日韩+X”模式拓展三国合作空间

以“中日韩 + X”为重点，增强包容性，扩大多边合作，探索实现能源、旅游、制造业等领域的区域合作，推动东北亚区域市场开放进程。

1. 以“中日韩+X”拓展东北亚区域合作

基于东北亚经贸合作的现实情况，中日韩需要在排除外部干扰、增强政治互信的基础上，积极推进“中日韩 + X”合作，务实推进东北亚区域经济一体化进程。从实际情况看，开放市场需要充分考虑各国的实际情况，本着先易后难、循序渐进的原则，采用“早期收获计划”、框架协议、多边投资协定等多种合作形式，各方共商共建灵活多样的双边、多边、区域性自贸区，共同推进东北亚区域内部市场开放进程。

2. 务实推进“中日韩+X”合作

（1）率先推进“中日韩 + 东北亚其他国家”的能源合作。一方面，中日韩均为能源消费大国。2019年，中日韩一次能源消费量共计172.74艾焦耳，约占亚太地区的67.07%[1]。另一方面，俄罗斯和蒙古的石油、煤炭等能源矿产丰富。从实际进程看，由于能源开发和运输的基础设施建设相对滞后，东北亚能源合作局面尚未形成。中日韩能源消费均高度依赖中东石油，这不仅加剧了三国的内部竞争，也使三国都面临着海上能源运输风险及能源溢价等问题。为此，需要加强中日韩能源领域的合作，努力缓和与规避恶性竞争，打造东北亚能源安全共同体。例如，充分依托中国的能源勘探技术与基础设施建设能力、日韩的石油炼化技术与矿产品深加工技术等，推动“中日韩 + 俄罗斯”“中日韩 + 蒙古”进行能源合作，合作共建跨境能源加工园区、能源保税港区、新能源工业园区、能源运输绿色通道、能源储备园区等，深化中日韩三国与第三方市场的能源合作，在提升第三方市场国能源开采、加工能力的同时，共同保障能源供应安全。

（2）推进“中日韩 + 东北亚其他国家”的旅游合作。东北亚部分国家在旅游

[1] 英国石油公司：《世界能源统计年鉴2020》。

领域已经开展相关合作，具备一定基础。从现实情况看，东北亚旅游资源丰富，各国旅游产业发展互补性较强。为此，要充分发挥各方优势，例如利用中国旅游市场的规模优势、日韩在旅游文化设计和理念创新上的优势，通过共建跨境旅游合作示范区、跨境旅游产品设备生产加工区、旅游产品设备保税区等，开展旅游领域的第三方市场合作。同时，利用中日韩数字经济发展优势，积极打造东北亚旅游互联网平台，推进东北亚智慧旅游发展进程。

（3）推进“中日韩+东北亚其他国家”的制造业合作。目前，蒙古等国家仍处于工业化初期阶段，俄罗斯虽然人均GDP相对较高，但制造业发展相对滞后，劳动力、土地等要素成本相对较低。建议通过与这些国家共建跨境工业园区等方式，在制造品贸易及制造业项下的人员流动、技术设备共享等方面实行自由化便利化的制度安排，带动其他国家产业升级和推进工业化进程，并实现中日韩三国制造业的东北亚布局。例如，加强对蒙古察哈尔与腾格里经济开发区等的投资合作，不断提升对东北亚其他国家的经济依存度。

（4）推进“中日韩+东北亚其他国家”在绿色领域的合作。当前，绿色发展已成为多方共识，实现环境保护服务与经济发展融合成为基本趋势。总的来看，日韩在绿色能源、绿色基础设施、绿色技术、绿色产品、绿色采购、绿色金融等方面具有明显优势且积累了多方面经验；我国在光伏等新能源生产方面已进入全球先进行列。为此建议：在俄罗斯、蒙古等探索设立生态环保合作中心，以生态环保、污染防治、环保技术与产业、人员培训与交流等为重点，联合开展节能减排、生态环保等基础设施及环境监管能力建设项目；制定东北亚绿色发展技术标准及动态监测机制，强化企业绿色行为指引；打破由标准差异造成的贸易壁垒，积极推动东北亚绿色贸易，打造东北亚绿色发展共同体。

3. 探索联合抗疫下中日韩经贸合作新模式

（1）发挥中日韩在维护区域产业供应链安全上的作用。为应对疫情的严重冲击，中日韩三国要以维护区域产业供应链安全稳定为重要目标，加强三方产业供应链安全信息沟通与协调、联合评估、风险预警等机制建设。充分利用中日韩三国已经建立起来的公共卫生安全合作机制，在联合抗疫的前提下，逐步使信息流、物流、人流稳定畅通，推进贸易和投资自由化便利化。

（2）推动形成中日韩制造业分工合作新机制。一是在与抗疫直接相关的医药、医疗设备、其他抗疫物资等制造业领域形成分工合作新机制，共同维护区域抗疫医药、抗疫医疗产品和其他抗疫物资供应链的安全稳定。二是在汽车制造、电子通信、机械设备、工业机器人等制造业领域形成分工合作新机制，推动中日韩三国制造业向全球价值链的上游发展。三是在跨境电商、线上零售等领域形成分工合作新机制，促进中日韩三国制造业产品在彼此市场的流通和消费。四是在保障制造业供应链畅通的跨境运输、物流、通关、检验检疫、商务人员与技术人员出入境等方面加强协作，提高中日韩三国制造业货物进出口和人员流动的便利性。

（3）建立中日韩制造业供应链安全稳定的三方协调、联合评估及风险预警等机制。一是建立中日韩制造业在供应链安全上的三方信息沟通和协调机制，建立支持中日韩三国企业采取合理防疫措施加快复工复产的协调机制。二是建立中日韩制造业在供应链安全上的三方联合评估机制和风险预警机制，对中日韩制造业供应链安全稳定进行定期联合评估，形成供应链安全报告。

（4）及时调整中日韩三国之间人流、物流等的管控措施，促进制造业供应链的畅通运行。一是建立中日韩三国卫生、商务、工业管理部门及海关等共同参与的协调机制，确保三国之间抗疫医药、抗疫医疗产品和其他抗疫物资的出入畅通。同时，降低甚至取消抗疫医药产品、医疗救治设备及其他相关物资的关税，减少阻碍这些产品在三国之间流通的边境措施和边境内措施。二是在严防疫情反扑的前提下，推进三国疫情防控指南相互衔接，及时取消因抗疫需要采取的临时性人流及物流限制措施。三是共同维护和促进三国之间货物贸易和服务贸易的自由化便利化，大力发展零接触式运输、存储和物流配送，以此促进三国之间制造业供应链的畅通运行。

第五节

推进RCEP全面落实生效

RCEP的签署，标志着全球规模最大的自由贸易协定正式达成。顺应维护全球多边贸易体制的大趋势，坚持以开放、包容、共享、均衡为导向，以亚太经济一体化为目标，以构建区域全面经济伙伴关系为突破，是我国以实际行动维护全球多边贸易体制的重要体现，是推进多边自由贸易进程的务实选择。

一、加快推动RCEP落实生效具有紧迫性

加快推动RCEP落实生效，既是我国坚定推动经济全球化、加快构建双循环新发展格局的重大任务，也是以高水平开放倒逼全面深化改革的重大举措。

1. 加速RCEP生效有利于改善外部发展环境

近年来，我国外贸发展环境受到贸易保护主义、单边主义以及新冠肺炎疫情的严峻挑战。RCEP的签署意味着全球最大的自贸区成立，这个自贸区涵盖了全球约30%的人口、30%的经济总量和30%的对外贸易，发展潜力巨大。据相关预测，到2025年，RCEP有望带动成员国出口、对外投资存量、GDP分别比基线多增长10.4%、2.6%和1.8%[1]。从现实情况看，尽管受疫情影响，2020年，中国对RCEP其他14个成员国进出口总值达到10.2万亿元，增长了3.5%，占同期中国进出口总值的31.7%[2]。如果能够推动RCEP尽快落实生效，不仅可以加快推进经济全球化进程，而且将大大改善我国外部发展环境。根据RCEP的规定，协定生效需要15个成员国

[1] 陈芳：《RCEP启航 区域及全球经济增长迎来强劲动力》，《上海证券报》2020年11月16日第2版。

[2] 《海关总署：去年我国对RCEP成员国进出口总值增3.5%》，https://www.chinanews.com/cj/2021/01-14/9386832.shtml。

中至少有9个批准，其中至少包括6个东盟成员国以及中国、日本、韩国、澳大利亚和新西兰中的至少3个国家。为此，国务院常务会议专门部署推进RCEP生效实施的相关工作。

2. 加速RCEP生效有利于加快构建双循环新发展格局

我国加快构建以国内大循环为主体、国内国际双循环相互促进的新发展格局对于稳定外贸外资提出了更高的要求，而RCEP的生效将对我国稳定外贸外资带来重要而积极的影响。RCEP大市场的形成将释放成员国巨大的市场潜力，尤其是我国14亿人的消费大市场潜力。进一步促进区域内贸易和投资自由化便利化，将有利于我国加快推进高水平开放，进一步优化贸易和投资结构，加强与国际高标准贸易投资规则对接，加快建设更高水平的开放型经济新体制。

3. 加速RCEP生效有利于以高水平开放倒逼国内改革

从RCEP文本内容看，RCEP的签署不仅要求我国加快推进高水平开放，更要求我国加快推进深层次改革。例如，要按照RCEP要求做到公平竞争，实现开放承诺，需要打破某些企业的行政垄断和市场垄断；实现区域内产业链和供应链畅通，需要完善各种生产、制造或服务标准，实现规则、规制、管理、标准等方面的对接；与日韩进行先进技术合作时，需要明显加大对知识产权的保护力度，市场监管水平也要适应高水平开放要求。

二、以自身行动积极推动RCEP落地生效

2020年12月1日，国务院总理李克强主持召开国务院常务会议，按照会议部署，加快完成国内协定核准程序，突出重点，全面履行协定承诺，切实推进贸易和投资自由化便利化，承担起推进协定全面实施的大国责任。

1. 加快出台实施货物贸易零关税的举措

在货物贸易方面，RCEP正式生效后，区域内90%以上的货物贸易将实现零关税，而且是要立刻降税到零、10年内降税到零，这使得RCEP成员国有望在最短时

间内兑现所有货物贸易自由化承诺。为此，需在国内关税减让、海关程序简化、原产地规则技术准备、产品标准统一和互认等方面，尽快出台实施协定的具体措施。例如，继续降低关税壁垒，扩大市场开放，进一步降低进口关税总水平，明显削减进口环节的制度性成本；对需要快运、具有易腐等特性的货物争取实现6小时内放行。

2. 切实履行服务贸易开放承诺

RCEP对服务贸易开放的承诺范围要显著广于成员国间现有的自贸协定。例如，日本、韩国、澳大利亚、新加坡、文莱、马来西亚、印度尼西亚这7个成员国采用负面清单方式承诺，中国等其余8个成员国采用正面清单方式承诺，并承诺在协定生效后6年内转化为负面清单。这就需要按照我国对研发、管理咨询、制造业相关服务、养老服务、专业设计、建筑等诸多服务部门作出的新开放承诺，以及对知识产权全面保护的承诺，将著作权、商标、地理标志、专利、遗传资源等全部纳入保护范围。

3. 实行投资自由化便利化的政策举措

严格按照投资负面清单承诺实施，清单之外不得新增外商投资限制。加快扩大农业、采矿业、制造业、服务业等行业开放，稳妥有序地推进资本项目开放。落实直接投资领域准入前国民待遇加负面清单管理，完善合格境外机构投资者制度；持续改善营商环境，实施新的外商投资法律制度，引入侵权惩罚性赔偿制度，提高知识产权保护水平。

4. 加快完成国内协定核准程序

将推动RCEP落地生效作为我国扩大高水平开放的重大任务，加强国内相关部门的协同配合，加快完成国内核准程序，推进货物贸易、服务贸易、投资、自然人流动等领域开放，在贸易和投资自由化便利化、知识产权保护、贸易救济、电子商务、政府采购、中小企业和经济技术合作等方面实行更高标准规则。一是要加快推进关税税则转版以及原产地实施细则出台，确保协定生效后我国降税义务的有效履行。二是要加快完善与协定实施相关的规章制度，确保协定规定的约束性义务履行到位，确保国内行政措施和程序合规，确保协定中的各项开放承诺能够得到有效履行。三是要加强协定内容的普及推广，协助地方、行业组织、市场主体全面了解规则。

三、以RCEP落实生效为基础推进亚太自贸区建设进程

在加快推进RCEP落实生效的基础上，以包容、开放为基本导向，采用先易后难、灵活多样的方式积极推进亚太自贸区建设进程。

1. 以包容、开放作为建立亚太自贸区的基本导向

（1）坚持包容、开放，符合亚太区域内各国利益。在发展水平差异大的情况下实现包容共享的增长目标，亚太自贸区需要采取非排他的办法，以照顾不同成员国尤其是欠发达国家的发展诉求。

（2）组织制度由低门槛向高标准逐步提升。劳工标准、环境标准、知识产权保护、竞争政策等严格的“边境内规则”，以及一些要求让渡国家主权的条款，对于发展中国家而言标准过高。建立亚太自贸区，可以参照世界贸易组织制度框架，先建立门槛较低、标准较低的制度，形成成员国共同遵守的统一制度。充分考虑成员国的共同利益和差别，不设定“一刀切”的标准。同时，逐步将高标准的内容纳入亚太自贸区谈判。

（3）支持差别待遇、标准适度的市场开放。依据成员国的经济发展情况，设定自贸区建设远期目标和阶段性目标。逐步提升贸易投资开放水平，逐步增加开放内容、提高开放标准。针对不同发展水平的成员国，实施差异化的过渡性安排。对发展中国家和最不发达国家给予相应的优惠政策，允许这些国家的敏感产业、工业部门有较长的过渡期，使亚太区域内发展中国家平等融入区域价值链。

（4）亚太自贸区建设以实现包容性发展为目标。当前，亚太区域内发展不平衡仍是全球最大的不平衡，发展仍是区域内各国利益的最大公约数。在此背景下，

建立亚太自贸区，应以促进全球经济增长为目标，以公平可持续为导向，探究自由贸易规则中的可持续发展议题，推进国际贸易投资规则重构，建设开放、公平的全球贸易体系，并以此为前提推动贸易自由化便利化进程。

2. 形成多层次贸易自由化便利化安排

考虑到发达国家与发展中国家开放水平差异较大，亚太自贸区可考虑建立一个多层次的自贸协定，不同层次对应不同开放标准，使亚太地区经济发展水平不同的经济体可以选择适合自己的层级加入，并明确过渡期，以加快协商进程。

——高标准：除深化货物贸易、服务贸易、投资和知识产权保护等传统议题之外，在海关监管与贸易便利化、政府采购、透明度与反腐败等新兴议题上也能实现与高水平自贸协定大致相同标准的制度安排。

——中标准：进一步深化货物贸易、服务贸易、知识产权保护等传统议题，提升货物贸易中零关税商品覆盖率，以区域内规则对接为重点，提升服务贸易自由化便利化水平。

——低标准：在RCEP谈判的基础上，实行制造业、服务业及能源、基础设施、旅游、环保等项下的自由贸易政策，在不要求全面降低关税、不要求全面市场开放的基础上，实现在重点领域自由贸易与投资的实质性破题。

3. 力争在服务贸易与数字贸易领域实现突破

（1）在服务贸易自由化便利化方面实现重要安排。2017年，亚太区域服务业占比57.2%，大部分国家仍处于工业化前中期，蕴藏着巨大的服务贸易与投资需求。从近年来的实际情况看，2005—2018年，亚太经合组织成员服务贸易额由1.9万亿美元增长至4.5万亿美元，年均增长6.7%，高于全球平均增速0.5个百分点，占全球服务贸易额的比重由36.8%提升至39.9%（见图3-9）[1]。从服务贸易自由化便利化的需求来看，目前只有4名RCEP成员加入了WTO服务贸易协定。要适应全球服务贸易快速发展的大趋势，适应亚太区域大部分国家工业化进程的现实需求，应力

[1] 迟福林、郭达：《在大变局中加快构建开放型经济新体制》，《开放导报》2020年第4期。

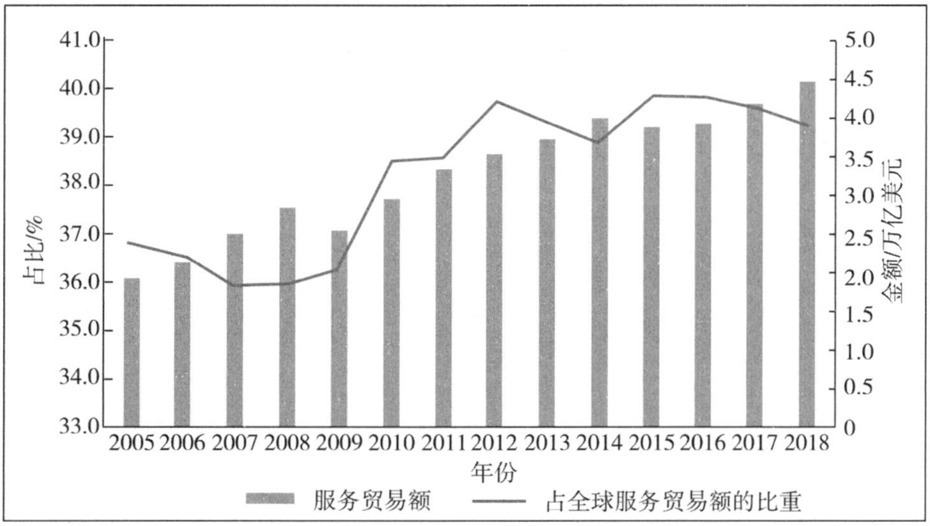

图3-9 2005—2018年亚太经合组织成员服务贸易额及其占比

数据来源：世界贸易组织统计数据库。

求在服务贸易自由化便利化方面实现重要制度安排，为未来亚太自贸区建设奠定重要基础。

（2）在数字贸易规则制定方面奠定基础。数字经济与数字贸易的兴起既为亚太地区经济发展提供了重大历史机遇，同时也提出了重大挑战。当前，亚太地区部分国家数字基础设施建设滞后、产业数字化转型仍处于起步阶段，迫切需要以加强数字基础设施和能力建设为重点，在推动亚太数字贸易快速发展的过程中，积极推动亚太欠发达国家和地区融入第四次工业革命浪潮。为此，要在亚太经合组织通过的《APEC互联网和数字经济路线图》框架下，在数字基础设施建设及其产业项下的自由贸易、数据安全规则、数据开放等领域实现重要制度安排。

第六节

积极考虑加入CPTPP

2020年11月20日，习近平主席在APEC第二十七次领导人非正式会议上的发言中指出，中国将积极考虑加入全面与进步跨太平洋伙伴关系协定（CPTPP）[1]。客观地看，加入CPTPP等高水平国际经贸规则有利于我国把握应对经济全球化和扩大高水平开放的主动权。当前，在推动RCEP落实生效的基础上，需要尽快形成加入CPTPP的相关预案。

一、加入CPTPP是高水平开放的主动选择

CPTPP作为全球更高水平的自由贸易协定，体现了高标准、高质量、高层次等突出特征。积极谋划适时加入CPTPP是我国推进高水平开放、加快建设更高水平开放型经济新体制的大势所趋。

1. 加入CPTPP是我国推进高水平开放的重要选项

CPTPP被称为高标准自由贸易协定的模板，涵盖内容相当广泛。不仅包括货物贸易，而且还包括知识产权、环境保护、国企竞争、政府采购等内容，其标准高出绝大多数现有多边贸易与投资协定。目前已经加入CPTPP的11个国家分别是日本、加拿大、澳大利亚、智利、新西兰、新加坡、文莱、马来西亚、越南、墨西哥和秘鲁。在这些国家中，我国与澳大利亚、智利、新西兰、新加坡、秘鲁签有自由贸易协定，与文莱、马来西亚和越南等东盟国家和日本共同签署了RCEP，尚未与加拿大和墨西哥签订自由贸易协定。进入新发展阶段，我国推动对外贸易开放由商品和要

---

[1] 习近平：《习近平出席亚太经合组织第二十七次领导人非正式会议并发表重要讲话》，《人民日报》2020年11月21日第1版。

素流动型开放向规则等制度型开放转变。加入CPTPP等国际高标准自由贸易协定，将对我国加快制度型开放步伐，形成双循环新发展格局产生重要而深远的影响。

专栏3.1 全面与进步跨太平洋伙伴关系协定（CPTPP）

CPTPP的前身是美国主导的跨太平洋伙伴关系协定（TPP），更早则可以追溯到2005年新西兰、智利、新加坡、文莱4国建立的跨太平洋战略经济伙伴关系协定（TPSEP）。美国热衷于主导和推进TPP谈判是在奥巴马政府时期，目的一是主导21世纪的国际经贸规则制定（这从美国同时力推TTP和跨大西洋贸易与投资伙伴协定以建立国际经贸规则的情况可以看出），二是以高标准的严苛规则排斥中国加入、制约中国发展。然而，在2017年特朗普执政后的第一天就宣布美国退出TPP，使这一刚刚达成的协定险些夭折。在日本等国的主导下，美国退出后的其余11国对TPP加以修改，以CPTPP的名称使之得以存在。如果说TPP的要义是“美国主导、限制中国”，那么CPTPP的指向则是经济全球化时代高水平的区域贸易投资自由化与市场开放。CPTPP的现有成员国都与中国有着密切的经贸关系，大多数还都与中国同属RCEP成员国，一般都不反对中国加入。

CPTPP和TPP一样，都被认为是第二代高标准自由贸易协定（FTA）的模板，内容涉及关税减让、贸易便利化、投资、服务贸易、知识产权、透明度等方面。CPTPP的结构也与TPP完全一样，都是30章，超过RCEP20章的范围，也超过美国既往与亚太国家签订的FTA23章或FTA24章的范围。这些增加的章节，都是传统自由贸易协定较少涉及的所谓“边境后规则”，诸如竞争政策、知识产权保护、劳工政策、国有企业政策、中小企业政策、监管一致性、透明度和反腐败等。不过，CPTPP在保留TPP全部章节、内容和结构的基础上还是作了不少修改，一共22项条款被暂停或搁置，这些暂停和搁置的内容包括：海关监管和贸易便利化条款、投资条款、服务贸易条款、金融服务条款、电信服务条款、政府采购条款、知识产权条款、环境条款、透明度与反腐败条款。这些条款都是美国强调而在其他国家充满争议的部分。正是这些修改，使CPTPP的内容在高水平贸易投资自由化原则之下，降低了相关要求的强度，缩减了所涉及的领域与范围，增强了条款的弹性，使各国都能接受并较快达成一致。

2. 加入CPTPP符合全面深化改革的方向

从CPTPP条款看，CPTPP要求的很多内容与我国全面深化改革的基本方向相一致。例如，CPTPP支持中小企业参与国际贸易、加强知识产权保护等内容都与我国近年来的改革方向一致；在国有企业和指定垄断、劳工标准、竞争政策等内容上，尽管我国与之还有较大差距，但近年来也在深化改革，力图建立一个公平竞争的高标准市场体系。从发展趋势看，加入CPTPP，将有利于我国以高水平开放倒逼国内深层次的市场化改革，更好发挥市场在资源配置中的决定性作用，有效激发14亿人的强大内需潜力，加快形成更加完善的社会主义市场经济体制。

3. 加入CPTPP将对全球自由贸易进程产生重要影响

目前，CPTPP缺少中国和美国的参与。从全球来看，CPTPP11国经济总量和货物贸易总量分别占全球的12.8%和15.2%。如果我国加入CPTPP，那么CPTPP国家的经济总量占全球的比重将达到29%，货物贸易总量全球占比将达到27.2%[1]。目前，英国与日本已经达成了自由贸易协定，未来英国加入CPTPP也是个大概率事件。美国新任总统上台后，美国是否重返CPTPP也值得期待。在这个特定背景下，积极谋划加入CPTPP，不仅有助于我国积极参与全球经济治理，提升我国在国际规则制定中的话语权，而且对于应对贸易保护主义、推动全球自由贸易进程将产生积极影响。同时，我国加入CPTPP也将为国内发展带来重大利好。彼得森国际经济研究所预测，如果中国加入CPTPP，到2030年中国国民收入有望增加2980亿美元[2]。

二、加入CPTPP面临的机遇与挑战

从现实情况看，CPTPP作为全球更高水平的自由贸易协定，我国加入CPTPP不仅面临国内现行体制的严峻挑战，同时也面临与美国、日本等大国间的博弈。

---

[1] 《黄奇帆：加入CPTPP等高水平经贸协定有利于深化改革开放，加快形成双循环的新发展格局》，http://www.ce.cn/xwzx/gnsz/gdxw/202010/13/t20201013_35880901.shtml。

[2] 《从签署RCEP到积极考虑加入CPTPP 专家：将为“双循环”新发展格局提供更广空间》，http://www.nbd.com.cn/articles/2020-11-24/1555553.html。

1. 加入CPTPP面临的重要机遇

一方面，我国是CPTPP成员国中许多国家的最大贸易伙伴国，包括日本、新加坡、新西兰在内的不少国家都能够从我国的加入中获益，这给我国加入CPTPP提供了重要契机。另一方面，我国加入CPTPP后，会获得更多的贸易优惠，由于CPTPP更为突出服务贸易、高科技、知识产权等领域的规则，我国的华为、中兴、小米、字节跳动等高科技企业有望在发达国家赢得更大的市场，遭受各种不公正待遇的现象会有所减少。

2. 加入CPTPP对国内现行体制改革提出更高要求

根据CPTPP加入程序的要求，新成员国国内经贸政策要与CPTPP规则相一致。从现实情况看，我国在原产地规则、海关管理、贸易便利化、贸易救济、争端解决机制等方面的条款能够接受CPTPP规则。在货物贸易方面，我国目前的关税总水平为7.5%，短时间内实行零关税有一定难度。与CPTPP规则的差距主要表现在服务贸易领域，我国跨境服务贸易开放程度明显低于CPTPP缔约方平均水平，受限制的服务部门数量高、市场准入限制严格。例如，我国竞争政策与CPTPP反垄断规则之间存在较大差距；国内知识产权保护规则与CPTPP规则存在较大差距；我国对自然人流动态度比较谨慎，开放程度低于某些发展中国家；电信服务开放较为缓慢，与电信服务自由化要求存在一定差距；电子商务规则落后于CPTPP规则，尤其是在个人信息保护、计算设施本地化、网络开放等方面明显滞后。

3. 加入CPTPP需要处理好大国关系

从目前的情况看，CPTPP成员国中绝大多数国家都与我国有较多的贸易往来，对我国加入CPTPP也多持欢迎态度，我国加入CPTPP的主要障碍在于日本与美国。从日本的角度来看，日本作为目前CPTPP的主导国，我国加入CPTPP后可能会与其存在领导权的博弈。为此，在我国释放出积极考虑加入CPTPP的信号后，日本首相菅义伟在接受媒体采访时表示，CPTPP规则要求非常高，对国家的管理也会构成困难，在现有制度下，中国进入CPTPP存在比较大的困难。

我国加入CPTPP，最大的障碍在美国。一方面，尽管拜登当选新任总统，但中美经贸关系走向仍不明朗。另一方面，美国虽然不在CPTPP成员国中，但可以通过“长臂管辖”对墨西哥和加拿大两国施压。美国在与加拿大和墨西哥签订的《美墨加三国协议》（USMCA）中有个“毒丸”条款：缔约国一旦与非市场经济国家进行自贸协定谈判，就有可能被其他缔约国排除出USMCA。

三、做好加入CPTPP的积极准备

主动对接高标准的国际经贸规则，以深化国内改革为重点，积极扩大高水平对外开放，实现建设更高水平开放型经济新体制的重要突破，为加入CPTPP创造有利条件。

1. 以深化国内改革为重点做好加入CPTPP的充足准备

充分估计我国加入CPTPP的深刻性、复杂性。CPTPP与RCEP、中欧投资协定谈判一样，不可能一帆风顺，需要提前谋划和准备。第一，充分利用美国尚未重返CPTPP的窗口期，尽快启动加入CPTPP谈判的准备工作。第二，发挥好我国现有双边、多边自由贸易网络的作用，加深与CPTPP成员国的非正式接触，率先获得CPTPP成员国中与我国有自由贸易协定关系的国家的支持。第三，针对我国与CPTPP条款存在的差距，加快推进国内改革，对于金融、电信、知识产权保护等敏感领域，率先在国内自由贸易试验区和海南自由贸易港进行压力测试，尽快实现与CPTPP规则对接，为加入CPTPP做好充足准备。为此，我国需要尽快形成中央层面加入CPTPP行动计划。

2. 对标“三零”规则加快推进高水平开放

无论是从RCEP还是从CPTPP的条款内容看，“三零”（零关税、零壁垒、零补贴）规则都是国际高标准自由贸易协定的基本方向。零关税政策目前将在海南自由贸易港陆续推开，未来全面实施“零关税”的问题并不太大。零壁垒和零补贴的实质是营商环境的趋同，也就是要打造国际化、法治化、市场化的营商环境，这又集中在贸易便利化、市场准入、竞争政策、劳工标准、环境保护、政府采购、国有企业和指定垄断等方面。从现实情况看，我国需要坚持实施更大范围、更宽领域、更深层次的高水平对外开放。一方面，在服务贸易领域要采取“负面清单”模式，加快实现由“正面清单”向“负面清单”的转换，尽早与CPTPP接轨。另一方面，全面加强对知识产权的保护，建立一个高规格的知识产权保护制度，由此，才能为加入CPTPP奠定一个坚实的基础。对于某些在短期内开放难度较大的领域，可以考虑在加入CPTPP谈判中提出例外要求和过渡期安排。

3. 妥善处理好中美关系

无论从全球来看，还是从我国的情况看，目前大国关系主要涉及中美、中欧和中日关系。在RCEP签署的背景下，中日经贸关系存在的问题有望在RCEP框架下得到有效解决，中日韩自贸区建设进程也将得到推动。随着中欧投资协定谈判如期完成，中欧经贸关系有望从投资协定走向自贸协定。可以说，当前中美经贸关系不仅成为大国关系的焦点，而且成为我国加入CPTPP的主要障碍。过去几年，特朗普政府对我国发起贸易战和科技战，意在全面“抑制”中国崛起。我们要看到，中美“贸易战”涉及的经贸摩擦、产业政策、科技竞争、知识产权只是其中一部分，中美之间的博弈实际已经扩展到了其他各个领域。进入拜登时代，中美双边经贸关系的妥善处理，既需要“跳出中美看中美”，又需要“跳出双边看双边”。从长期来看，把中美双边问题放在多边框架下思考解决方案，会找到更大的解决空间。为此，建议以拜登就任美国总统为契机，尽快恢复中美对话，适时重启中美投资协定谈判，为我国加入CPTPP创造更多有利条件，这对两国经济乃至全球经济都将是个重大利好。

CHAPTER 4

第四章

推动服务贸易高质量发展

党的十九届五中全会强调："全面提高对外开放水平，推动贸易和投资自由化便利化，推进贸易创新发展，增强对外贸易综合竞争力。"推进贸易创新发展，增强对外贸易综合竞争力，关键在于推动服务贸易高质量发展。"十四五"以服务贸易高质量发展为重点建设贸易强国，有利于充分发挥我国超大规模市场优势、释放经济转型升级内需潜力，有利于我国构建国内国际双循环相互促进的新发展格局。

第一节

全球服务贸易发展的新趋势

随着全球经济服务化，全球产业深度分工和加速融合，特别是大数据、物联网、云计算和移动互联网等信息技术快速发展，服务的可贸易性不断增强，服务在全球价值链中的地位日益凸显，服务贸易成为新一轮全球自由贸易的重点以及国际经贸规则重构的焦点。疫情在全球的蔓延，虽然难改全球服务贸易发展的大趋势，但将深刻改变全球服务贸易的发展格局。

一、全球服务贸易快速发展的大趋势

在全球经济服务化及新一轮科技革命的背景下，服务贸易快速兴起，在全球贸易格局中的重要性全面凸显，并逐步成为对外贸易增量的重点领域。

1. 全球服务贸易规模快速扩大

（1）全球服务贸易增速快于货物贸易增速。2010—2019年，全球服务贸易额由7.8万亿美元增长至12.1万亿美元，年均名义增长约5.0%，是货物贸易增速的2倍；全球服务贸易额占贸易总额的比重由20.9%提高至24.5%，提升了3.6个百分点（见图4-1）。实际上，传统的贸易统计方法不能完全反映服务贸易规模及服务贸易在全球自由贸易进程中的作用。若按增加值计算，目前全球服务贸易占全球贸易的比重将达到50.8%，超过货物贸易。当前，尽管受疫情影响，服务贸易额有明显下降，但从长期来看，随着技术进步与发展中国家经济服务化，服务贸易仍有可能恢复并保持较快增长。

（2）服务贸易规模日益扩大。从统计数据看，全球服务贸易在部分年份有所波动，但整体仍呈增长趋势。2005—2019年，全球服务出口额由2.74万亿美元增加至6.22万亿美元，年均增长6.01%；2019年，全球服务出口额占货物和服务出口总

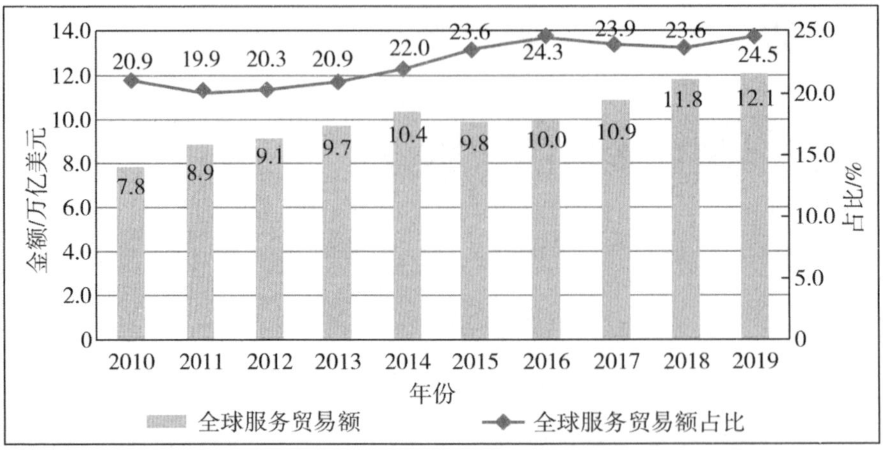

图4-1　2010—2019年全球服务贸易额及其占比

数据来源：世界银行数据库。

额的24.9%，比2005年（21.1%）提高了3.8个百分点，比2011年最低点（20.3%）提高了4.6个百分点（见图4-2）。《2019世界贸易报告：服务贸易的未来》预测，到2040年，服务贸易在全球贸易中的占比将提升到50%。

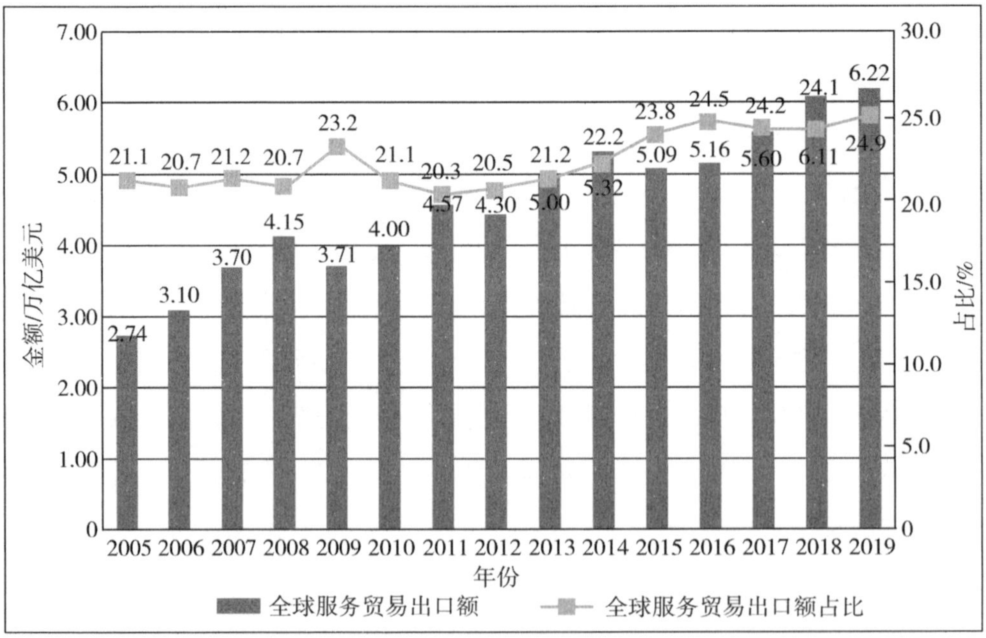

图4-2　2005—2019年全球服务贸易出口额及其占比

数据来源：世界银行数据库。

2. 疫情对全球服务贸易进程产生重要影响

（1）疫情蔓延严重影响全球运输、旅行等服务贸易业。在疫情全球大流行的背景下，由于严格的旅行限制和全球经济衰退预期，全球运输业与旅游业将受到巨大冲击。国际航空运输协会分析预计，2020年全球航空运输客运收入可能会下降2520亿美元，比2019年下降44%[1]。世界旅游及旅行理事会预计，全球旅游业将有多达1亿人面临失业，损失将近2.7万亿美元[2]。

（2）疫情蔓延助推逆全球化思潮，威胁全球服务贸易快速发展进程。近年来，贸易保护主义与单边主义抬头，并威胁全球自由贸易进程。根据全球贸易预警信息网的数据，2019年，全球新增不利自由贸易措施382项，达到2008年国际金融危机以来的最高点，约是2010年的2.9倍（见图4–3）。在疫情蔓延的大背景下，

注：图中2020年的数据为2020年1～4月的数据。

图4–3 2010—2020年全球新增贸易干预措施数量

数据来源：全球贸易预警信息网。

[1] 《国际航协：3月全球航空客运需求断崖式暴跌》，https://baijiahao.baidu.com/s?id=1666005085500387331&wfr=spider&for=pc。

[2] 《宣布关闭！国内这个行业龙头企业，轰然倒下！全球旅游业或将有1亿人面临失业》，http://jingji.cctv.com/2020/05/11/ARTI5ztmUL3Qldn9nfRohnDl200511.shtml。

孤立主义、单边主义、民族主义和贸易保护主义更为盛行，涵盖国家安全、技术标准、知识产权保护、优先购买本地服务、限制技术服务出口等内容的限制服务贸易发展的措施数量有可能进一步增加。例如，2020年1～4月，全球新增不利自由贸易措施310项，已超过2018年全年数量，超过2019年全年的80%。

（3）疫情蔓延有可能改变全球价值链、服务链布局。疫情后无论是各国政府还是企业，都将改变以往基于低成本、零库存导向的全球价值链、服务链布局，而更加重视供应链的安全与可控。一方面，宏观政策将会更加强调内向发展和自主发展，关键技术、核心环节技术与服务的管控力度将会进一步加大。另一方面，全球价值链、服务链本地化、区域化、碎片化的趋势日益明显，全球区域内服务贸易份额不断上升将是一个长期趋势。

3. 服务贸易仍将保持较快发展态势

尽管未来疫情防控仍有较大的不确定性，但服务贸易加快发展的大趋势仍然不会改变。一方面，全球经济服务化趋势明显。1970—2017年，全球服务业增加值占全球GDP的比重由53.4%提升到67.5%，提高了14.1个百分点（见图4-4）。另一方面，新兴市场国家服务业快速发展趋势也十分明显，服务业占比由39.8%提升

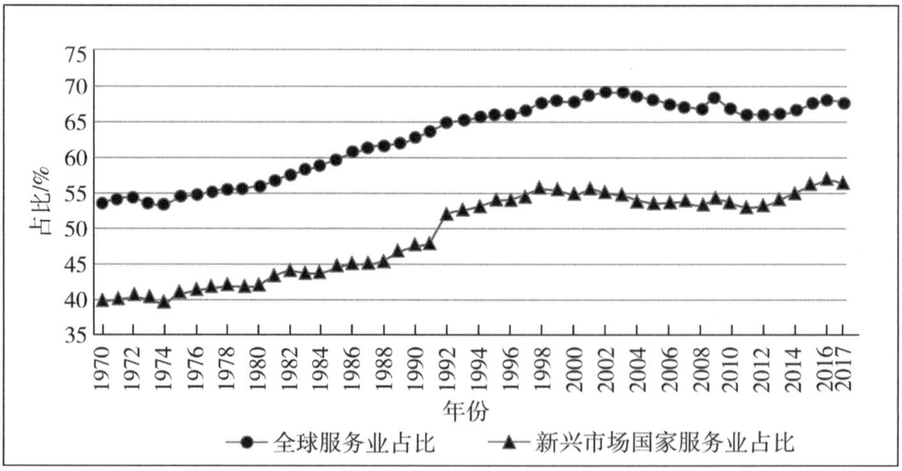

图4-4 1970—2017年全球服务业占比及新兴市场国家服务业占比

数据来源：联合国贸易和发展会议数据库。

至56.3%，提高了16.5个百分点。经济服务化趋势为服务贸易快速发展提供了重要机遇。

二、服务贸易成为推动全球自由贸易的重要引擎

近年来，尽管受世界经济形势影响，全球服务贸易发展明显放缓，但全球贸易重心由货物贸易向服务贸易转变的趋势没有发生改变，服务贸易已成为推动全球自由贸易的重要引擎。

1. 服务贸易在全球贸易中的价值超过货物贸易

首先，产成品贸易中约1/3的价值形成应归功于服务业。其次，跨国企业向境外子公司输送软件、品牌、设计、运营、知识产权等服务并未纳入服务贸易统计。最后，电子邮件、实时导航、视频会议等免费数字服务的跨境流动迅猛增长。如果将上述三方面的因素考虑并统计在内，2017年全球服务贸易总额约为13.4万亿美元，是目前统计的2.6倍，占全球贸易总额的比重将由23.9%上升至50.8%，超过货物贸易[1]。

2. 服务贸易拉动货物贸易较快增长

制造业服务化和服务业制造化使得货物贸易和服务贸易的边界日益模糊，而信息技术的快速发展和广泛应用，使得货物贸易和服务贸易进一步融合，呈现出“你中有我、我中有你”的特征。数据显示，占全球贸易总额80%左右的货物贸易中有30%是服务贸易带动的[2]。随着产品的服务化趋势日益明显，越来越多的服务被包含在货物中并以货物贸易为载体实现跨境流动。货物贸易规则的制定不仅要考虑货物质量本身，还要考虑货物中的服务标准、服务规则与服务质量。也就是说，服务贸易规则也在一定程度上影响着货物贸易发展进程。

---

[1] “Globalization in transition: The future of trade and value chains”，https://www.mckinsey.com/featured-insights/innovation-and-growth/globalization-in-transition-the-future-of-trade-and-value-chains。

[2] 季晓莉：《中改院：服务贸易是高水平开放重点》，《中国经济导报》2019年9月20日第7版。

3. 服务贸易成为全球货物贸易的黏合剂

随着全球生产链和价值链分工日益细化，服务贸易作为黏合剂，将全球各种中间产品整合在一起。例如，物流、通信服务和商业服务等在货物、数据和技术的传输中促进了全球价值链的高效运转。

三、服务贸易成为全球贸易规则重构的焦点

服务贸易在双边、区域贸易投资谈判中的比重逐渐增大，呈现高标准、广覆盖的特点，并且边境内的服务贸易规则在区域自由贸易协定中逐步增多。

1. 全球贸易规则重构聚焦服务贸易

随着服务贸易在全球贸易格局中的重要性不断提升，全球经贸规则的焦点正加快从货物贸易向"货物贸易—服务贸易—投资"转变。在2007年底前签订的区域双边自由贸易协定中，涉及服务贸易内容的仅有56个，占同期区域贸易协定数量的33.9%；在2008—2020年签订的区域双边自由贸易协定中，涉及服务贸易内容的增加至99个，占比71.7%（见表4–1）。从CPTPP、USMCA等最新签订的经贸协定看，服务贸易领域的相关内容大幅增加。未来，国际服务贸易竞争将进一步加剧，服务贸易在双边、区域贸易投资谈判中的比重将逐渐增大，成为各国谈判和博弈的焦点。

表4–1　服务贸易协定数量对比

1958—2007年			2008—2020年		
总数/个	涉及服务贸易/个	占比/%	总数/个	涉及服务贸易/个	占比/%
165	56	33.9	138	99	71.7

数据来源：WTO RTA数据库。

2. 服务贸易成为双边、多边和区域贸易投资协定谈判的焦点

从短期看，随着服务贸易在世界各国经济发展中的重要性不断提升，国际服务贸易竞争日益激烈，服务贸易在双边、多边和区域贸易投资协定谈判中的比重逐渐增大，成为各国谈判和博弈的焦点。当前，无论是CPTPP还是RCEP，服务贸易都

是其中一项重要内容。

3. 服务贸易壁垒更加隐蔽，消除更加困难

与货物贸易相比，服务贸易具有无形性、生产与消费同步性等特点。与货物贸易通过关税来设置“显性壁垒”不同，服务贸易更多采用国内资格资质要求、参股比例限制、自然人流动限制、经营范围和形式限制，以及设置繁杂的审批条件和程序等“隐性壁垒”。由于服务贸易壁垒具有隐蔽性和非数量性的特点，服务贸易自由化远比货物贸易自由化复杂得多，消除服务贸易壁垒的困难也大得多。

第二节

形成以服务贸易为重点的开放新格局

近年来，服务贸易快速发展已成为我国对外贸易的突出亮点。但问题在于，我国服务贸易发展相对滞后的矛盾依然突出。以服务贸易为重点加快推进高水平开放，将为我国经济转型升级提供重要动力，也将为我国积极参与全球经济治理创造有利条件。

一、我国服务贸易快速发展的大趋势

在产业结构变革加速与服务业市场开放的双重推动下，我国服务贸易规模持续扩大，服务贸易国际竞争力进一步提升。

1. 服务贸易在我国对外贸易中的作用持续提升

（1）我国服务贸易规模不断扩大。近年来，随着我国经济结构转型升级，服务业规模不断扩大，带动服务贸易进入快速发展期，服务贸易规模迅速扩大，服务贸易额占对外贸易总额的比重上升趋势明显。2014—2019年，我国服务贸易额由37120.9亿元增长至54153.0亿元，占我国外贸总额的比重由12.3%提高至14.6%（见图4–5）。

（2）服务贸易成为拉动我国外贸增长的重要动力。以人民币计算，2014—2019年，我国服务贸易额年均增长7.8%，是货物贸易增速的2.2倍，是外贸整体增速的1.9倍[1]。服务贸易在拉动我国外贸平稳增长中作出了重要贡献。

（3）服务外包发展成效显著。据统计，2014—2020年，我国服务外包执行额由4996.6亿元增长至12113.2亿元，年均增长15.9%；其中离岸外包执行额由3435.1亿元增长至7302.0亿元，年均增长13.4%（见图4–6）。从结构来看，我国服务外包向

[1] 数据来源于《中国统计年鉴2020》。

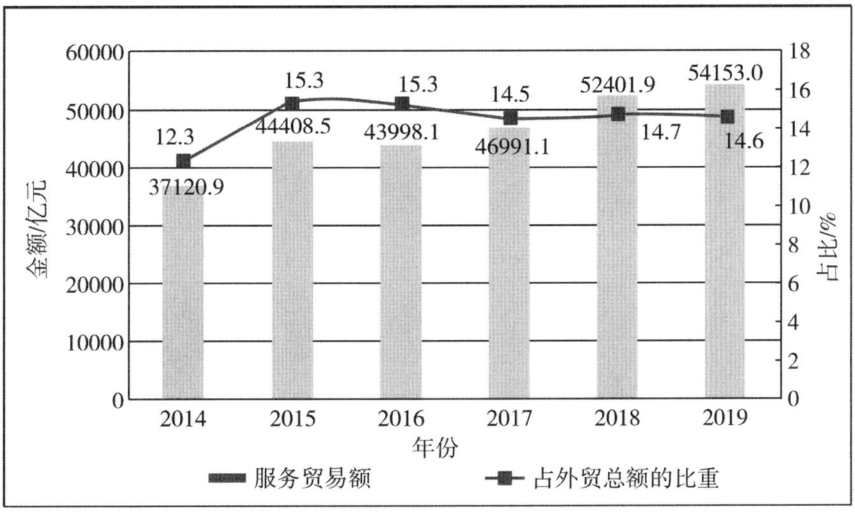

图4-5　2014—2019年我国服务贸易额及其占比

数据来源：《中国统计年鉴2020》。

价值链中高端攀升的趋势明显。2019年，我国以医药和生物技术研发服务、检验检测服务、互联网营销推广服务、电子商务平台服务等为代表的高端生产性服务外包

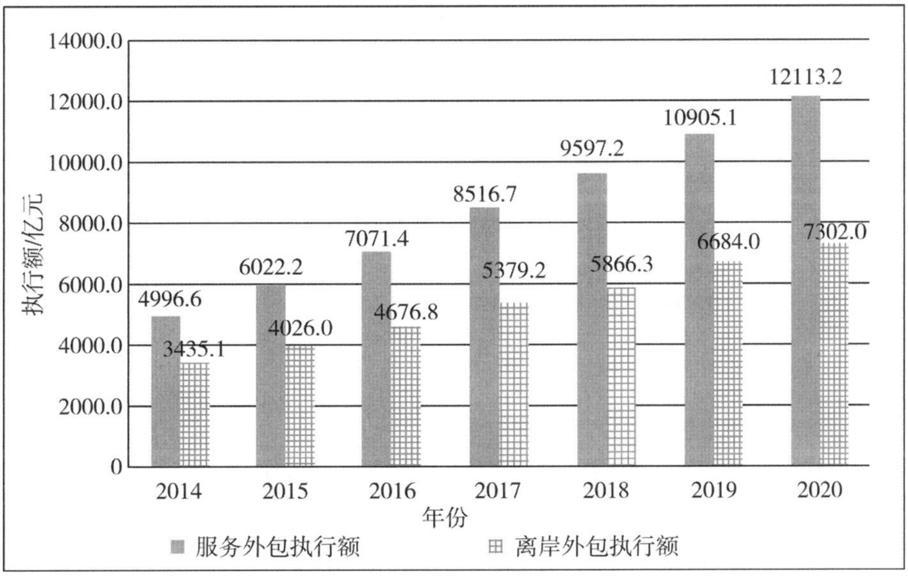

图4-6　2014—2020年我国服务外包执行额与离岸外包执行额

数据来源：商务部网站。

业务同比分别增长15.3%、20.5%、37.1%和53.2%[1]，成为拉动服务外包的重要引擎。

（4）我国为全球服务贸易发展作出重要贡献。据统计，2014—2019年，我国服务贸易额占全球服务贸易总额的比重由6.3%提升至6.6%。2018年以来，全球贸易摩擦加剧，全球服务贸易增速显著放缓，全球服务出口增长7.7%，增速回落0.3个百分点[2]。相比较而言，2018年我国服务贸易出口同比增长17%，对全球服务出口的贡献率达9.3%，服务进口同比增长12.3%，对全球服务进口的贡献率达14.9%[3]，成为推动全球服务进口增长的最大贡献者。2019年，全球服务出口增速为2%，我国为4.4%，显著高于全球平均增速[4]。

2. 服务贸易发展关系到我国经济转型升级进程

改革开放40多年的实践证明了贸易是经济增长的重要动力和先锋。在上一轮全球化中，我国抓住了全球货物贸易需求扩张和发达国家制造业转移的历史机遇，我国经济快速增长，成为全球第二大经济体和第一大货物贸易国。当前，全球服务贸易快速发展与我国经济转型升级再一次形成历史性交汇。国际市场和国内市场高度融合是个大趋势。国内经济转型升级与服务贸易发展的联系日益紧密，无论是消费结构升级还是制造业转型升级，都蕴藏着巨大的服务贸易需求。在这个大背景下，迫切需要通过发展服务贸易在短期内增加服务型消费产品供给数量，同时在长期内提升我国服务型消费产品的供给能力与供给水平。

3. 发展服务贸易具有全局影响

（1）为全球贸易持续增长注入新动力。过去15年，我国服务进口累计达到

---

[1] 《中国服务外包执行额首破万亿元》，http://finance.people.com.cn/n1/2020/0224/c1004-31600478.html。

[2] 《中国对外贸易形势报告（2019年秋季）》，http://zhs.mofcom.gov.cn/article/cbw/201911/20191102915957.shtml。

[3] 《中国对外贸易形势报告（2019年秋季）》，http://zhs.mofcom.gov.cn/article/cbw/201911/20191102915957.shtml。

[4] 全球服务出口增速按WTO数据库相关数据测算；我国服务出口数据来源于《中国统计年鉴2020》。

4.5万亿美元，对全球服务进口增长的贡献率达到了12.9%，累计拉动全球服务进口增长10.4个百分点。未来15年，我国进口服务将超过10万亿美元[1]，将有力推动全球服务贸易的增长。

（2）为全球经济增长增添新活力。随着城乡消费结构升级，我国14亿人的服务型消费大市场将成为全球服务贸易主体竞相争夺的目标。从趋势看，我国将成为全球最大的健康医疗市场，预计到2030年，我国健康服务业总规模将达到16万亿元[2]。加快服务贸易发展，释放我国巨大的服务型消费潜力，可以缓解由需求不足导致的全球经济增长乏力的问题，使我国经济发展红利转变为全球红利。

（3）为应对全球贸易保护主义创造有利条件。当前，全球双边、多边自由贸易谈判，焦点大多集中在服务贸易领域。随着全球经济格局的深刻变化和我国经济转型升级，很多投资领域的问题与服务贸易直接融合。也就是说，我国推进服务贸易开放，将加快全球自由贸易进程，有效应对全球贸易保护主义。

二、服务贸易是我国高水平开放的突出短板

从现实情况看，我国服务贸易比重偏低、竞争力不强、结构不优等发展不平衡不充分的矛盾仍然较为突出。扩大服务贸易比重，加快优化服务贸易结构，提升服务贸易国际竞争力，成为我国建设服务贸易强国的重大任务。

1. 服务贸易总额相对较小、占比偏低

目前，我国已成为全球第二大服务贸易国，但从总量来看，与排名第一的美国仍有较大差距。2019年，我国服务贸易额仅为美国的54.4%（按美元计）[3]。从占比来看，2019年我国服务贸易额占我国贸易总额的比重仅为14.6%，不仅低于世界平均水平（24.5%），也远低于欧盟、美国、英国等发达经济体的水平（见图4-7）。

[1] 《商务部：未来15年中国进口服务将超过10万亿美元》，http://finance.china.com.cn/news/20200903/5358467.shtml。

[2] 《国家卫计委：2030年我国健康服务业总规模将达16万亿元》，http://www.xinhuanet.com//local/2017-08/14/c_1121481192.htm。

[3] 根据WTO数据库相关数据测算。

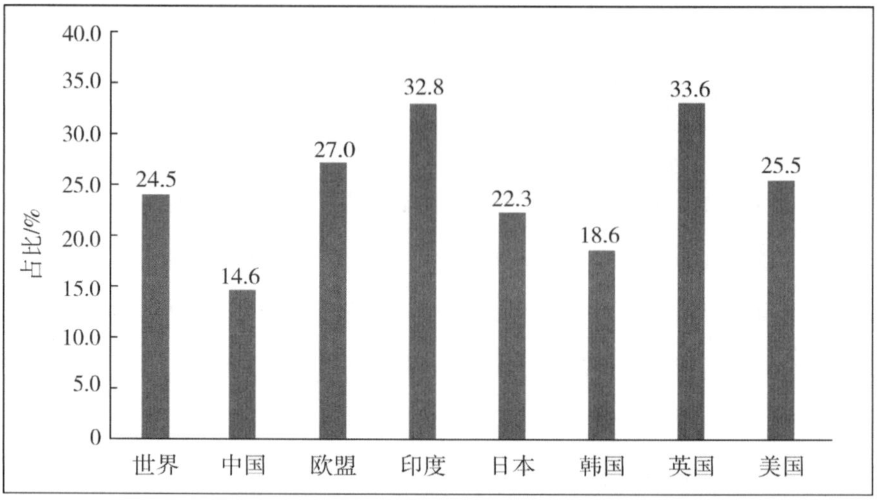

图4-7　2019年主要经济体服务贸易额占贸易总额的比重

数据来源：WTO数据库。

2. 服务贸易国际竞争力不强

自2009年我国服务贸易由顺差转为逆差以来，服务贸易逆差规模不断扩大。2009—2018年，我国服务贸易逆差由153.5亿美元增长至2582.0亿美元，年均增长36.84%（见图4-8），服务贸易逆差占服务贸易额的比重由5.1%快速上升至

图4-8　2009—2019年我国服务贸易逆差及其占比

数据来源：《中国统计年鉴2020》。

32.6%。2019年，我国服务贸易逆差2178.0亿美元，同比下降15.6个百分点，但仍为全球最大服务贸易逆差国。

3. 服务贸易结构有待进一步优化

2019年，我国商品服务、运输服务、旅行服务等三大传统服务贸易额占服务贸易总额的比重为59.9%，高于世界平均水平（46.1%）13.8个百分点，高于美国（42.2%）、欧盟（40.3%）、印度（36.6%）等20个百分点左右，高于日本（34.1%）、英国（29.0%）等30个百分点左右（见图4–9）。其中，我国支付知识产权使用费2369亿元，反映出我国在高技术与关键领域对国外依赖程度较高。

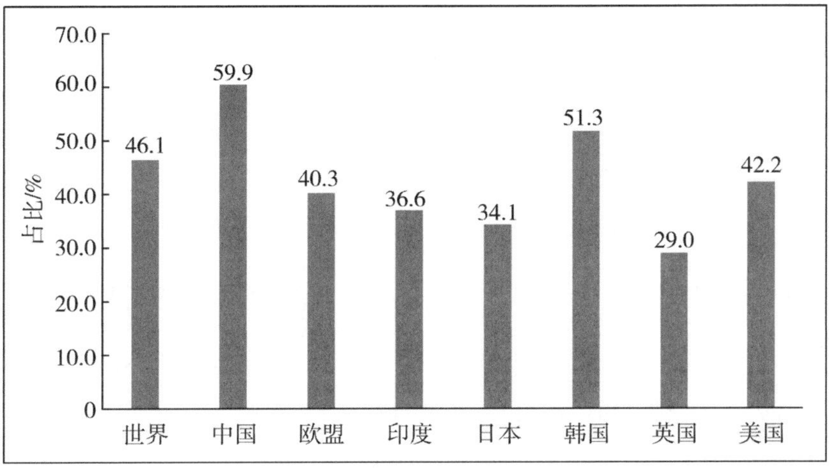

图4–9　2019年部分经济体三大传统服务贸易额占服务贸易总额的比重

数据来源：根据WTO数据库相关数据测算。

4. 全球服务贸易规则制定话语权与服务贸易规模不相适应

在我国已签署的18个自贸协定中（含内地与港澳更紧密经贸关系安排），14个未涉及金融服务，13个未涉及电子商务；从服务贸易自由化便利化程度来看，目前我国仅在中韩自贸协定第二阶段谈判中首次使用负面清单方式开展服务贸易和投资谈判。参与度不足、自由化便利化水平不高直接制约了我国在全球服务贸易规则制定中的话语权。

三、我国服务贸易具有巨大发展潜力

当前，全球服务贸易快速发展与我国经济转型升级相互融合。伴随着经济服务化进程的加快，我国的开放结构正由以货物贸易为主向以服务贸易为重点转型。

1. 产业结构变革带动服务贸易快速增长

2019年，我国服务业增加值比上年增长6.9%，快于第二产业1.2个百分点；占国内生产总值的比重达到53.9%，比上年上升了0.6个百分点[1]。估计到2025年，我国服务业占比将提高至60%以上，形成服务业主导的产业结构。产业结构变革与服务业市场开放，将带来巨大的服务贸易发展需求。

2. 消费结构变革带动服务贸易快速增长

2019年，全国居民人均服务型消费支出9886元，增长12.6%，比上年提高0.1个百分点，快于全国居民消费增速4个百分点；全国居民人均服务型消费支出占全国居民人均消费支出的比重为45.9%，比上年提高1.7个百分点[2]。估计到2025年，我国居民人均服务型消费占比将达到55%左右。随着我国城乡居民服务型消费的快速增长以及扩大进口政策效应的逐步显现，我国服务贸易具有巨大潜力。

3. 制造业服务化带动服务贸易快速增长

世界银行于2017年发布的题为《遭遇麻烦？制造业导向型发展的未来》的报告提到，商品中的服务要素对提升产品竞争力越来越重要，并成为价值增值的主要环节。从发展趋势看，价值增值环节逐渐向生产前的研发、设计阶段与生产后的市场嵌入服务阶段转移。例如，在美国出口商品中，55%的增加值来自服务业，欧洲这一比重更高。作为农产品和制成品出口国的荷兰，服务价值占其总出口价值的

---

[1] 《统计局：我国经济运行总体平稳 发展质量稳步提升》，https://mp.pdnews.cn/Pc/ArtInfoApi/article?id=10884932。

[2] 《中华人民共和国2019年国民经济和社会发展统计公报》，http://www.stats.gov.cn/tjsj/zxfb/202002/t20200228_1728913.html。

70%[1]。当前，我国制造业服务化水平仍有较大提升空间。我国生产性服务业占服务业的比重为50%左右，与发达国家相比仍有20个百分点的差距。我国制造业转型升级以及由此带来的生产性服务业快速发展，将直接拉动金融、研发、知识产权等服务贸易的快速增长。

四、形成以服务贸易为重点的开放新格局

以服务贸易为重点推进高水平开放，充分发挥服务贸易对促进国内产业转型升级的重大作用，形成以开放促进高质量发展的对外开放新格局。

1. 尽快补齐服务贸易发展的突出短板

（1）明显提升服务贸易比重。争取到2025年，服务贸易额占外贸总额的比重由2019年的14.6%提高至20.0%以上。

（2）进一步优化服务贸易结构。争取到2025年，我国知识密集型服务贸易占服务贸易的比重由2019年的32.4%提升至40%以上，保险、计算机和信息、知识产权等高端生产性服务贸易占比由目前的23.8%提高至30%以上。

（3）明显提升服务贸易国际竞争力。争取到2025年，我国服务贸易逆差占服务贸易额的比重由2019年的27.7%下降到15.0%左右；在保持制造服务、建筑服务、计算机与信息等优势的基础上，大幅提升我国知识产权、金融等生产性服务贸易以及旅游等生活性服务贸易的国际竞争力。

2. 以服务贸易促进产业转型升级

（1）以服务贸易推动我国服务业高质量发展。一方面，要以服务贸易加速服务业资本积累。从国际经验看，先进的信息基础设施是提升生产性服务业国际竞争力的一个重要条件。生产性服务业具有高附加值的特点，已成为国际直接投资的重点领域。近年来，我国的生产性服务业越来越成为发达国家的投资重点。2019年，

[1] David Dollar，Jose Guilherme Reis，王直主编：《全球价值链发展报告（2017）——全球价值链对经济发展的影响：核算与分析》，社会科学文献出版社，2018。

我国高技术产业新设外商投资企业数量为10311家，实际吸收外资390.6亿美元，占比达到27.7%（见表4-2）。其中，高技术服务业实际使用外资256.9亿美元，占实际使用外资总额的比重为18.2%，高于高技术制造业8.7个百分点。以生产性服务业为重点，积极引导外商直接投资转向高端生产性服务业领域；积极发挥外商直接投资对我国生产性服务业的带动作用，推动传统服务业的转型升级。另一方面，要以服务贸易加速人才、技术积累。当前，人才、技术的短缺成为我国服务业高质量发展的最大障碍，这就需要依托国内市场的规模优势积极发展服务贸易，通过国外先进技术和管理经验带来的外溢效应，结合我国技术和知识积累，补齐人才、技术短板。

表4-2　2019年我国高技术产业外商直接投资情况

行业	企业		实际使用外资	
	数量/家	比重/%	金额/亿美元	比重/%
总计	40910	100.0	1412.3	100.0
其中：高技术产业	10311	25.2	390.6	27.7
高技术制造业	1266	3.1	133.7	9.5
高技术服务业	9045	22.1	256.9	18.2

数据来源：《中国外资统计公报2020》。

（2）以服务贸易优化服务业发展的市场环境。服务贸易逆差不仅仅有消费的数额和价差等表层原因，还有我国服务型消费产品供给质量不高、国内市场信任度不高、消费环境不优、监管滞后等深层次原因。例如，随着我国消费结构不断升级，医疗健康等服务型消费需求全面快速增长。从现实情况看，由于国内医疗健康产业供给难以满足消费者高质量、高标准的需求，一些消费者选择出国就医。2019年，我国旅行服务贸易逆差达到1.49万亿元，占服务贸易逆差的99.4%。为适应我国居民服务型消费需求快速增长的大趋势，需要通过服务贸易快速发展，在服务业领域加快建立与国际高标准对接的行业规范和行业标准，提振消费者对国内消费市场的信心。

（3）以服务贸易形成未来产业新优势。新一轮科技革命不断催生新的产业，相当一部分新兴产业是高端服务业或是与高端服务业直接相关的制造业。为适应新一轮科技革命与全球服务贸易发展的大趋势，需充分利用全球科技革命带动新兴服务业重新洗牌的契机，依托我国市场的规模优势，在推进服务贸易快速发展中形成国际竞争新优势。

3. 明显提升全球服务贸易规则制定话语权

（1）积极参与全球服务贸易规则的制定。未来，我国应适应全球自由贸易的新趋势，以服务贸易为重点，通过积极参与双边、多边和区域服务贸易协定，积极参与全球服务贸易规则的制定，主动提出符合我国经济转型升级需要和全球自由贸易发展趋势的新议题，实现我国由服务贸易规则的跟随者向引领者的转变。

（2）积极参与数字领域国际规则和标准的制定。积极参与WTO、G20等多边数字贸易规则的制定，主动提出有利于维护多边贸易体制、维护发展中国家利益的数字贸易规则；更加重视双边、区域自贸协定中的数字规则内容，并通过双边、多边谈判将其上升为全球规则，实现我国由国际经贸规则制定的参与者向主导者的转变。

第三节

发挥数字贸易发展新优势

全球服务贸易快速发展大趋势与新一轮科技革命形成历史性交汇，数字服务贸易等新兴贸易快速兴起。它不仅深刻改变了贸易内容、贸易载体与贸易方式，也正深刻改变全球服务价值链，并且成为新一轮国际经贸规则制定的制高点。

一、数字革命与服务贸易发展形成历史性交汇

全球新一轮工业革命兴起，尤其是5G、人工智能等新技术的广泛应用，深刻改变了全球技术边界、经济形态、贸易方式和生产生活方式。

1. 数字贸易时代的到来

（1）全球数字经济快速发展。以互联网、云计算、大数据等为代表的数字经济快速发展，标志着新一轮科技革命兴起。数字经济不仅对生产生活方式的变革产生巨大影响，而且将通过加强竞争、降低交易成本、提升效率等对服务贸易发展产生深刻影响。当前，数字经济引领全球新一轮产业变革趋势明显，数字经济已成为全球经济增长的重要动力。过去15年间，数字经济的增速是全球GDP增速的2.5倍；预计到2025年，全球数字经济规模将达到23万亿美元，占全球GDP的比重将达到24.3%[1]。

（2）疫情蔓延将加速数字经济发展。为有效防控疫情，全球越来越多的企业和政府机构将业务和服务转移到网上，以避免人际接触。由此也进一步促进了人们思想观念、消费模式的转变，加速了线上经济的发展，并逐渐打通娱乐、办公、医疗、教育等多个领域。根据麦肯锡的测算数据，疫情时期线上消费每增加1个单

[1] 顾学明：《大力发展服务贸易提升全球价值链地位》，《经济参考报》2018年9月12日第5版。

位，61%为替代原有需求，39%为新增需求[1]。新增需求不断影响现有业态，同时也创造出大量创新业态，促进生产生活朝着数字化、智能化方向发展。比如，在金融领域，金融机构纷纷推出新型线上线下融合服务，使得智慧网点、虚拟银行等新业务加速落地；在工业领域，数字化转型进程不断加速，部分企业已加速应用机器人、自动化等新手段、新方式。

（3）数字贸易基础设施不断完善。数字贸易的发展以互联网为基础，交易主体包括企业用户和个人用户。近年来，全球互联网用户数量不断提升。数据显示，截至2020年5月31日，全球互联网用户数量达到46.36亿人，占全球人口的比重为59.4%。2000—2020年，全球互联网用户数量增长了近12倍。从区域分布来看，亚洲互联网用户数量达到23.66亿人，占全球人口的50.9%；欧洲互联网用户数量为7.28亿人，占全球人口的15.7%。从互联网渗透率看，北美地区互联网渗透率最高，达到94.6%，欧洲地区87.2%，亚洲地区55.1%（见表4-3）。

表4-3　2020年全球各地区互联网用户规模及渗透率情况

地区	人口/亿人（2020年估计）	互联网用户数量/亿人（2020年5月31日）	渗透率/%	互联网用户数量占全球人口的比重/%
非洲	13.40	5.27	39.3	11.3
亚洲	42.94	23.66	55.1	50.9
欧洲	8.35	7.28	87.2	15.7
拉丁美洲/加勒比海地区	6.58	4.54	68.9	10.0
中东	2.61	1.83	70.2	3.3
北美	3.69	3.49	94.6	7.5
大洋洲/澳大利亚	0.43	0.29	67.7	0.6
世界统计	78.00	46.36	59.40	—

数据来源：万维网科学研究所，前瞻产业研究院。

（4）数字贸易快速兴起。在数字经济与技术快速发展、互联网用户不断增加

[1]　《拉动后疫情时期经济发展，数字经济是“优选项”》，https://www.yicai.com/news/100526037.html。

的背景下，全球数字贸易快速兴起。以网络零售交易为例，2013—2019年，全球网络零售额由1.08万亿美元增长至3.54万亿美元[1]，年均增长21.88%，占全球零售总额的比重由5.1%增长到14.1%。初步预测，未来两年全球网络零售额仍将保持20%左右的年均增速，到2021年将达到4.93万亿美元，约是2019年的1.39倍，占全球零售总额的比重将提高至18.1%[2]（见图4-10）。相关机构预测，未来10～15年，全球货物贸

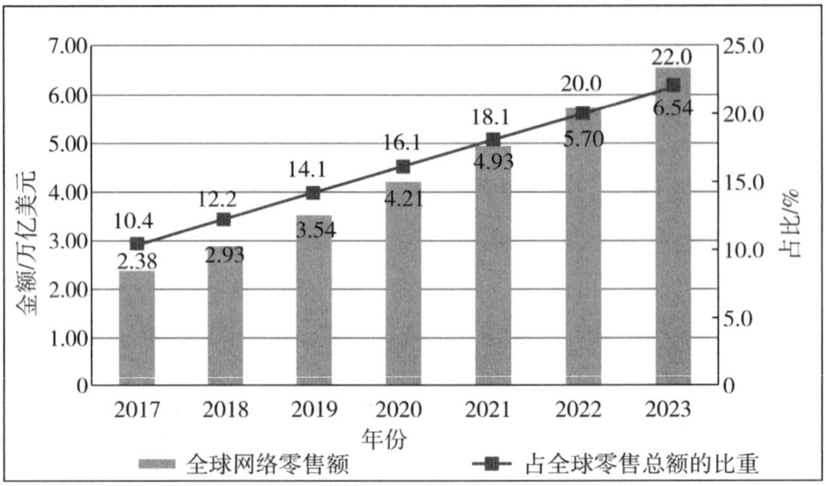

图4-10　2017—2023年全球网络零售额及其占比

数据来源：商务部电子商务和信息化司发布的《中国电子商务报告2019》[4]。

易将呈2%左右的增长、服务贸易呈15%左右的增长，而数字贸易增速则高达25%[3]。

2. 数字技术加速全球服务贸易进程

（1）数字技术拓展服务贸易内涵。信息技术、互联网技术、物联网技术在服

[1]　2013年的数据来源于《中国电子商务报告2014》，2019年的数据来源于《中国电子商务报告2019》。

[2]　《中国电子商务报告（2019）》，http://dzsws.mofcom.gov.cn/article/ztxx/ndbg/202007/20200702979478.shtml。

[3]　黄奇帆：《在长三角地区协同推进建设开放新高地》，《宏观经济管理》2019年第3期。

[4]　由于不同年份的《中国电子商务报告》都会对之前年份的全球网络零售额进行调整，故图4-10直接采用了《中国电子商务报告2019》中的图表。

务业领域的广泛应用，使服务产品的生产与消费跨越了不可分离的障碍，这为服务业全球化和服务贸易发展提供了客观条件。教育、健康、医疗、文化等传统不可贸易的“服务”逐渐变得可贸易，可贸易的服务种类不断增加、范围不断扩大，拓展了服务贸易内涵，并且这些拓展的“服务”逐渐成为服务贸易的主要内容。

（2）数字技术拓展服务贸易发展空间。以信息技术和数字技术为代表的新一轮科技革命推动产业加速变革，不断拓展服务贸易发展空间。一方面，信息技术在服务业领域被广泛应用。另一方面，科技革命为全球产业分工的进一步细化提供技术支撑，众多服务型企业只将核心服务保留，而将非核心服务或中间服务通过服务外包、自然人流动、服务资本流动等方式进行全球再布局，由此将众多发展中国家纳入全球服务贸易进程中，进一步拓展全球服务贸易发展空间。

（3）数字技术推动货物贸易与服务贸易相融合。从历史来看，由于互联网等技术的发展，部分视听等服务贸易不再需要货物载体。《2019年世界贸易报告》数据显示，估计到2060年，3D打印机可以打印50%的商品。也就是说，未来随着3D打印等技术的成熟并推广使用，数字技术会逐渐降低某些货物的贸易需求，并刺激服务贸易发展。

3. 数字服务贸易深刻改变全球服务贸易格局

（1）服务贸易内容向数字化转变。数字技术及数字贸易的兴起使得数据本身成为重要的贸易内容。世界经济论坛报告显示，过去10年间跨境数据流动使全球GDP增长了10%。2005—2018年，与数字经济相关的服务贸易额（含电信计算机和信息服务、知识产权服务、个人文化娱乐服务）年均增长8%，高于货物相关服务1.2个百分点，高于运输等服务2.8个百分点，高于服务贸易整体增速1.8个百分点，占服务贸易总额的比重由14.8%上升至18.2%（见图4-11）。与数字经济相关的服务贸易已成为拉动全球服务贸易增长的重要动力。

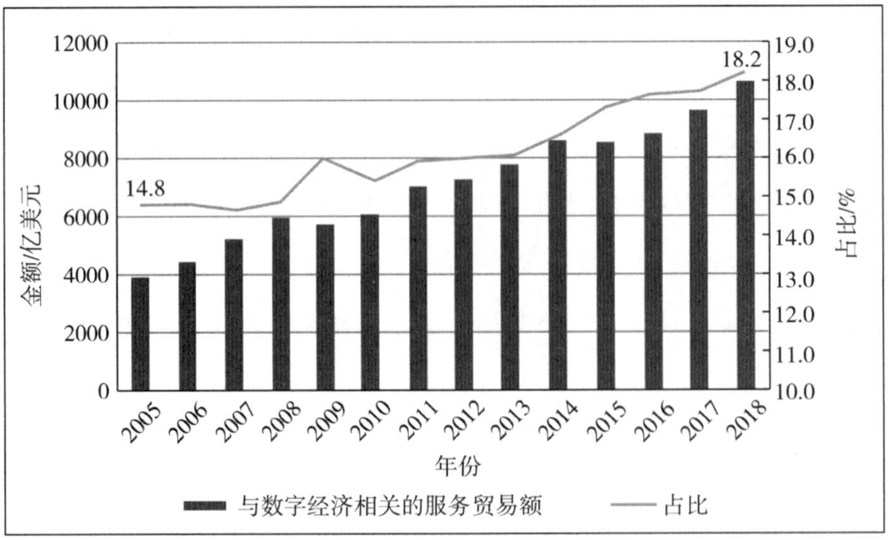

图4-11　2005—2018年与数字经济相关的服务贸易额及其占比

数据来源：根据世贸组织相关数据测算。

（2）服务贸易模式向数字化转变。目前，全球服务贸易中有一半以上已经实现数字化，超过12%的跨境实物贸易通过数字化平台实现[1]。从贸易载体来看，随着跨境电商等互联网平台的兴起，数字旅游、数字教育、数字医疗、数字金融等数字服务贸易快速发展，改变了以往以商业存在、自然人流动等为载体的服务贸易。此外，第三方支付、移动支付、云端支付等新兴支付方式逐渐成为主流。

（3）数字贸易改变服务贸易交易主体。从供给端来看，数字贸易改变了过去以跨国服务企业为主体的供给格局，为广大中小型服务业企业参与服务贸易提供了可能。例如，互联网、大数据平台推动单一发包模式向众包模式转变，这不仅扩大了全球服务贸易的总体规模，也进一步拓展了中小型服务业企业发展服务贸易的空间。从需求端来看，虽然B2B仍是当前贸易的主要方式，但互联网平台的兴起并带动B2C模式的快速发展，使得服务供需双方直接对接，大大拓展了服务贸易需求方的范围，甚至在个性化定制等方面，消费者也在一定程度上充当了服务供给的角色。

[1]　《传统贸易向数字贸易转型：全球服务贸易一半以上实现数字化》，http://www.xinhuanet.com/fortune/2018-12/03/c_1123797113.htm。

二、形成数字服务贸易国际竞争新优势

近年来，依托巨大的国内市场，我国抓住了全球新一轮科技革命的历史性机遇，实现了数字经济的快速发展，在某些领域已经处于全球领先水平。在“十四五”期间，要加快实现数字贸易与服务贸易的融合，形成数字服务贸易领域的国际竞争新优势。

1. 我国数字服务贸易快速发展

（1）我国跨境电商快速发展。近年来，依托巨大的规模优势及数字经济发展优势，我国跨境电商实现了高速发展。2015—2019年，我国跨境电商交易额由360.2亿元增长至1862.1亿元，约是2015年的5倍，年均增速50.79%，远高于我国货物及服务贸易平均增速（见图4-12）。预计未来几年，我国跨境电商交易额仍将保持两位数的增速。

（2）数字服务贸易新业态亮点突出。据统计，2019年，知识密集型服务进出口1.88万亿元，增长10.8%，高于服务进出口整体增速8个百分点，占服务进出口总

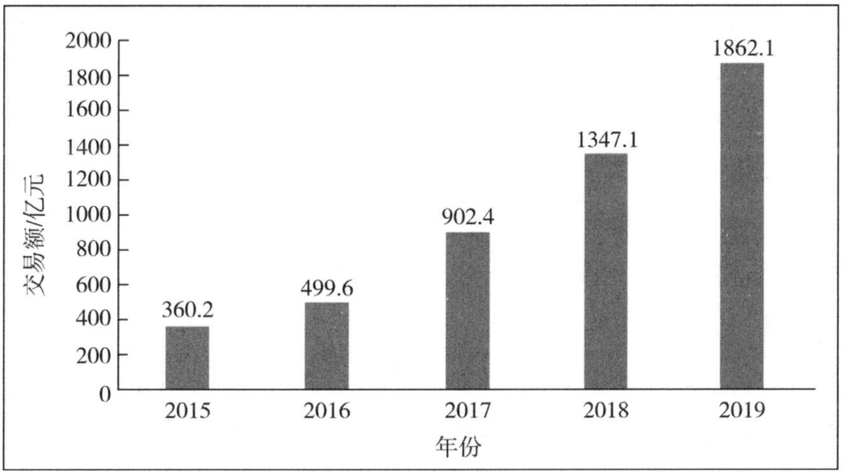

图4-12　2015—2019年我国跨境电商规模

数据来源：2015—2018年的数据来源于《中国电子商务报告2018》；2019年的数据来源于商务部网站。

额的比重达34.7%，同比提升2.5个百分点。其中，知识密集型服务出口9916.8亿元，增长13.4%，占服务出口总额的比重达50.7%，同比提升2个百分点；知识密集型服务进口8860.9亿元，增长8%，占服务进口总额的比重达 25.6%，同比提升2个百分点[1]。2020年1～9月，我国知识密集型服务贸易总额14930.8亿元，增长9%，占服务进出口总额的比重提升10个百分点至44%。其中，出口7795.3亿元， 增长8.6%；进口7135.5亿元，增长9.4%[2]。同时，数字内容领域出口规模迅速扩大。2008—2020年，中国自主研发的网络游戏的海外市场实际销售收入从0.7亿美元增长至154.5亿美元，年均增长56.79%（见图4-13）。

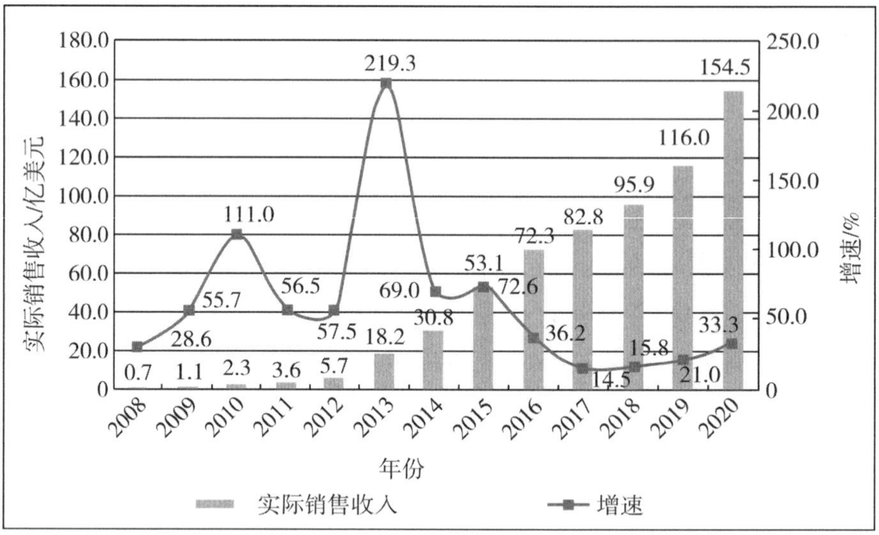

图4-13　2008—2020年中国自主研发的网络游戏的海外市场实际销售收入及增速

数据来源：中国音像与数字出版协会游戏出版工作委员会：《2018年中国游戏产业报告》《2020年中国游戏产业报告》。

2. 我国有条件在数字服务贸易国际竞争中赢得主动

（1）我国的数字服务贸易具有比较优势。根据麦肯锡的分析，尽管目前中国

[1] 《中国对外贸易形势报告（2020年春季）》，http://zhs.mofcom.gov.cn/article/cbw/202006/20200602974110.shtml。

[2] 《中国对外贸易形势报告（2020年秋季）》，http://file.mofcom.gov.cn/article/gkml/202012/20201203021345.shtml。

的服务贸易仍存在较大逆差，但在数字领域的服务贸易连续5年保持100亿～150亿美元的顺差。从全球数字竞争力排名来看，2018年我国数字竞争力指数81.42分[1]，排名全球第二，较上一年提升了7个名次。

（2）我国发展电子商务服务业的基础较好。近年来，我国电子商务服务业快速发展，成为数字贸易的重要支撑。2011—2019年，我国电子商务服务业营业规模由约400亿元增长至4.47万亿元（见图4-14）。

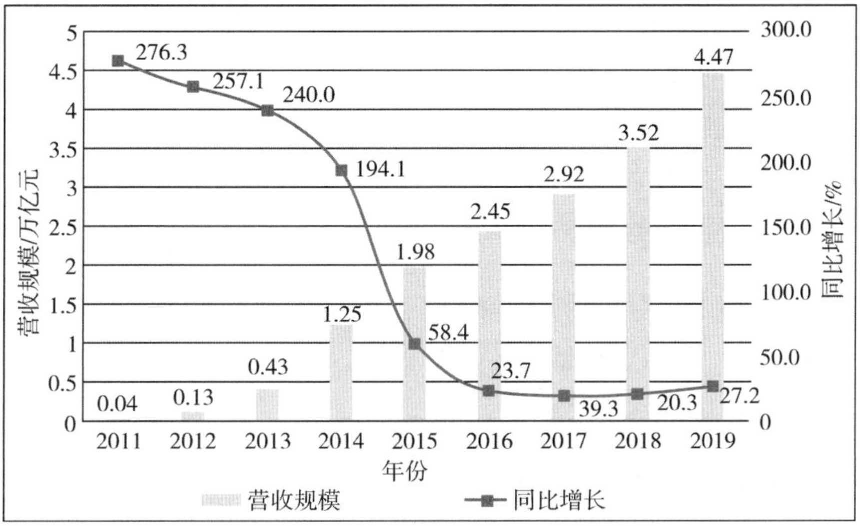

图4-14　2011—2019年我国电子商务服务业营收规模

数据来源：《中国电子商务报告2019》。

（3）我国拥有巨大的数字服务贸易发展潜力。以互联网用户规模为例。我国网民规模由2008年的2.98亿人增长到2020年上半年的9.4亿人，互联网渗透率由22.6%提高至67.0%，年均提高3.7个百分点，成为全球增长速度最快的互联网用户市场[2]。

[1]　《国家数字竞争力指数研究报告（2019）发布》，http://www.ce.cn/culture/gd/201905/15/t20190515_32087617.shtml。

[2]　《CNNIC发布第46次〈中国互联网络发展状况统计报告〉》，http://www.cac.gov.cn/2020-09/29/c_1602939909285141.htm。

3. 2025：形成数字服务贸易国际竞争新优势

（1）形成数字服务出口新优势。我国争取在“十四五”期间，在进一步扩大电信、计算机、信息等服务贸易优势的基础上，实现知识产权与个人文化娱乐服务顺差；进一步提升数字相关服务贸易出口比重，由目前的23.5%提升至30%左右。

（2）形成数字技术贸易国际竞争新优势。巨大的应用市场是我国数字技术发展的突出优势。例如，2016—2019年，短短4年时间，我国大数据产业市场规模由2840.8亿元增长到5386.2亿元，增速连续4年保持在20%以上[1]。预计到2025年，我国大数据产业规模将达到2万亿元。此外，我国大数据产业在物联网、人工智能、区块链等领域均有着巨大的应用前景。

三、提升数字服务贸易领域便利化水平

抓住国际数字服务贸易规则标准尚未定型的时间窗口期，强化国内数字服务贸易领域制度性安排，在优化数字服务贸易主体发展环境的同时，积极参与构建全球数字服务贸易规则。

1. 提升数字服务贸易自由化便利化水平

（1）疫情后，全球数字服务贸易领域规则竞争将日趋激烈。目前世界贸易组织电子商务诸边谈判已经开启，《美日数字贸易协定》（UJDTA）、《美墨加协定》（USMCA）、全面与进步跨太平洋伙伴关系协定（CPTPP）等区域协定中数字贸易规则实现了重要突破。预计疫情后，全球将加速进入数字时代，围绕数字服务贸易领域的市场准入、跨境数据流动、数据本地化、消费者权益与隐私保护等标准与规则竞争将日趋激烈，数字贸易规则将成为区域自贸协定的“标配”。

（2）推动数字服务贸易市场开放。一方面，以新兴经济体为重点，在双边、多边自由贸易谈判中以技术贸易、知识产权等作为自由贸易谈判的重点，尽快实现

---

[1] 《数据改变世界 思想塑造未来——2020大数据产业综述》，https://new.qq.com/omn/20210107/20210107A0B2EO00.html。

市场双向开放。另一方面，以欧盟为重点，加快中欧投资协定谈判，并将数字技术贸易作为谈判的重点之一。

（3）形成鼓励支持数字服务出口的政策体系。例如，改变以往对特定企业现金补贴或出口贴息等方式，转而根据数字服务贸易分类，设定全行业、全领域享受的出口退税、企业所得税、财政补贴、出口融资、出口保险等不违反公平竞争的财税金融政策；加快参与数字服务贸易标准制定，在加快服务业国内外标准对接的基础上，依托我国巨大的数字服务市场，推动在跨境物流、跨境支付、电子认证、在线交易、信用体系、在线支付、保护标准等领域的国际标准制定进程，降低我国数字服务出口企业的制度性成本与不确定性；积极发展专业的数字服务出口中介机构，为广大数字服务出口企业提供退税、政策咨询、出口融资保险、对外推介等服务。

2. 打造“数字丝绸之路”

（1）采取多种方式推进数字服务贸易发展。例如，对“一带一路”沿线国家实施数字旅游、数字医疗、数字健康、数字教育、数字基础设施等项下的自由贸易政策；对相关的数据流动、数据处理以及相关的设备、基础设施等实施更加便利的贸易政策。

（2）推动共建“一带一路”数字服务贸易自贸区。借鉴阿里巴巴与马来西亚共建“数字自贸区”的经验，加快同“一带一路”沿线国家建立“数字服务自贸区”“数字经济合作园区”等，在区内实行自由贸易政策和相关投资制度安排；对俄罗斯、巴西、印度等数字服务贸易规则与我国较为相近的国家，加快与其进行数字服务贸易协定谈判，形成关于跨境数据流动、数据本地化、消费者保护等一揽子协定，并采取过渡期等多种方式推动数字服务贸易的开放。

3. 加快构建数字服务贸易监管标准体系

（1）构建数字服务贸易监管标准体系。数字服务贸易的无形性等特点，给市场监管及国家安全监管带来重大挑战。从现实情况看，我国数字服务贸易监管标准体系建设相对滞后，难以适应数字服务贸易快速发展的大趋势。例如，在金融领域，《中华人民共和国商业银行法》《中华人民共和国证券法》和《中华人民共和国保险法》等现有金融法律，大都是基于传统金融行业及业务所制定的，其内容条款缺少对互联网金融的明确规定，难以适应数字革命背景下新型金融行业及新业务的发展需要。建议以推动服务业标准化建设为契机，尽快构建数字服务贸易领域的监管标准，尤其是要强化质量监管、税收征管等重点内容。同时，制定数字服务贸易信用黑名单、标准格式合同管理、安全协议限制和跨境数据流动风险评估机制等配套监管机制。

（2）细化《中华人民共和国电子商务法》等相关法律。2018年我国正式出台了《中华人民共和国电子商务法》。作为上位法，其内容主要偏向于原则性规定，缺乏具体实操性内容；《中华人民共和国网络安全法》对“重要数据”作出相应制度安排，但并未明确衡量“重要数据”的标准及具体清单。需要加快制定和完善相关法律法规，为完善数字服务贸易监管提供法律保障。

（3）加强对数字知识产权的监管。从国际经验来看，数字服务贸易的快速发展，对知识产权保护的要求更高，也更为迫切。为此，需要加快研究数字服务领域的新形态、创新成果的知识产权保护办法，提高知识产权审查质量和审查效率。

（4）强化对数字服务贸易监管的国际协调。在各国加强对数字领域监管的趋势下，政府监管成为数字服务贸易壁垒产生的主要原因。为此，需要通过与其他国家签订数字服务贸易信任协定、免检协定，认可服务经营商，建立争端解决机制等多种方式，加强同我国主要数字服务贸易伙伴的宏观监管政策协调。

第四节

加快推进服务业市场开放进程

当前，服务业市场开放与服务贸易发展直接融合，开放转型对服务业市场开放的依赖性全面增强。形成以服务贸易为重点的高水平对外开放新格局，关键在于加快推进服务业市场开放。

一、服务业市场开放与服务贸易直接融合

一方面，我国以服务贸易为重点的开放转型正处于重要时期；另一方面，服务业市场双向开放的大趋势正逐步形成。在这个特定背景下，服务业市场双向开放与服务贸易发展高度融合的特点突出。

1. 服务贸易发展直接依赖于服务业市场开放

（1）服务业市场双向开放大趋势正在形成。服务业成为吸引外资的“新高地”。随着服务业逐步对外资放开市场准入，外资开始大量投资我国服务业。目前，服务业利用外资占比持续超过工业，成为利用外资的主要领域。据统计，2005—2020年，我国服务业实际使用外资规模由149.10亿美元增长到1121.45亿美元，年均增速达到14.4%（见图4–15）。从占比情况看，2011年，服务业实际使用外资额占比达到约48%，占比首次超过制造业；2012年，占比达到51%，超过第二产业4.2个百分点，占比首次过半；2019年，这一比重达到约70%，约是制造业的2.3倍；2020年，占比达到约78%[1]。

[1] 《2020年中国利用外资增长6.2% 规模创历史新高》，http://www.mofcom.gov.cn/article/i/jyjl/e/202101/20210103032673.shtml。

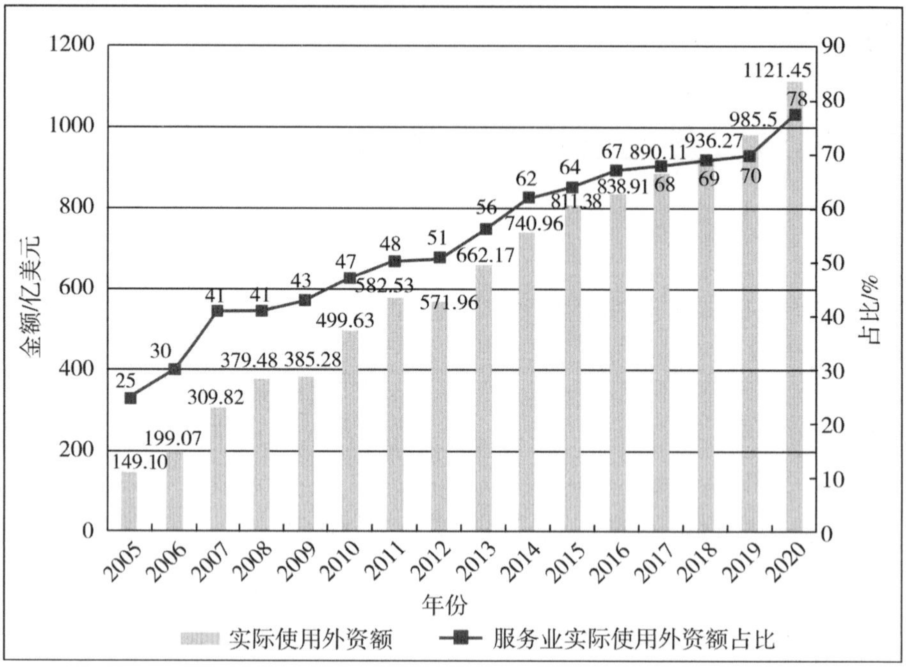

图4-15　2005—2020年实际使用外资额及服务业实际使用外资额占比

数据来源：国家统计局网站和国家商务部网站。

服务业成为对外投资合作的主要领域。从对外投资净额来看，服务业已成为我国对外投资合作的第一大领域。如图4-16所示，2007—2017年，我国服务业对外投资净额由195.6亿美元增至1211.0亿美元，年均增长20%，高于制造业对外投资金额增速2个百分点；从占比来看，过去10年间服务业对外投资净额占比始终保持在70%～80%的高位。2019年末，我国对外直接投资存量的八成集中在服务业[1]。

（2）服务业市场开放程度决定服务贸易发展的广度与深度。在以货物贸易为主向以服务贸易为重点的开放转型中，服务贸易发展越来越依赖服务业市场开放。当前，对服务业市场开放的主要顾虑在于其可能会冲击国内服务业企业。但我国加入WTO后制造业发展的历程表明，服务业市场开放后国内服务业企业短期内可能会受到冲击，但长期将有助于国内服务业企业参与全球竞争，提升质量水平和竞

[1]　《商务部等部门联合发布〈2019年度中国对外直接投资统计公报〉》，http://hzs.mofcom.gov.cn/article/date/202009/20200903001523.shtml。

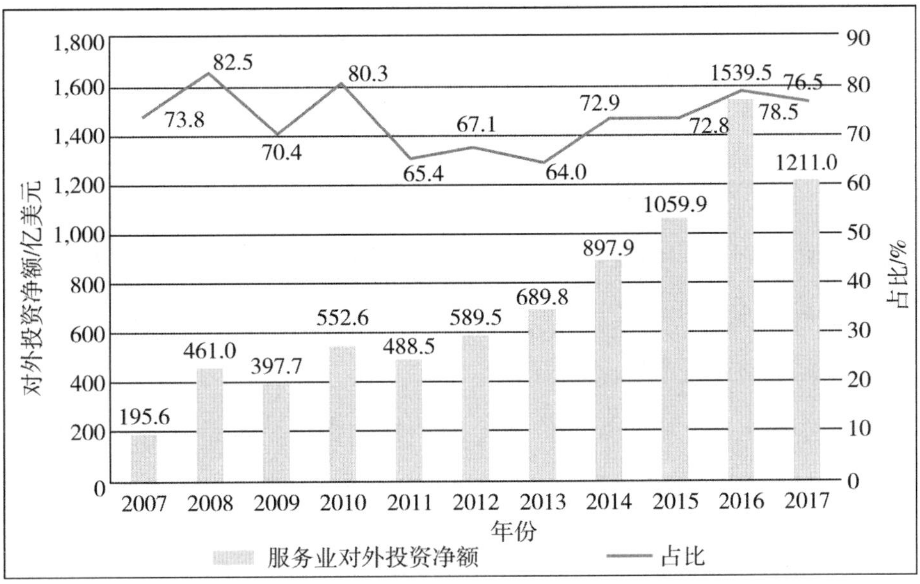

图4-16　2007—2017年服务业对外投资净额及占比

数据来源：国家统计局网站。

争力。例如，在中国–新西兰自由贸易协定谈判中，对服务业领域的开放程度已与TiSA谈判要求基本相同；在中韩自由贸易协定中，电信与金融领域的开放均有实质性突破。未来几年，扩大服务业市场开放，不仅要在名义上进一步放宽服务业市场准入条件，更重要的是提升边境内措施的自由化便利化程度，促进国内规则与国际规则的对接。

（3）服务业市场双向开放与服务贸易快速发展相互促进。2008年全球金融危机爆发后，在整体外贸形势挑战加大的情况下，我国服务贸易快速发展，很大程度上得益于服务业市场开放，这使得我国服务业企业在深度参与全球价值链的同时，最大限度地提升了商业存在、自然人流动等服务贸易提供方式的便利化水平。总的来看，进一步扩大服务业市场双向开放将推动我国服务贸易发展再上一个新台阶。

2. 以服务业市场开放推动服务贸易创新发展

尽管我国一再强调社会资本可以进入法律未禁止的服务业领域，但由于行政垄断和市场垄断的存在，社会资本进入教育、医疗、通信、金融等服务行业仍面临一些障碍，这使得服务业市场难以通过公平竞争来提高供给能力、供给质量和供给效率。2019年，我国服务业民营固定资产投资占比约为36.56%，远低于农业（55.96%）、工业（68.59%）的水平。其中在教育、卫生、文化、商务服务等现代服务业领域的投资占比仅约为4.3%[1]。近年来，我国陆续推出一系列服务业对外开放的重大举措，但总的来看，服务业市场开放仍是我国推动形成以服务贸易为重点的开放新格局的重大任务之一。

3. 加快推进服务业市场全面开放

（1）推动服务业市场向社会资本全面开放。当前，无论是破解服务业市场领域“有需求、缺供给”的突出矛盾，还是进一步拓展社会资本投资空间、扭转社会资本投资增速下滑的局面，都需要尽快实现服务业市场对社会资本的全面开放。这需要按照“非禁即准”的要求，凡是法律、行政法规未明令禁止进入的服务业领域，应全面向社会资本开放，不再对社会资本设置歧视性障碍，大幅减少前置审批和资质认定项目，鼓励引导社会资本参与发展服务业，并在打破服务业市场垄断方面实现实质性破题。

（2）加快推进服务业对外开放进程。在加快服务业市场化改革的基础上，大幅缩减外资准入负面清单限制性条目，争取到2023年，率先实现教育、医疗、养老、旅游等服务业全面开放，取消对外资股比限制及经营范围限制；同时，按照《中华人民共和国外商投资法》的相关规定，基本完善外商投资的服务体系。争取到2025年，在运输、保险、法律、研发设计等重点领域全面对接国际高标准开放水平。

（3）清理并大幅削减服务业领域边境内壁垒。建议在有条件的地区率先引入日本、美国、欧洲等在医疗药品、旅游娱乐、体育养老等重点生活性服务业的管理标准，并实现资格互认；全面推广跨境服务贸易负面清单，允许负面清单外的境外企业在我国提供相关服务，逐步在人员流动、资格互认、市场监管等领域与国际接轨。

[1] 根据2018—2020年《中国统计年鉴》相关数据测算。

二、加快教育、医疗、金融等服务业开放进程

习近平总书记在首届中国国际进口博览会上提出，“中国正在稳步扩大金融业开放，持续推进服务业开放，深化农业、采矿业、制造业开放，加快电信、教育、医疗、文化等领域开放进程”[1]。加快服务业市场开放进程，能够有效破解国内服务市场“有需求、缺供给”的突出矛盾，提升我国服务业国际竞争力。

1. 加快推动教育市场开放

（1）扩大教育市场开放具有全局性意义。人才是第一资源，也是赢得新一轮科技竞争的基础。例如，当前5G技术的竞争成为全球竞争的焦点。预计到2030年，5G技术直接产生的GDP为3万亿元，间接拉动GDP3.6万亿元。从现实情况看，未来5G领域我国人才缺口将达2000万[2]，人才短缺成为5G经济快速发展的突出短板。近年来，我国劳动力成本逐步上升的趋势明显，迫切需要加快由人口红利向人力资本红利转变，这很大程度上依赖于教育的“第二次改革”。

（2）推进教育市场开放进程。以教育市场开放形成多元化教育服务供给主体。由于教育市场化改革滞后，民办学校尚未成为教育供给的重要主体。2019年，我国共有各级各类民办学校19.15万所，占全国的比重为36.13%；在校生达到5616.61万人，占全国在校生人数的比重约为20%。从民办学校在校生分布来看，接近一半分布在学前教育[3]。

以教育市场开放形成与经济转型升级和科技变革趋势相适应的教育结构。在新一轮科技革命的背景下，我国人才供需结构性矛盾突出，人才供给要么严重过剩，要么相对不足，与市场需求脱节的问题比较突出。

---

[1] 习近平：《共建创新包容的开放型世界经济——在首届中国国际进口博览会开幕式上的主旨演讲》。

[2] 中国信通院：《中国数字经济发展与就业白皮书》。

[3] 《2019年全国教育事业发展统计公报》，http://www.moe.gov.cn/jyb_sjzl/sjzl_fztjgb/202005/t20200520_456751.html。

以教育市场开放提升我国教育的国际竞争力。2011—2019年，我国出国留学人数由33.97万人增长至70.35万人，8年间人数倍增，其中自费留学生人数占比在90%以上（见图4-17）。为适应这一大趋势，需要通过教育市场双向开放，整合境内外优质资源，鼓励教育"引进来"和"走出去"，吸引境外教育消费回流，提高我国教育的国际化水平。

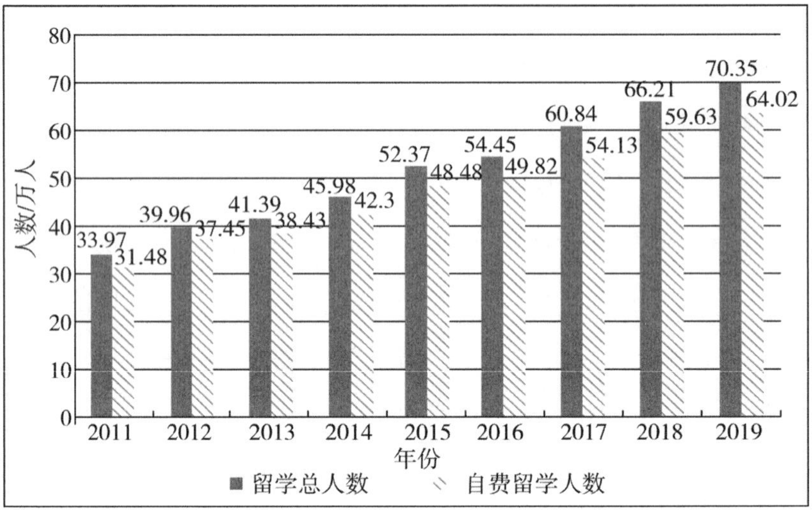

图4-17 2011—2019年我国出国留学及自费留学人数

数据来源：根据教育部2011—2019年《出国留学人员情况统计》数据整理。

（3）推进以职业教育为重点的教育市场开放。支持社会资本与外资投资非义务教育领域。取消学前、普通高中、本科及以上院校的股比限制，支持各类投资者以独资、合资、合作等多种形式办学。

全面放开职业教育。允许境内外具备条件的研发机构、教育组织、高水平企业独立举办健康、旅游、维修、文化创意等职业院校。

赋予职业教育机构更大的办学自主权。赋予社会资本及外资投资的职业教育机构在招生数量、费用收取、外籍教师聘用等方面的自主权；明确中央和地方政府的职责分工，鼓励地方在教育改革上积极探索、先行先试。

加快推进教育“去行政化”。逐步取消学校行政级别，建立专业导向的学校治理结构，推进专家治校；进一步简政放权，扩大学校在招生规模、专业设置、教师评聘等方面的办学自主权。

（4）推进教育市场双向开放进程，引进境外优质教育资源。开展高校自主确定举办中外合作办学项目试点，支持高校加大引进国外优质教育资源力度；鼓励支持高水平、有特色的民办学校通过品牌连锁经营、中外合作办学等方式，引进优质学科、课程、师资、管理方式，提升教育教学质量；鼓励民办学校引进国外先进教育资源，聘请具有职业资格的外籍教师；支持高校和外国高校之间开展教师互派、学生互换、学分互认和学位互授联授；对从国外引进的优质教育资源，在税收、用地、利润留成方面实行优惠政策。

以“一带一路”为重点，鼓励我国优质教学资源拓展到海外。在“一带一路”沿线国家开展中外合作办学项目、建立中外合作办学机构。支持高校参与和设立国际学术合作组织、制订国际科学计划，与境外高水平教育、科研机构建立联合研发基地。支持具有相应实力的高校到海外办学，开展国际合作和跨境教育服务。

2. 加快医疗健康服务业市场开放进程

（1）医疗领域“有需求、缺供给”的矛盾突出。一方面，我国城乡居民消费结构升级与老龄化进程相交汇，由此带来巨大的医疗健康服务需求。预计到2030年，我国医疗健康产业与养老产业规模将分别达到16万亿元和22万亿元[1]。另一方面，医疗健康服务领域缺供给的矛盾较为突出。例如，2019年，我国每千名老年人养老服务床位数为30.5张[2]，远低于发达国家50～70张的平均水平。

加快医疗健康市场的全面开放，使社会资本成为医疗健康产业发展的主体。当前，社会资本仍未成为医疗健康产业发展的主体。例如，2019年虽然我国民营医院

---

[1] 《2030年我国养老产业规模将达22万亿元 发展智慧健康养老产业培育新动能》，http://www.ce.cn/xwzx/gnsz/gdxw/201801/04/t20180104_27553441.shtml。

[2] 《2019 年民政事业发展统计公报》，images3.mca.gov.cn/www2017/file/202009/1601261242921.pdf。

数量占医院总数的65.3%，但其床位数占比仅为27.5%，卫生技术人员占比21.4%，医疗服务工作量占比14.8%[1]。这需要我国在全面开放背景下，按照“公开市场、公平竞争、公正监管”的原则，进一步打破医疗健康服务的市场壁垒，使得社会资本成为医疗健康产业发展的主体。

（2）以打破市场壁垒为重点实现医疗健康产业的全面开放。进一步放宽医疗健康领域外资准入门槛。逐步取消医疗机构仅限于合资或合作的限制；进一步明确医疗机构市场准入审核标准，允许符合条件的境外资本在国内设立独资、合资医疗机构。

全面落实各类医疗机构及人员的国民待遇。尽快实现各类医疗机构在医保及获取土地等要素方面与公立医院同等待遇。

打破体制内外人才流动壁垒。改变公立医院医生“单位人”身份，加快推进人事管理、工资福利、社会保险、职称评价等方面的制度改革，调动医生的积极性，实现医疗技术人员在体制内外自由流动。

清理制约医疗健康产业公平竞争的政策法规。按照“非禁即入”原则，对符合条件、规划和准入资质的社会办医疗机构，在设置审批、执业登记等方面，不得以任何理由加以限制；其提供的签约服务，包括转诊、收付费、考核激励等方面与政府办医疗机构提供的签约服务享有同等待遇。

以基层为重点试点公办民营模式。从国际经验看，基层养老与医疗机构社会化、民营化是一个大趋势。建议将一部分利用率不高、资源闲置的公办社区（乡镇）养老机构与医疗机构交由社会资本运营；通过公建民营、“一院二制”等方式吸引社会资本参与公办医疗、养老机构运营。

鼓励“互联网＋医疗”等新型医疗服务模式创新。鼓励社会资本建设互联网医院或互联网医疗服务平台，大力发展网上预约、网络支付、检查检验结果网络查

[1] 《2019年我国卫生健康事业发展统计公报》，http://www.nhc.gov.cn/guihuaxxs/s10748/202006/ebfe31f24cc145b198dd730603ec4442.shtml。

询、远程医疗、远程监护等在线医疗服务。破解医疗卫生公共资源配置向大城市高度集中、中小城镇和农村医疗卫生公共资源不足的问题。

（3）在医疗健康领域尽快引入国际先进标准。率先在部分地区引进欧洲、美国、日本的养老服务与医疗药品管理标准，快速提升养老服务与医疗药品质量水平，对全国形成示范效应。条件成熟时，尽快向全国推广。

借鉴欧盟等国际通行做法，在实施“十四五”规划的前两年把药品进口增值税税率降至6%左右；在对进口抗癌药，对国内生产治疗癌症、罕见病、糖尿病、乙肝、急性白血病等药品的重要原料实施零关税的基础上，对癌症诊断和治疗的进口设备实行零关税，以进一步降低癌症治疗的成本。

开展境内外医疗健康执业资格互认试点。例如，通过建立免审核目录等，允许特定国家的医疗健康技术人员在备案前提下直接开展医疗服务。

3. 扩大金融业市场双向开放

（1）扩大银行业、证券业、保险业双向开放。减少金融业市场准入后壁垒。“十四五”时期，全面取消证券、期货、寿险外资股比限制，着力打破外资银行的政策壁垒，简化行政审批手续。以外资参与高风险证券公司重组为重点，推进证券业市场对外开放；鼓励外资保险公司将先进经验和技术引入国内市场；寿险、医疗保险和养老保险等领域进一步向外资保险公司放开。

鼓励具备条件的金融机构到境外开展业务。扩大国内金融机构在境外发行人民币债券的主体类型和地域范围；支持金融机构在风险可控的条件下到海外并购；加快银行卡清算机构“走出去”开展业务，提升银行卡清算机构的国际竞争力；鼓励金融机构“走出去”为实体经济提供服务。

（2）有序推进资本市场双向开放。以深港通为基础加快推进我国与亚洲其他国家和地区资本市场互联互通；加强内地与香港资本市场互联互通，探索新股通、债券通，适时推出商品通。利用沪伦通正式开通的契机，着力推进中国与欧洲资本市场的共同发展；鼓励支持优质的金融机构在境内发行人民币债券；扩大期货市场对外开放，支持境外投资者以设立特定品种的方式参与国内商品期货交易。

三、打破服务业领域市场垄断与行政垄断

在大幅放宽市场准入的前提下，只有实质性打破服务业领域市场垄断与行政垄断，才能使各类资本有效进入。“十四五”期间，要以打破垄断为重点，加快服务业市场向社会资本开放，形成统一开放、公平竞争的市场环境。

1. 推进垄断行业向社会资本开放

在以电力、电信、石油、民航、邮政等为重点的垄断行业，尽快破除各种形式的行政垄断。除基础设施部分外，相当多的生产环节都可以放开市场引入社会资本与外资；全面实现自然垄断环节和竞争性环节分开，在自然垄断环节部分强调国有资本主导，在竞争性环节对社会资本放开；完善基础领域的准入制度，对垄断行业要逐步放松或解除管制，广泛引入市场竞争机制，鼓励社会资本参与基础领域的公平竞争。推进银行、保险、航空等行业全面向各类资本放开。对可以完全市场化的自然垄断行业和企业，则应当按照“国退民进”的目标，能退出的全部退出；暂时不能退出，或不具备退出条件的企业，可以实施混合所有制；对国有资本继续控股经营的自然垄断行业，根据不同行业特点实行网运分离、放开竞争性业务。在自然垄断环节，通过移交—经营—移交（TOT）、建设—经营—转让（BOT）等多种形式鼓励社会资本参与投资。

2. 推动服务业领域国有资本战略性调整

服务业市场开放对国有资本战略性调整提出新的要求，既需要破除行政垄断，又需要国有资本在公共服务领域作出更大贡献。建议：一是在一般竞争性的服务业领域，国有资本原则性退出，为社会资本留下更大的市场空间；二是将更多国有资本配置在公共服务领域；三是在公共服务领域，通过发展混合所有制吸引社会资本参与，形成做大公共服务业的社会合力。

3. 完善垄断服务业行业价格形成机制

区分竞争性环节和自然垄断环节，建立不同的价格形成机制。垄断行业需要一定的价格管制，但竞争性环节的价格可以放开。为此建议，在自然垄断环节与基本公共服务领域，仍实行政府定价；对竞争性环节的服务业，政府全面放开价格控制，引入竞争机制，实行企业自主定价。

4. 实现服务业领域政策平等

（1）实现服务业与工业用地政策平等。统计数据显示，2019年第一季度，全国主要监测城市商服、工业地价分别为7665元/米^{2}和841元/米^2，商服用地价格是工业用地价格的9.11倍（见图4–18）。服务业用地成本大幅高于工业用地成本，很大程度上制约了现代服务业的发展。建议有效降低服务业用地价格，缩小服务业用地与工业用地的价格差距，争取到2021年全国基本实现服务业用地与工业用地“同地同价”。

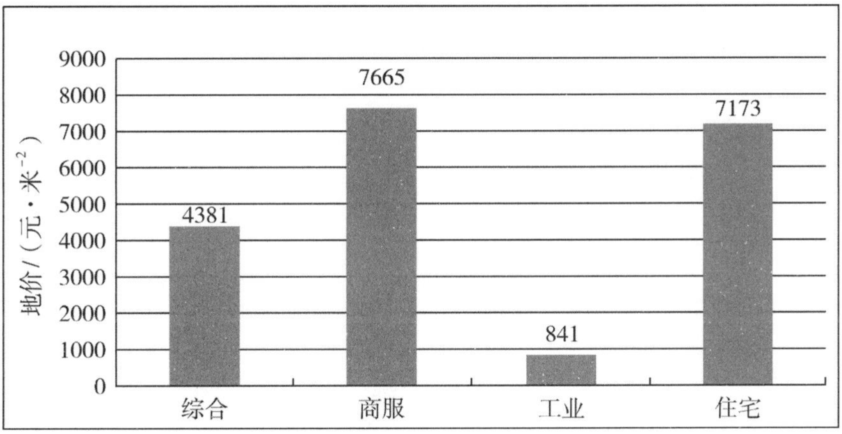

图4–18　2019年第一季度全国主要城市分用途地价水平

数据来源：《2019年第一季度全国主要城市地价监测报告》。

（2）实现体制内外服务业人才保障政策平等。促进职称制度与用人制度的有效衔接，重点关注体制内外各类人才的社会保障水平，使其趋于平等；尽快出台实施细则，逐步提升非公有制机构和公益性社会组织各类人才的社会保障水平，最大限度地缩小体制内外各类人才基本社会保障水平差距；建立健全民办机构人才人事代理服务制度，保障各类人才在体制内外合理流动，鼓励高校毕业生、各类人才到民办机构就业；实现民办机构人才在户籍迁移、住房、子女就学等方面享受与当地同级同类公办机构同等的人才引进政策。

（3）实现在政府采购中，体制内外服务业企业与社会组织政策平等。尽快取消政府购买对市场主体和社会组织的某些歧视性规定，鼓励市场主体和公益性社会组织参与；凡政府购买公共服务，除去明令禁止社会资本参与的项目外，都应向公益性社会组织放开；在义务教育、基本医疗卫生、基本住房保障、基本社会保险、就业服务、公共文化等基本公共服务领域，尽可能采取政府购买公共服务的办法，对事业单位、民营企业、公益性社会组织实行同等待遇。

CHAPTER 5

第五章

加快形成区域开放发展新格局

党的十九届五中全会提出："推动区域协调发展。推动西部大开发形成新格局，推动东北振兴取得新突破，促进中部地区加快崛起，鼓励东部地区加快推进现代化。"从我国改革开放40多年的实践看，区域开放与区域发展直接相关，区域开放是促进区域协调发展的重要动力之一，开放程度高的区域，其发展水平一般都比较高。这些年来，我国中部、西部、东北地区与东部地区发展水平的差距，在很大程度上与区域开放水平的差异相关。我国进入高质量发展阶段，需要从国内国际双循环新发展格局出发谋划区域协调发展，营造以区域开放引领区域协调发展的新局面。

第一节

以区域开放融入国内国际双循环

我国进入新发展阶段，区域开放是全方位对外开放新格局的重要组成部分。在融入国内国际双循环中优化区域开放布局，提升区域发展水平和质量，发挥不同区域在开放中的不同角色，既是我国高水平开放的客观趋势，又是推动区域协调发展的内在要求。

一、以融入国内国际双循环为重点优化区域开放布局

区域开放不平衡，是区域协调发展的突出矛盾。区域经济融入国内国际双循环新发展格局，重在探索走出一条以区域开放引领区域协调发展的新路子。

1. 构建国内国际双循环新发展格局为区域协调发展提供重要机遇

党的十八大以来，我国区域发展的协调性持续增强，中西部地区与东部地区的差距逐步缩小。但同时，区域发展不平衡、不充分的矛盾仍然突出，尤其是南北分化明显。党的十九届五中全会强调，“推动西部大开发形成新格局，推动东北振兴取得新突破，促进中部地区加快崛起、鼓励东部地区加快推进现代化”。区域经济既是国内大循环的主体部分，又是国内国际双循环的重要载体。推动区域协调发展，要从构建双循环新发展格局出发，充分发挥市场在资源配置中的决定性作用，打破市场分割，促进人口、土地、资金、技术等要素合理自由流动，形成统一的国内市场，畅通国内大循环，释放强大的内需潜力，进而带动国内国际双循环，形成区域协调发展的新优势，更好促进东中西部与东北地区共同发展。

2. 以区域开放推动区域经济融入国内国际双循环

（1）推进东北振兴融入国内国际双循环。东北振兴，需要立足国内市场，开

拓国际市场，充分发挥东北地区的区位优势，需要东北地区在面向东北亚开放中扮演新角色。例如，以中蒙俄经济走廊建设为抓手，以推进基础设施投资合作和互联互通为依托，以制造业产业园区为平台，以发展生产性服务贸易和开放服务业市场为重点，加快构建东北地区对外开放的大通道、大平台、大布局，由此形成东北振兴的新动力。

（2）推进西部大开发融入国内国际双循环。西部地区作为“一带一路”建设的重要节点，在联通国内国际双循环中发挥着重要作用。西部地区在加强与东部、中部市场连接的同时，要积极开拓“一带一路”沿线市场。例如，加快推进中蒙俄、新亚欧大陆桥、中国–中南半岛、中巴、孟中印缅等国际经济走廊建设。随着“一带一路”建设的逐步推进，我国西部地区将由开放的末梢变为扩大开放的前沿，为西部大开发提供最重要的机遇。

（3）推进中部地区崛起融入国内国际双循环。中部地区作为我国新一轮工业化、城镇化、信息化和农业现代化的重点区域，需要通过积极融入双循环新发展格局培育经济增长新动力。例如，依托武汉、长沙、郑州等国际航空港，打通国内国际主要城市空中通道；完善中部地区各大城市口岸“一站式”大通关服务体系，重点推动与“一带一路”沿线国家主要口岸的互联互通；加强中部地区在钢铁、工程机械、装备制造、化工等领域的国际合作。

（4）推进东部地区现代化融入国内国际双循环。东部地区作为我国改革开放的最前沿，经济发展在全国处于领先地位。“十四五”期间，需要继续发挥东部地区改革开放先行先试的各种优势，在服务贸易和开放创新上取得新突破，通过打造国内国际双循环有效联结的战略支点，引领我国经济发展，不断提升国际竞争力，率先实现现代化。

3. 优化区域开放布局

“十四五”期间，区域经济融入国内国际双循环，需要因地制宜优化区域开放布局。例如，西部与东北地区要以基础设施为依托，以产能合作为重点，发挥自身在“一带一路”建设中的重要作用。目前，“一带一路”沿线国家（不含中国）人均发电装机仅为世界平均水平的54%[1]。这说明，我国西部地区与中亚国家能源合作的空间巨大。新疆作为丝绸之路经济带上重要的交通枢纽，积极推动其面向中亚、西亚、南亚和欧洲的物流通道、能源通道、信息通道建设，会给区域经济发展带来巨大的促进作用。未来中日韩自贸区的建设是大势所趋，东北地区可以在推动日韩等东北亚区域合作中发挥特殊作用。

二、以服务贸易为重点提升东部地区开放水平

我国东部地区经济服务化水平较高，区域经济发展对服务贸易的依赖程度更高。为此，要以服务贸易为重点推动东部地区优化发展，发挥东部地区的开放引领作用，打造区域开放新高地。

1. 发挥东部地区在高水平开放中的引领作用

改革开放40多年来，东部地区作为我国改革开放的最前沿，在工业市场开放、货物贸易发展方面积累了丰富的经验。例如，广东省在服务业市场开放中先行一步；上海在金融等市场开放中有实质性突破。进入新发展阶段，东部地区有条件在更高水平的开放中先行一步，可以实施更高水平的服务贸易开放。当前，东部地区需要加快在更加精简的负面清单等重大开放举措方面先行先试，带动服务贸易快速发展，推动本地区经济高质量发展，使东部地区在我国开放大局与区域发展中扮演更重要的角色。

2. 以服务贸易为重点推动东部地区优化发展

以粤港澳大湾区为例，党的十九届五中全会指出：“支持香港、澳门更好融入国家发展大局，高质量建设粤港澳大湾区，完善便利港澳居民在内地发展政策措施。”这给粤港澳大湾区发展带来了前所未有的机遇。从实际情况看，以服务贸易

[1] 《报告:“一带一路”沿线是构建全球能源互联网的重点地区》，https://www.chinanews.com/ny/2018/03-28/8478493.shtml。

为重点推进粤港澳大湾区一体化，有利于加快粤港澳大湾区一体化进程，有利于提升粤港澳大湾区的国际竞争力。从现实情况看，相比于港澳，广东省的服务贸易发展短板日益突出。统计数据显示，2019年，广东GDP（15607.90亿美元）是新加坡（3720.63亿美元）的4.19倍、中国香港（3657.12亿美元）的4.27倍，广东省服务贸易规模（1877.51亿美元）仅为新加坡（4038.63亿美元）的46.49%，广东省服务贸易占对外贸易总额的比重仅为15.35%，比新加坡（34.01%）低了18.66个百分点[1]。总的来看，加快推进粤港澳大湾区服务贸易自由化，率先在广东省对标世界最高标准的服务贸易新规则与服务贸易管理新举措，不仅能使广东省在我国新发展阶段的高水平开放中扮演重要角色，也将使我国在以服务贸易为重点的新一轮全球自由贸易中赢得主动。

3. 在东部地区探索实施服务贸易项下自由贸易政策

从不同区域的区位与资源优势出发，建议在东部具备条件的地区率先实行旅游、健康、医疗、文化、职业教育、电信、金融等产业项下的自由贸易政策。比如，海南省可以探索健康医疗、旅游、职业教育项下的自由贸易政策。从区域发展的角度看，如果产业项下的自由贸易政策能尽快在一些有条件的地区落地，其影响和带动效应将是比较可观的，可能比建几个自贸区的实际效果更好一些。

三、区域开放与区域一体化相互促进

把区域一体化与区域开放直接融合，是区域经济发展的突出特点。形成区域开放发展新格局，既要注重以区域开放带动区域一体化，又要注重通过区域一体化形成区域开放的合力。

1. 区域开放与区域一体化直接融合

我国幅员辽阔，区域开放上有先后次序，东南沿海一度是开放最前沿。“一带一路”引领经济全球化，改变了国内开放格局，我国的各个区域都可以从自身的区

[1] 根据世界银行数据库、国家统计局和广东省统计局相关数据整理。

位、地缘优势出发，寻求以开放促发展的新路子。以区域开放融入国内国际双循环，需要整合区域要素，推动区域要素自由流动，使得区域开放与区域一体化直接融合。

2. 以区域开放促进区域一体化

从实践看，区域开放对区域一体化具有重要促进作用。区域开放推动不同地区参与区域产业链分工，这将促进形成区域错位发展、优势互补的新局面。推进区域一体化进程需与地区开放的突破有机融合在一起。例如：东北地区的区域一体化，需要从东北亚经济合作中寻求机遇；西北地区的区域一体化，需要对接“一带一路”建设，在向西和向南开放中寻求新的发展路径。

3. 以区域一体化形成区域开放合力

多年来，我国形成了竞争性地方政府模式，在推动经济快速增长的同时，区域市场分割、地方保护主义比较严重，由此导致区域内产业同质化竞争，难以实现错位发展。在此情况下，区域开放缺乏协调性、区域开放碎片化的矛盾突出。区域经济融入国内国际双循环，需要加快形成区域一体化的协调机制，形成区域整体开放的合力，明显增强区域发展协调性。

第二节

以高水平开放形成东北振兴新动力

打造东北地区对外开放新前沿，积极融入国内国际双循环，是东北振兴的根本出路。要以高水平开放形成东北振兴新动力，闯出一条以开放促改革、促转型的区域经济发展新路子。

一、以高水平开放打造东北地区对外开放新前沿

在“十四五”期间实现东北振兴，需要把握东北亚经济一体化的新机遇，以高水平开放带动东北地区全方位振兴，东北地区各方主体应主动参与区域产业链分工，重塑区域竞争新优势。

1. 我国面向东北亚的经贸合作步入快车道

近年来，我国提出的共建“一带一路”倡议为拓展和深化区域经贸合作持续注入新动能，东北亚地区已成为全球经济中最具活力和发展潜力的地区之一。据统计，2019年，中国、俄罗斯、朝鲜、韩国、日本和蒙古国等东北亚六国总人口达到17.49亿人，约占全球的22.79%；东亚五国（不含朝鲜）GDP总量约为22.79万亿美元，约占全球GDP总量的25.95%[1]。目前，我国与东北亚区域的经济密切度明显上升，日益形成良性互动。例如，2008年金融危机以来，日本、韩国、俄罗斯、蒙古国四国对我国的出口额由2880.96亿美元增长到2019年的4128.54 亿美元，年均增长3.32%，占四国出口总额的比重由17.16%上升至24.62%。2019年，我国与东北亚五国货物进出口额达到7214.37亿美元，占我国货物进出口总额的15.76%[2]。我国是东

[1] 数据来源于世界银行数据库。

[2] 《中国统计年鉴2020》，http://www.stats.gov.cn/tjsj/ndsj/2020/indexch.htm。《中国统计年鉴2009》，http://www.stats.gov.cn/tjsj/ndsj/2009/indexch.htm。

北亚五国最大的贸易伙伴，按国别统计，日本和韩国分别是我国的第二大和第三大贸易伙伴。未来5～10年，我国内需潜力的不断释放及国内市场的进一步开放，不仅将为东北亚经贸合作提供重大机遇，也将为东北地区向北开放提供有利条件。

2. 东北在我国高水平开放中的战略地位凸显

改革开放40多年来，由于国家早期对外开放的重心在我国东南沿海地区，东北地区对外开放进程明显滞后。尽管国家“十二五”规划纲要提出：“把黑龙江、吉林、辽宁、内蒙古建成我国面向东北亚开放的重要枢纽。”但从实际情况看，东北作为我国最早进入计划经济、最晚退出计划经济的地区，对外开放滞后的矛盾一直很突出。今天，随着东北亚经济一体化进程的加快，处于东北亚核心地带的东北地区，再次面临新的开放发展机遇。2018年9月，习近平总书记在东北调研期间主持召开东北振兴座谈会时强调，“深度融入共建‘一带一路’，建设开放合作高地”[1]。2019年8月，习近平总书记在中央财经委员会第五次会议上强调，“东北地区要主动调整经济结构，推进产业多元化发展，加快国有企业改革，打造对外开放新前沿”[2]。

3. 东北地区在推进东北亚区域经济一体化中扮演重要角色

东北一直是我国面向东北亚开放的重要门户。东北亚地区作为“一带一路”沿线国家的重要区域，成为全球最具发展潜力的地区之一。随着共建“一带一路”进程加快，我国东北地区的对外开放水平不断提升，与东北亚国家的经贸联系不断增强，贸易额也快速增长。根据统计数据计算，黑龙江、吉林、辽宁和内蒙古东北四省区与日本、韩国、俄罗斯、蒙古国的贸易额由2015年的407亿美元增长到2018年

[1] 《习近平总书记调研东北三省考察并主持召开深入推进东北振兴座谈会》，《人民日报》2018年9月30日第1版。

[2] 《习近平主持召开中央财经委员会第五次会议强调　推动形成优势互补高质量发展的区域经济布局　发挥优势提升产业基础能力和产业链水平　李克强王沪宁韩正出席》，《人民日报》2019年8月27日第1版。

的1660亿美元，约占中国与东北亚国家贸易总额的22%[1]。2019年，黑龙江省对俄罗斯进出口总值1270.7亿元，增长4%，占同期全省“一带一路”沿线国家进出口总值的85.5%[2]。近年来，沈阳、长春、哈尔滨、大连等城市都提出了打造东北亚区域中心城市的目标。“十四五”期间，东北地区应抓住东北亚地区局势日趋稳定的有利时机，依托自身位于东北亚核心地带的区位优势，加快对外开放进程，充分发挥其作为我国面向东北亚经济圈重要门户的作用。可以预见，东北地区作为我国面向东北亚开放的核心区域，将在推进东北亚区域经济一体化进程中扮演重要角色。

二、以高水平开放倒逼东北地区市场化改革

多年来，东北的改革开放进程缓慢，开放度低、开放滞后是东北经济发展的突出短板。“十四五”期间，东北地区打造对外开放新前沿，就是要以高水平开放推动建设高标准市场经济，让体制创新成为东北振兴的新动力。

1. 开放水平低、市场化水平低是制约东北发展的结构性体制矛盾

（1）对外开放程度低。改革开放40多年来，我国不断扩大开放，逐步探索建立开放型经济体制，由此走出了一条以扩大开放倒逼改革、以深化改革促进扩大开放的路子。相比于全国平均水平和东部沿海地区，东北地区的对外开放应当说是相对滞后的。以对外贸易为例，统计数据显示（见表5-1），2019年，东北四省区对外贸易依存度约为17.1%[3]，约为全国平均水平（31.9%）的53.6%；东北四省区GDP总量（67461.52亿元）占全国的比重为6.81%，但其货物进出口总额（11518.87亿元）仅占全国的3.65%。预计到2025年，东北四省区对外贸易水平达到2019年的

[1] 根据黑龙江、吉林、辽宁和内蒙古四省区统计局数据计算。

[2] 宗晓丹、曲靖：《我省外贸进出口实现双增长 2019年进出口增速高于全国3.3个百分点》，《黑龙江日报》2020年1月18日第1版。

[3] 根据东北四省区统计年鉴的数据计算得出：东北四省区（辽宁、黑龙江、吉林、内蒙古）对外贸易依存度=东北四省区货物进出口总额之和÷东北四省区GDP之和=（7255.1+1865.9+1302.17+1095.7）÷（24909.5+13612.7+11726.82+17212.5）×100%≈17.1%。

全国平均水平，至少还有14.8个百分点以上的增长空间。

表5-1 2003—2019年东北四省区对外贸易依存度与全国比较（%）

年份	全国	辽宁	黑龙江	吉林	内蒙古
2003	51.3	36.6	10.9	19.2	10.8
2004	59.0	42.3	11.8	18.0	11.0
2005	62.4	41.5	14.1	14.6	10.7
2006	64.2	41.3	16.4	14.5	9.4
2007	61.8	40.6	18.4	14.2	8.8
2008	56.4	37.0	19.0	14.4	7.2
2009	43.2	28.1	12.8	11.0	4.7
2010	48.9	29.5	16.5	13.2	4.9
2011	48.4	27.9	19.6	13.5	5.2
2012	45.3	26.4	17.3	13.0	4.5
2013	43.5	26.0	16.6	12.3	4.3
2014	41.1	24.5	15.8	11.8	5.0
2015	35.6	20.9	8.6	8.4	4.4
2016	32.6	26.1	7.1	8.2	4.1
2017	33.4	28.8	8.1	8.4	5.8
2018	33.2	29.9	10.7	9.0	6.0
2019	31.9	29.1	13.7	11.1	6.4

数据来源：《中国统计年鉴2020》《辽宁统计年鉴2019》《吉林统计年鉴2020》《黑龙江统计年鉴2019》《内蒙古统计年鉴2020》《2019年辽宁省国民经济和社会发展统计公报》。

（2）市场开放程度滞后。相比全国而言，东北地区的市场开放程度较低，民营经济发展较为滞后。统计资料显示，辽宁省国有经济占比超过30%，吉林省超过40%，黑龙江省超过50%，都远高于全国平均水平[1]。2016年，在全国民间固定资产投资增长3.2%的背景下，东北地区下降24.4%，占全国民间固定资产投资的比例

[1] 顾阳、韩霁、杨忠阳：《关键之举：结构怎么调？》，《经济日报》2015年9月6日第5版。

由2003年的8.1%下降到2015年的5.9%[1]。在全国工商联发布的“2020中国民营企业500强”榜单中，东北四省区入围民营企业共有15家，较上年减少3家，占比仅为3%，其中，辽宁8家、内蒙古4家、吉林2家、黑龙江1家，与排名第一的浙江省（96家）差距巨大（见图5-1）。

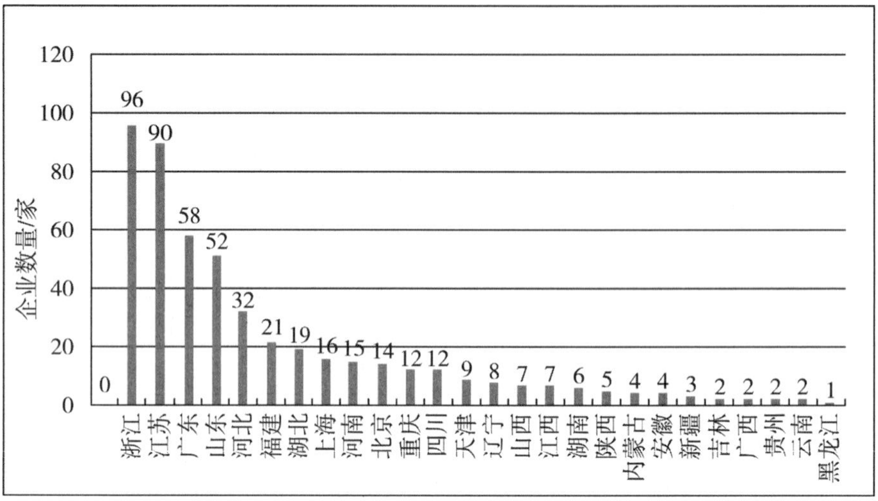

图5-1　2019年民营企业500强省份分布情况

数据来源：《2020中国民营企业500强调研分析报告》。

（3）产业开放程度低。作为我国的老工业基地，东北地区仍以传统工业为主，而且国有经济占主导地位。统计数据显示，2019年，全国国有控股工业企业资产占规模以上工业企业资产总额的比重为38.95%，而东北四省区这一指标平均为53.18%，其中辽宁为46.75%、吉林为57.46%、黑龙江为61.82%、内蒙古为54.74%（见图5-2），东北四省区向民营经济开放的程度没有达到全国平均水平。总的来看，东北地区仍未完全改变国有经济占主导地位的以传统工业为主的产业格局。

[1]　中国（海南）改革发展研究院课题组：《以“一带一路”形成区域开放新格局》，《上海证券报》2017年5月12日第8版。

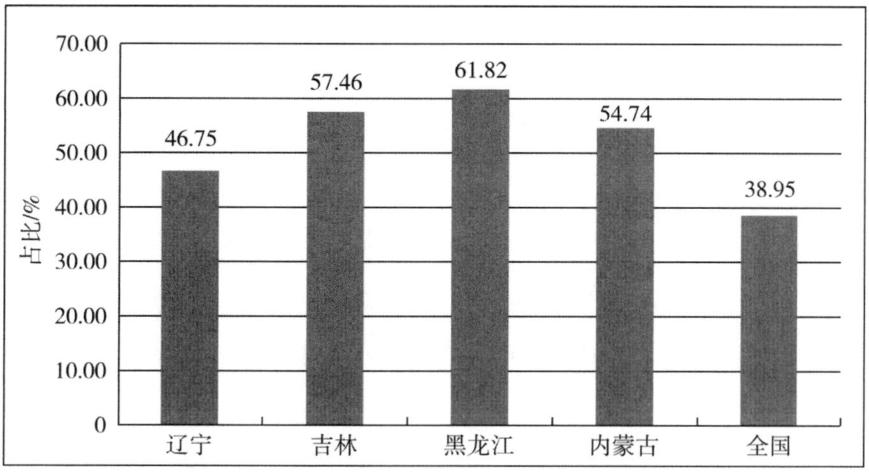

图5-2　2019年东北四省区国有控股工业企业资产占比情况

数据来源：《中国统计年鉴2020》。

2. 以高水平开放激发市场主体活力

（1）以高水平开放促进建设高标准市场经济。竞争中性原则的落实是高水平开放的重要标志，要适应高水平开放需加快落实竞争中性原则，强化竞争政策基础地位，落实公平竞争审查制度，争取到2025年基本建成更高水平开放型经济新体制，形成有利于吸引包括外资在内的各类资本到东北地区集聚发展的新格局。真正对国企、民企、外企一视同仁，全面实现各类企业平等竞争，才能充分激发市场活力；加快服务业市场化进程，使市场在服务业领域的要素配置中起决定性作用，形成现代服务业加快发展的重要动力。

（2）尽快形成民营经济大发展的经济社会环境。从全国来看，我国民营经济具有“五六七八九”的特征，即贡献了50%以上的税收，60%以上的国内生产总值，70%以上的技术创新成果，80%以上的城镇劳动就业，90%以上的企业数量[1]。目前，东北三省民营经济占GDP的比重超过50%，但与全国水平（60%以上）相比，还有10个百分点的增长空间。“十四五”期间，以高水平开放倒逼建设高标准

[1]　习近平：《在民营企业座谈会上的讲话》，《人民日报》2018年11月2日第2版。

市场经济，大幅度提升东北地区的市场化水平，民营经济有望成为经济转型升级的生力军、主力军。这需要通过产权制度安排，稳定民企预期，保障其合法权益，更好激发民企活力和创造力；要优化民企发展环境，降低实体经济企业成本，增强盈利能力；要激发企业家精神，依法保护其财产权和创新收益。

（3）在高水平开放中实现东北营商环境的实质性改善。2020年6月18日由中央广播电视总台发布的《2019中国城市营商环境报告》显示，沈阳、长春、哈尔滨、呼和浩特在全国经济总量前100城市营商环境指数排名中分别位于23、31、39、56位。未来5年，进一步优化东北营商环境，需要在规则等制度型开放上采取大的举措，在对标国内、国际先进水平中进一步补短板。例如，改变“有保有压”的差异化、选择性的产业政策，以强化竞争政策为基础加快产业政策转型；制定适用产业扶持政策的负面清单，将产业政策严格限定在具有重大外溢效应或关键核心技术的领域；强化市场监管机构对经济政策的公平竞争审查，并把反垄断尤其是反行政垄断与国企垄断作为市场监管变革的重大举措；尽快制定《民营经济促进条例》，全面推进产权制度改革，严格保护民营经济产权。

3. 以高水平开放倒逼国有企业改革

（1）借助竞争中性原则深化国企改革。东北振兴，国有企业改革是重头戏。要在高水平开放中形成国企改革的竞争中性效果评价体系和推进方式，使国有企业真正成为依法自主经营、自负盈亏、自担风险、自我约束、自我发展的独立市场主体。

（2）建立以管资本为主的国有资产管理新体制。以管资本为主是国有企业做强做优做大的重要条件。从东北地区的实践看，这项改革目前尚未破题，客观上制约了东北国有企业改革的进程。“十四五”期间，东北地区应加快国有企业改革，重在建立以管资本为主的国有资产管理体制。一是加快从“管企业”走向“管资本”。以推进国有资本投资运营公司改革试点为切入点，加快完善国有资本授权经营体制。二是调整优化国有资本布局。推动传统国有大企业向创新型企业转型，采取兼并重组、债务重组和破产清算等市场化的方式全面清理“僵尸企业”。三是以资本证券化做强做优做大国有资本。力争到“十四五”末，东北三省一区国有资产证券化率达到或超过全国平均水平。

（3）探索发展非公有制经济控股的混合所有制。混合所有制改革是新一轮国有企业改革的重中之重。“十四五”期间，通过国企混改找到一个实现东北振兴的突破口，已成为新一轮国有企业改革的重大课题。一是要加快推动东北国有资本配置战略性调整。未来5年，推进国有资本从小型工业企业、长期低效益与负效益的行业、长期低效益与负效益的企业中退出；强化国有资本在全国有长期优势的行业、东北行业龙头与骨干企业、承担国家特殊任务与功能企业的配置。二是要探索民营经济控股的混合所有制。率先在能源、交通运输等一般竞争性领域，支持鼓励社会资本控股，实现国有资本保值增值。三是要扩大东北地区国有企业员工持股改革的试点范围。重点是在东北地区科技类国企加快员工持股改革进度。比如，对东北地区装备、设备制造等科技含量较高的国企，尽快推进员工持股计划，激发科技人才活力。

（4）设立东北国企综合改革试验区，建立改革容错机制。以综合改革试验区为平台，建立健全容错、纠错、容忍失败的机制，消除改革者的顾虑，为东北地区国企改革创造敢于改革的制度环境。一是要探索项目团队负责制。将项目团队的利益与项目利益、投资利益进行捆绑，明确权责分配，有效防范国有企业决策失误，控制投资风险。二是要加大对东北地区国有企业改革的支持力度。采取分类处理的方式，对于有市场前景、有技术优势的困难企业，主要采取市场化的方式，通过员工持股、债转股等体制机制改革，释放企业活力。对于扭亏无望的企业，要壮士断腕，尽快让其退出市场。三是要借鉴东部国企改革经验，建立以市场为主导的国企对口合作机制。打破政府主导的传统模式，探索建立以市场为主导的国有企业对口合作机制，推进双方优势产业链、高端产业的合作。

三、以高水平开放促进东北地区经济转型升级

东北地区正处在经济转型升级的关键时期，实现东北地区经济高质量发展，关键取决于经济转型升级进程。“十四五”期间，实施东北振兴战略，要以高水平开放促进东北融入全球产业链，推动东北地区制造业迈向中高端，培育新的优势产业，形成东北地区经济转型升级的新优势。

1. 东北地区经济转型升级处于攻坚期

（1）传统产业优势逐步丧失，经济发展出现失速。改革开放40多年，东部沿海地区率先通过对外开放发展起来，而东北地区由于开放进程滞后，发展明显滞后于全国其他地方，这种情况被称为“新东北现象”。据统计，1978—2019年，辽宁、吉林、黑龙江三省工业总产值占全国的比重由18.3%下降到4.67%，GDP占全国的比重由13.2%下降到5.07%[1]。东北三省不仅经济在全国的占比下降，经济增长也明显低于全国平均水平。如图5-3所示，2019年，辽宁、内蒙古、黑龙江、吉林GDP的增速分别为5.5%、5.2%、4.2%、3%，在全国31个省区市中分别排第26、第

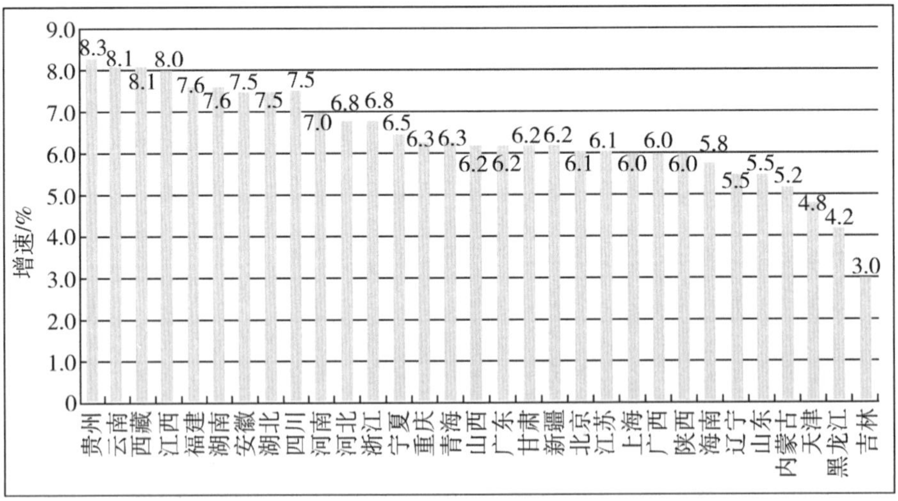

图5-3　2019年全国31省区市GDP增速

数据来源：《中国统计年鉴2020》。

[1] 根据历年《中国统计年鉴》数据整理。

28、第30和第31名，明显低于全国6.1%的平均水平[1]。

（2）制造业转型升级明显滞后。在我国产业结构变革的背景下，东北地区制造业转型明显滞后。

①工业企业创新能力下降。《中国区域创新能力评价报告2019》显示，近年来东北地区创新能力排名持续下降，转型发展压力比较大。从研发经费投入来看，2019年，东北四省区研发经费投入占GDP的比重平均约为1.31%，低于全国平均水平（2.23%）0.92个百分点，与东部沿海省份的差距更大。其中辽宁为2.04%、吉林为1.27%、黑龙江为1.08%、内蒙古为0.86%（见图5-4）。

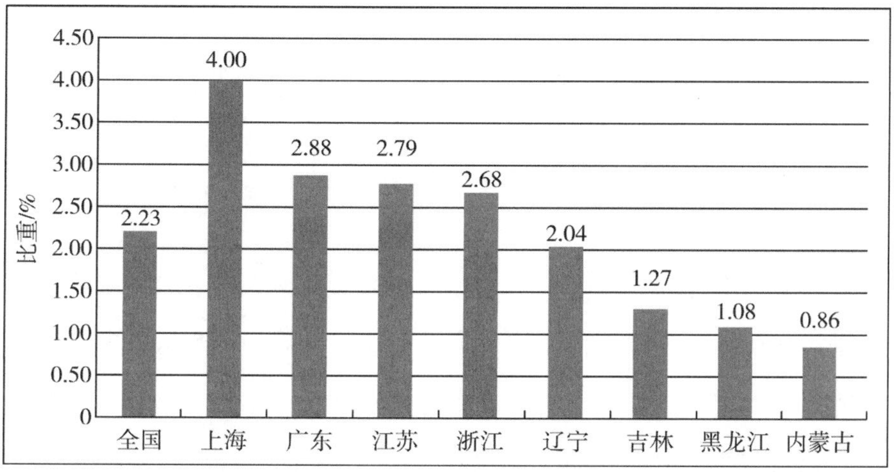

图5-4　2019年东北四省区与相关省份研究与试验发展经费占GDP的比重

数据来源：《2019年全国科技经费投入统计公报》。

②工业企业利润下滑。经济发展的一般规律表明，工业生产的专业化分工和社会大生产可以为制造业带来集群效应，从而降低生产成本、节约资源，获得规模效益。由于发展过度依赖于资源优势、配套服务供给不足等，东北地区制造业生产专业化程度较低、产业发展较为分散，尚未形成真正的产业集群，规模效益也没有得到充分发挥。统计数据显示，2011—2019年，东北四省区规模以上工业企业利润总额年均下降7.38%，呈现持续下降的趋势，同期全国规模以上工业企业利润总额年

[1]　数据来源于《中国统计年鉴2020》。

均增长0.87%（见表5-2），同期东部沿海省份规模以上工业企业年均增长更快[1]。

表5-2　2011—2019年东北地区规模以上工业企业利润总额情况

单位：亿元

年份	全国	内蒙古	辽宁	吉林	黑龙江	江苏	浙江	广东
2011	61396.3	2210.94	2511.21	1175.97	1446.65	7074.44	3320.45	5872.23
2012	61910.1	1931.69	2435.69	1215.04	1338.56	7250.2	3112.65	5464.9
2013	68378.9	1682.55	2461.58	1230.1	1150.21	7834.06	3385.87	5854.93
2014	68154.9	1299.32	2107.63	1445.89	1007.08	9057.17	3729.13	7014.99
2015	66187.1	1048.55	1069.66	1208.47	465.09	9686.84	3839.99	7723.16
2016	71921.4	1344.41	575.39	1268.49	295.54	10574.4	4469.42	8383.04
2017	74916.3	1451.74	1063.25	1028.03	416.7	10052.54	4605.41	8864.36
2018	71608.91	1409.4	1460.3	817	487	8491.9	4452.1	8309.7
2019	65799.04	1463.06	1354.04	743.99	417.22	6855.03	5003.04	9140.48
年均增速	0.87 %	−5.03%	−7.43%	−5.56 %	−14.39%	−0.39%	5.26 %	5.69 %

数据来源：历年《中国统计年鉴》。

③制造业结构不合理。目前，东北地区绝大多数制造业企业从事加工和组装，主要以原材料和初级、中级等低附加值产品为主，产业链条较短，精深加工滞后。此外，制造业技术配套体系也不完善。东北制造业在不断向市场输入大量原材料等低附加值产品的同时，也不断进口高附加值必需品，这种“低出高进”的贸易过程，不仅压缩了东北制造业的利润空间，也进一步削弱了企业的科技创新能力。

2. 以高水平开放促进制造业转型升级

（1）在融入全球产业链中推进东北地区制造业转型升级。这需要我国实施跨国公司战略，建立跨国生产和营销网络，形成东北企业在全球范围内进行市场整合和配置资源要素的能力，提升东北地区企业的国际化经营能力。一是使东北制造在推动东北亚基础设施互联互通中发挥重要作用，把东北地区制造业作为东北亚区域合作的重要产业，打造东北亚制造业合作平台。二是借助“一带一路”建设开展国

[1]　根据辽宁、吉林、黑龙江及全国2011年、2017年统计公报相关数据计算。

际产能合作的机遇，加快东北地区富余产能“走出去”，并建立跨国生产营销网络，提升东北地区制造业国际化经营能力。三是加大东北地区制造业企业引资引技力度，不断增强装备制造业、汽车制造业等领域的优势。

（2）以市场开放为重点促进在生产性服务业领域的合作。生产性服务业的发展程度关系到东北地区制造业转型升级的进程。立足东北地区的实际，需要以扩大生产性服务业对外开放为重点，加强与发达国家、国内发达地区在生产性服务领域的合作，推动生产性服务业向专业化和价值链高端延伸。一是对社会资本放开生产性服务业领域的市场准入。鼓励社会资本以多种形式参与东北地区发展生产性服务业，支持社会资本参与本地区应用型技术研发机构市场化改革，鼓励社会资本参与东北地区国家服务业综合改革试点，提升东北地区生产性服务业的综合竞争力。二是吸引外资在东北地区设立生产性服务业企业。以辽宁和黑龙江自由贸易试验区为重点，加快推进研发设计、运输、法律、保险等生产性服务业对外开放，对外商投资实行“准入前国民待遇 + 负面清单”的管理模式。三是鼓励东北地区生产性服务业企业“走出去”。借助“一带一路”倡议，以日韩等东北亚国家、中东欧国家为重点，建立境外投资的公共信息平台和境外投资贸易服务机构。

（3）实现制造业开放创新的新突破。在科技革命快速改变传统产业链、价值链、供应链的大趋势下，任何一个国家、任何一个地区、任何一个企业的科技创新都不可能再闭门造车，而是需要跨地区、跨国界的联合创新。为此，东北地区要在进一步强化自主创新的基础上，实现开放创新的重大突破。例如，加快实现基础研究与基础创新的突破，推进产业关键核心共性技术的研发和转化；加快推进科技项目向外国专家开放，探索“技术移民”制度，加大对人才落户东北地区的改革力度与补贴力度，最大限度吸引国内及全球科技研发人员；主动开展高水平的国际科技合作，积极发展知识产权、研发设计等科技服务产业，推动科技成果转化及产业化。同时，深化科研体制改革，全面下放科技成果使用权、处置权和收益权，加大对科研人员的股权激励力度，释放创新资源的潜力与活力。

3. 以高水平开放促进新经济发展

（1）东北地区数字经济呈现加速发展的势头。从我国数字经济发展的实践看，数字经济发展与地区经济发展水平具有较强的相关性。2019年，辽宁、吉林、黑龙江、内蒙古四省区在全国各省份数字经济发展指数排名中分别位于第13、第22、第23、第25位；辽宁数字经济增加值规模超过了5000亿元，占GDP的比重超过30%（见图5-5）。相关研究表明，数字化程度每提高10%，人均GDP增长0.5%～0.62%[1]。未来5年，如果东北地区能够抓住数字经济发展的机遇，不仅能够尽快走出经济失速的局面，而且能够加快推进东北制造业转型升级。

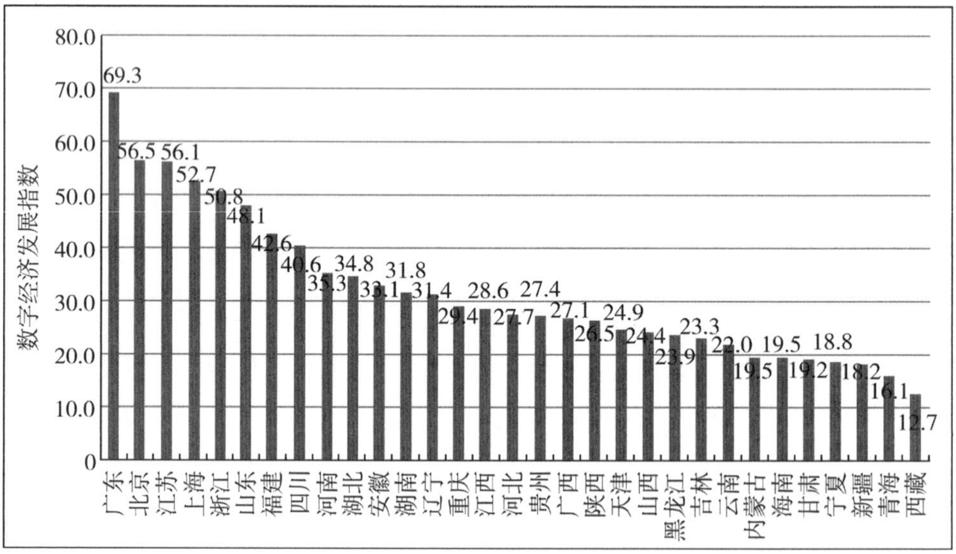

图5-5　2019年全国各省（区、市）数字经济发展指数情况

数据来源：《高质量发展新动能——2020年中国数字经济发展报告》。

（2）以数字贸易形成东北地区开放发展的新优势。当前，以跨境电商为重点的数字经济成为我国推进“一带一路”建设的对外开放重要平台。近年来，随着大连、沈阳相继获批全国跨境电子商务综合试验区，辽宁省加快打造跨境数字贸易港。2019年，东北地区首个“买全球、卖全球”的东北亚数字贸易平台落户沈抚新

[1] 李婕：《中国数字经济步入全球头阵》，《人民日报》（海外版）2017年6月19日第3版。

区。建议东北地区以数字贸易为重点，加快建立东北亚数字贸易网络，由此形成东北地区开放的新优势。例如，东北地区各地率先对东北亚国家实施数字旅游、数字医疗、数字健康、数字教育、数字基础设施项下的自由贸易政策；借鉴阿里巴巴与马来西亚共建“数字自贸区”的经验，探索与东北亚国家合作建立东北亚数字自贸区，在区内实行自由贸易政策和相关的投资制度安排。

四、构建东北亚一体化的大通道、大平台、大布局

我国需抓住RCEP签署与东北亚合作进程加快的新机遇，服务于构建东北亚自贸区网络，以推进基础设施投资合作和互联互通为依托，以制造业产业园区为平台，加快构建东北地区对外开放的大通道、大平台、大布局，营造以开放促发展的新局面。

1. 以制造业转型升级为目标形成东北地区对外开放的大平台

（1）创新中德（沈阳）高端装备制造产业园、中以（哈尔滨）产业合作园等合作机制。以汽车等产业为重点，吸引国际知名跨国公司总部、生产性服务业企业和研发中心，加强与发达国家和地区在重点领域和项目方面的合作，引进先进技术、管理经验和高素质人才，推动“中国制造2025”与德国“工业4.0”战略对接融合。

（2）探索发展飞地型跨区域特别合作区。借鉴广东深汕特别合作区的体制“飞地”经验，通过引入市场机制，创新东北对外开放体制、机制、政策和管理模式，与东北地区向北开放的广阔空间相融合，探索设立辽沪特别合作区、吉浙特别合作区、黑苏特别合作区等，共同打造对外开放新平台，加快建设我国向北开放的重要窗口和东北亚地区合作的中心枢纽。

（3）推进跨境经济合作园区创新发展。发挥中韩俄蒙四国紧密合作、基础扎实的优势，按照自贸区标准推进黑龙江绥芬河-东宁重点开发开放试验区和图们江跨境经济合作区等沿边重点开发开放试验区建设，探索跨境经济合作区的运营模

式、管理体制与多层次跨境协调机制。

2. 以服务贸易为重点形成东北地区对外开放的大布局

（1）全面推进服务业市场开放。加快向社会资本和外资开放服务业市场。例如，吸引俄罗斯、韩国、日本等国的金融机构在东北地区设立分支机构，发展相关金融业务。

（2）推动东北地区融入“一带一路”建设，实现扩大对外开放大布局的总目标。借鉴上海、天津、广东、福建自由贸易试验区建设经验，立足东北地区对外开放的广阔空间及其开放的目的国家和目的地区的特点，加快建设中国（辽宁）自由贸易试验区，选择金融服务、航运服务、商贸服务、文化服务以及社会服务作为扩大开放的重点领域，全面实施负面清单管理。

（3）打造沿边迷你型“自由贸易试验区”。东北地区仅黑龙江对俄口岸就有15个，数量位居全国之首。可适时选择辽宁丹东口岸、黑龙江绥芬河口岸、吉林珲春口岸等地全面实施贸易投资自由化政策，建设丹东对朝鲜、绥芬河对俄罗斯、珲春对俄罗斯和朝鲜的沿边迷你型“自由贸易试验区”，打造扩大沿边开放的新高地。

（4）按照自由贸易试验区标准推进各类园区建设。在经济领域探索建立与国际通行规则接轨的制度框架体系，使保税区、出口加工区、边境合作区、国家级新区等各类园区成为“准自由贸易试验区”，进一步改善各类园区发展的体制政策环境，把园区建设作为国家实施自由贸易试验区政策的探索途径。

3. 以基础设施建设为依托形成东北地区对外开放的大通道

（1）加快推动中蒙俄铁路网络建设。推动铁路网络与大连港、锦州港、营口港等出海口的互联互通，提升基础设施互联互通能力，将主要城市和港口打造成国际航运中心和国际物流中心。

（2）尽快启动东北东部快速铁路专线建设。积极争取亚洲基础设施投资银行资金支持，将东北东部5条东西走向的客运专线连通，加快建设哈大客运专线之外的第二条南北走向快速铁路专线，形成两纵五横快速铁路网络。

（3）打造江海联运水上丝绸之路。东北地区应进一步加大界河航道维护和航道疏通力度，维护通航水深在三级以上；构建黑龙江中下游、松花江干流高等级航道，畅通水上对俄经贸大通道，打造东北亚黄金水道。

第三节

以扩大高水平开放推动中部地区崛起

2019年5月，习近平总书记在江西考察并主持召开推动中部地区崛起工作座谈会时强调，中部地区崛起，要“扩大高水平开放，把握机遇积极参与‘一带一路’国际合作，推动优质产能和装备走向世界大舞台、国际大市场，把品牌和技术打出去”[1]。新发展阶段推动中部地区崛起，要以高水平开放充分释放发展潜力，发挥区域比较优势融入国内国际大循环。

一、实施中部地区崛起战略的新起点

自2006年我国正式实施中部地区崛起战略以来，中部地区经济社会发展取得了显著成绩，在实现区域协调发展中发挥了重要作用。

1. 中部地区崛起推动经济实现较快发展

（1）中部地区崛起：从提出到实施。2004年3月，《2004年政府工作报告》首次提出“促进中部地区崛起”，并把促进中部地区崛起作为促进区域协调发展的重要内容之一。同年召开的中央经济工作会议再次提及促进中部地区崛起，强调“促进中部地区崛起，鼓励东部地区率先发展，实现相互促进、共同发展”。2006年4月，中共中央国务院正式出台《国务院办公厅关于落实中共中央国务院关于促进中部地区崛起若干意见有关政策措施的通知》，提出要把中部地区建设成为全国重要的粮食生产基地、能源原材料基地、现代装备制造及高技术产业基地和交通运输枢纽。至此，中部地区开始进入实质性推进阶段。

[1] 《贯彻新发展理念推动高质量发展　奋力开创中部地区崛起新局面》，《人民日报》2019年5月23日第1版。

（2）中部地区经济实力显著增强，经济增长保持较快势头。经过15年的发展，中部地区经济实力明显增强，发展速度明显加快。2006—2019年，中部六省GDP总量由4.35万亿元增长到21.87万亿元，名义年均增长率达到13.23%，占全国GDP总量的比重由19.8%上升到22.1%；地方财政一般公共预算收入由2950.1亿元增长到1.85万亿元，年均增长15.15%（见图5-6、表5-3）。

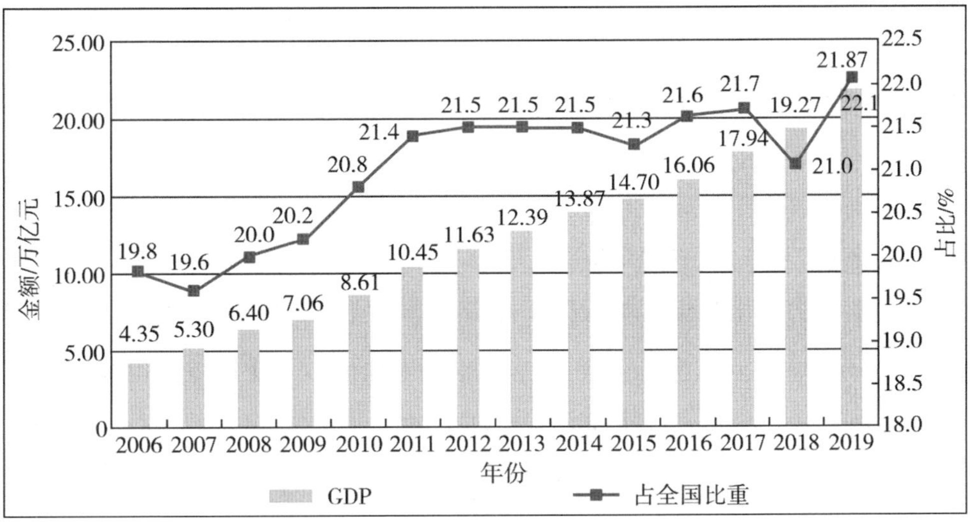

图5-6　2006—2019年中部六省GDP总量及占全国的比重

数据来源：历年《中国统计年鉴》以及六省《国民经济和社会发展统计公报》。

表5-3　2006—2019年中部六省地方财政一般公共预算收入

单位：亿元

年份	山西	安徽	江西	河南	湖北	湖南	合计
2006	583.4	428.0	305.5	679.2	476.1	477.9	2950.1
2007	597.9	543.7	389.9	862.1	590.4	606.6	3590.6
2008	748.0	724.6	488.6	1008.9	710.8	722.7	4403.6
2009	805.8	863.9	581.2	1921.6	814.8	845.0	5832.3
2010	969.7	1149.4	778.1	1381.3	1011.2	1081.7	6371.4
2011	1213.4	1463.6	1053.4	1721.8	1526.9	1517.1	8496.2
2012	1516.4	1792.7	1372.0	2040.3	1823.1	1782.2	10326.7

（续表）

年份	山西	安徽	江西	河南	湖北	湖南	合计
2013	1701.6	2075.1	1621.2	2415.5	2191.2	2030.9	12035.5
2014	1820.6	2218.4	1881.8	2739.3	2566.9	2262.8	13489.8
2015	1642.4	2454.3	2165.7	3016.1	3005.5	2515.4	14799.4
2016	1557.0	2672.8	2151.5	3153.5	3102.1	2697.9	15334.8
2017	1866.8	2812.0	2246.9	3397.0	3248.4	2756.7	16327.8
2018	2292.7	3048.7	2373.0	3766.0	3307.1	2860.8	17648.3
2019	2347.8	3182.7	2487.4	4041.9	3388.6	3007.2	18455.6

数据来源：历年《中国统计年鉴》。

（3）推动产业结构不断优化。近15年来，中部地区在加快发展经济的同时，不断推动产业结构优化升级，并取得了显著成效，尤其是服务业取得了较快发展。2006—2019年，中部六省服务业（第三产业）增加值占GDP的比重由36.2%上升到50%，提升13.8个百分点。与此同时，中部地区农业（第一产业）增加值占GDP的比重由15.3%下降到8.2%，下降了7.1个百分点（见表5-4）。

表5-4　2006—2019年中部六省产业结构变化情况

年份	第一产业占比/%	第二产业占比/%	第三产业占比/%
2006	15.3	48.5	36.2
2007	14.6	49.5	35.9
2008	14.6	50.9	34.5
2009	13.9	50.4	35.7
2010	13.0	52.4	34.6
2011	12.3	53.5	34.1
2012	12.1	52.8	35.1
2013	10.8	47.7	41.6
2014	11.1	49.6	39.3
2015	10.8	46.8	42.4
2016	10.4	45.4	44.1
2017	9.5	45.4	45.0

（续表）

年份	第一产业占比/%	第二产业占比/%	第三产业占比/%
2018	8.4	44.0	47.6
2019	8.2	41.8	50.0

数据来源：历年《中国统计年鉴》。

2. 城乡居民收入差距明显缩小

中部地区在发展经济的同时，不仅提升了城乡居民收入水平，而且较大幅度缩小了城乡居民收入差距。2006—2019年，中部地区城镇居民年人均可支配收入由9902.3元增长到36607.5元，农村居民年人均可支配收入由3283.2元增长到15290.5元，城乡居民年人均可支配收入差距由3.02倍缩小到2.39倍（见表5-5）。

表5-5 2006—2019年中部六省城乡居民年人均可支配收入比较

年份	城镇居民年人均可支配收入/元	农村居民年人均可支配收入/元	城乡居民年人均可支配收入差距/倍
2006	9902.3	3283.2	3.02
2007	11634.4	3844.4	3.03
2008	13225.9	4453.4	2.97
2009	14367.1	4792.8	3.00
2010	15962.0	5509.6	2.90
2011	18323.2	6529.9	2.81
2012	20697.2	7435.2	2.78
2013	22664.7	8983.2	2.52
2014	24733.3	10011.1	2.47
2015	26809.6	10919.0	2.46
2016	28879.3	11794.3	2.45
2017	31293.8	12805.8	2.44
2018	33803.2	13954.1	2.42
2019	36607.5	15290.5	2.39

数据来源：《中国统计年鉴2014》和《中国统计年鉴2020》。

3. 城镇化进程明显加快

近15年来，中部六省城镇化进程呈现明显加快的态势，六省城镇化率均提升10个百分点以上。例如，2006—2019年，湖北省城镇化率由43.8%上升到61.0%，提升了17.2个百分点，高于全国平均水平（见表5-6）。数据显示，中部地区用10年时间解决了5000万人进入城镇生活的问题，取得了突破性进展。在推进城镇化过程中，中部六省利用自身优势，加快发展城市群。目前，基本形成了以长株潭城市群、武汉城市圈、中原城市群、皖江城市带、太原城市群、环鄱阳湖城市群六大城市群为主的发展格局。

表5-6　2006—2019年中部六省城镇化率情况（%）

年份	山西	安徽	江西	河南	湖北	湖南
2006	43.0	37.1	38.7	32.5	43.8	38.7
2007	44.0	38.7	39.8	34.3	44.3	40.5
2008	45.1	40.5	41.4	36.0	45.2	42.2
2009	46.0	42.1	43.2	37.7	46.0	43.2
2010	48.1	43.0	44.1	38.5	49.7	43.3
2011	49.7	44.8	45.7	40.6	51.8	45.1
2012	51.3	46.5	47.5	42.4	53.5	46.7
2013	52.6	47.9	48.9	43.8	54.5	48.0
2014	53.8	49.2	50.2	45.2	55.7	49.3
2015	55.0	50.5	51.6	46.9	56.9	50.9
2016	56.2	52.0	53.1	48.5	58.1	52.8
2017	57.3	53.5	54.6	50.2	59.3	54.6
2018	58.4	54.7	56.0	51.7	60.3	56.0
2019	59.6	55.8	57.4	53.2	61.0	57.2

数据来源：根据历年《中国统计年鉴》整理。

二、开放滞后是制约中部地区发展的突出因素

过去10多年，在实施中部地区崛起战略的背景下，中部地区外向型经济发展水

平得到较大幅度的提升。但总的来看，中部地区的整体开放水平仍然偏低，并成为区域经济发展的突出矛盾。

1. 中部地区开放型经济水平逐步提升

（1）外贸发展水平明显提升。过去10多年，中部地区对外贸易额实现较快增长。2006—2019年，中部六省对外贸易总额由539.8亿美元增长到3431.1亿美元，占全国对外贸易总额的比重由3.1%上升到7.5%（见图5-7）。

图5-7　2006—2019年中部六省对外贸易额增长情况及占全国的比重

数据来源：历年《中国统计年鉴》以及中部六省《国民经济和社会发展统计公报》。

（2）使用外资水平明显提升。据统计，2006—2019年，中部六省实际使用外资由124.3亿美元增长到826.1亿美元，占全国实际使用外资总额的比重由18.5%上升到59.8%，已经占据全国使用外资的半壁江山（见图5-8）。

2. 对外开放水平整体偏低

中部地区地处内陆，不靠海，也不靠边，与东部地区相比，缺乏明显的开放优势，这也是中部地区发展的突出短板。与东部地区相比，中部地区之所以发展滞

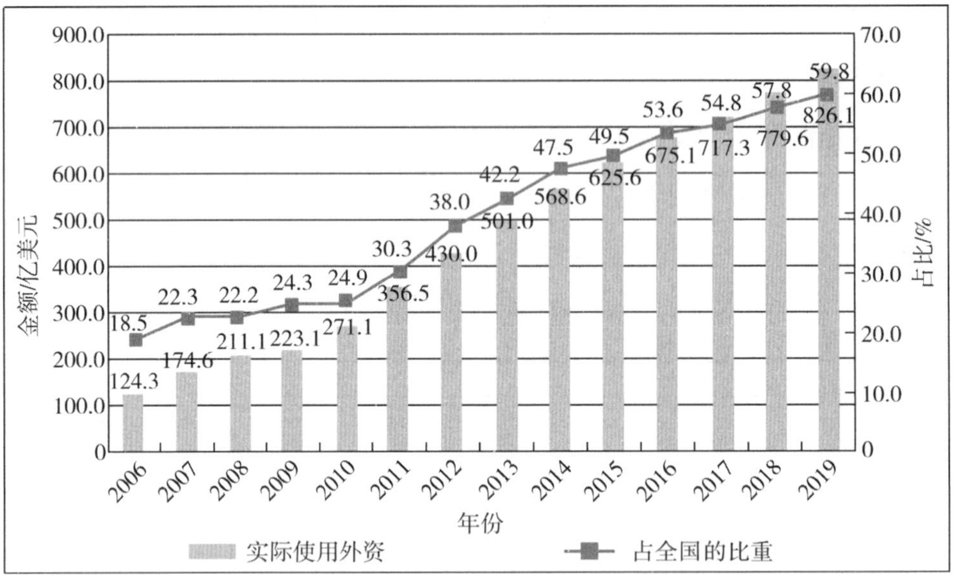

图5-8　2006—2019年中部六省外商直接投资情况及占全国的比重

数据来源：历年《中国统计年鉴》以及中部六省《国民经济和社会发展统计公报》。

后，很大程度是因为中部地区外向型经济水平总体较低。尽管过去10多年来，中部地区对外开放水平有了明显提升，尤其是在吸引外商直接投资方面，已经在全国居于领先位置。但总的来看，中部地区对外贸易依存度仍然较低。与全国总体趋势一样，中部地区对外贸易依存度不断下降，但与全国平均水平相比，中部地区的对外贸易依存度明显偏低。2019年，中部六省总体对外贸易依存度约为10.8%，比全国平均水平（31.9%）低21.1个百分点；其中对外贸易依存度最高的江西也仅为14.2%，低于全国平均水平17.7个百分点（见表5-7）。

表5-7　2006—2019年全国及中部六省对外贸易依存度（%）

年份	山西	安徽	江西	河南	湖北	湖南	全国
2006	10.9	16.0	10.3	6.3	12.4	7.7	64.4
2007	14.7	16.6	12.5	6.5	12.2	7.9	61.6
2008	13.8	16.0	13.7	6.8	12.8	7.6	56.0
2009	7.9	10.6	11.4	4.7	9.1	5.3	43.2

（续表）

年份	山西	安徽	江西	河南	湖北	湖南	全国
2010	9.3	13.3	15.5	5.2	11.0	6.2	49.0
2011	8.5	13.3	17.5	7.9	11.1	6.3	48.8
2012	7.8	14.4	16.3	11.0	9.1	6.3	45.3
2013	7.7	14.7	15.8	11.6	9.1	6.3	43.7
2014	7.8	14.5	16.7	11.4	9.7	7.0	41.0
2015	7.1	13.5	15.7	12.4	9.6	6.3	36.4
2016	8.4	12.0	14.3	11.6	8.0	5.5	32.8
2017	7.8	13.1	14.5	11.6	8.6	7.0	33.6
2018	8.1	13.8	14.4	11.5	8.9	8.4	33.2
2019	8.5	12.8	14.2	10.5	8.6	10.9	31.9

数据来源：历年《中国统计年鉴》以及中部六省《国民经济和社会发展统计公报》。

三、抓住高水平开放的机遇推进中部地区崛起

落实中央关于中部地区崛起的精神，把握机遇，积极推动中部地区融入“一带一路”建设、长江经济带建设等国家重大战略，不断深化区域合作，形成中部地区开放发展的新格局。

1. 主动融入重大国家战略

（1）抓住“一带一路”建设的新机遇。2016年12月，国家发展改革委印发《促进中部地区崛起“十三五”规划》，提出中部地区要加快融入重大国家战略。随着我国全方位推进对外开放，尤其是“一带一路”建设的深入推进，为中部地区扩大开放提供了难得的历史机遇。例如，目前中欧班列虽然有货物运到欧洲去，但从欧洲运回来的货物较少，其中武汉回程货物是全国最多的，这为中部地区扩大货物贸易提供了难得的机遇。再例如，“一带一路”沿线国家具有巨大的基础设施投资需求，而我国中部地区在钢铁、工程机械、建材、船舶、装备制造等方面具备优势，这就为中部地区优势产业“走出去”提供了重要机遇。

（2）抓住长江经济带建设的新机遇。建设长江经济带，不仅是我国新阶段推进区域协调发展的重大战略之一，也是深化改革开放、建立长江流域统一开放和竞争有序市场体系的重要举措，对打造陆海双向对外开放新走廊，培育国际经济合作新优势具有重要意义。从实际情况看，中部六省中的安徽、湖北、湖南、江西四省地处长江经济带的中心位置，向东连接长三角地区，向西对接成都、重庆西部大开发的门户城市，具备承接东西的区位优势。在这个背景下，中部地区不仅是建设长江经济带的重要区域，更是推动长江经济带要素自由流动、市场统一融合、资源高效配置的重要组成力量。

（3）加强区域间合作。中部地区连接东西、贯穿南北，在推进区域合作上具有明显优势。例如，向北对接京津冀协同发展战略，推动中部地区与京津冀在生态环境保护合作、创新合作、基础设施互联互通等方面取得重要突破；向南对接粤港澳大湾区建设，在符合环保标准和市场需求的前提下，加强与粤港澳大湾区的产业合作，有序承接产业向中部地区转移。

2. 大力发展内陆开放型经济

（1）积极发展货物贸易。中部地区各省份要发挥各自优势，积极开展合作，在更大范围内整合贸易资源。一是以扩大中欧贸易为重点创新中欧班列运营模式，打好“中欧班列”这张牌。二是推动加工贸易转型升级，支持有条件的地区建设沿海加工贸易梯度转移重点承接地。

（2）推动服务贸易开放，积极发展服务贸易。一是充分发挥中部地区自由贸易试验区的作用，全面复制推广自由贸易试验区在投资管理、贸易监管、金融创新等方面的改革创新成果。二是加快推动服务业领域开放，推动中部地区承接国际服务贸易转移，重点在物流、交通运输等服务行业扩大利用外资规模。三是大力发展服务外包，推动武汉、合肥、南昌等服务外包示范城市进一步提高服务外包水平。四是积极对接粤港澳大湾区，吸引粤港澳大湾区的现代服务业投资中部地区。

（3）鼓励支持企业“走出去”。充分发挥中部地区在现代农业、钢铁、汽车、机械、化工和装备制造业等方面的优势，鼓励对外承包工程企业抱团参与“一带一路”建设，加强与沿线国家的产能合作。

3. 深化区域内部合作

通过共建共享开放合作平台，进一步推动中部地区一体化发展。一是抓住“一带一路”建设的重要机遇，中部地区要加快构建多层次对外交通运输通道。例如，依托武汉、长沙、郑州等国际航空港，打通“一带一路”沿线主要城市空中通道。二是共同打造对外交流与合作的平台，实现商务信息彼此共享。三是做大做强中部投资贸易博览会等重要平台，使之不仅成为中部地区对外招商的重要平台，更要成为中部地区内部合作的重要平台。四是完善区域协调发展的保障机制，努力优化各类市场主体平等竞争、健康发展的市场环境，打破区域内的市场壁垒，加强区域间的交流与合作，形成区域发展合力。

第四节

以西部大开放带动形成西部大开发新格局

“一带一路”建设使我国西部地区从开放“末梢”变身成为开放“前沿”。把握在新发展阶段我国扩大高水平开放的历史性机遇，以共建“一带一路”为引领，加大西部开放力度，以大开放带动大开发，以大开放、大开发带动大发展。

一、抓住开放“末梢”变“前沿”的历史机遇

共建“一带一路”是西部发展的重大历史机遇，积极参与和融入“一带一路”建设，破解开放程度低的突出矛盾，加快形成以区域开放带动区域经济转型发展的新格局。

1. 开放程度低严重制约西部大开发和大发展

尽管西部地区处在共建“一带一路”的最前沿，但西部地区长期以来开放程度较低，严重制约了本地区的发展。2019年，西部地区对外贸易依存度平均为13.2%[1]，低于全国平均水平（31.9%）18.7个百分点；其中西部地区对外贸易依存度最高的重庆为24.5%（见图5-9），低于全国平均水平7.4个百分点。总体看，西部地区对外开放水平滞后成为制约西部大发展的突出因素。

2. 新发展阶段西部大开发的关键在于经济转型升级

一方面，在全球新一轮工业革命和能源革命交织融合的背景下，国际市场对传统能源及原材料的依赖程度大大减弱，使西部地区以传统能源及原材料为主的工业面临更大挑战。另一方面，从国内形势看，经济由高速增长转向高质量发展阶段，产能过剩不仅在传统工业领域，而且在风光发电等新能源领域、战略性新兴产业都

[1] 西部地区对外贸易依存度=西部地区货物进出口总额之和/西部地区GDP之和。

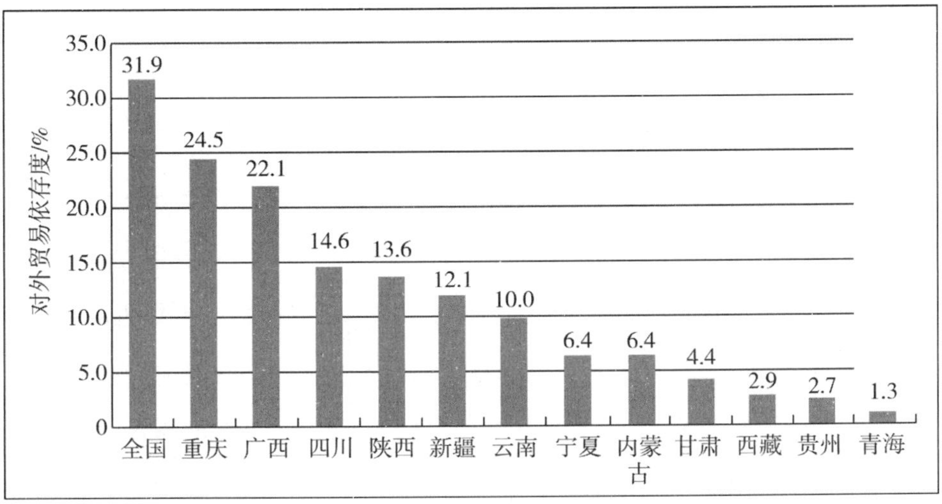

图5-9　2019年西部地区对外贸易依存度与全国平均水平比较

数据来源：《中国统计年鉴2020》。

出现了产能过剩。也就是说，在国内外形势发生深刻变化的背景下，如果西部地区难以尽快完成经济转型升级，那么将进一步拉大与全国平均水平的差距。

3. 以西部大开放推动西部地区经济转型升级

从资源禀赋看，“一带一路”沿线国家资源禀赋与我国差异较大，比较优势明显，与我国西部地区具有较大的互补性。从区位看，我国西部地区向西、向南、向北都具有开放优势：向西，通过亚欧大陆桥到中亚，到达欧洲；向南，可以加强与巴基斯坦、印度以及南亚和东南亚的合作；向北，则可以延伸至俄罗斯。共建“一带一路”可以打通我国边境通道、东中西部间的物流通道，加强东中西部之间的联系，降低西部物流成本，发挥西部战略资源优势，加强与东部的经济联系，从而实现东西双向互动。

二、以西部大开放带动西部大开发、大发展

不断深化与“一带一路”沿线国家的经贸合作，鼓励引导企业“走出去”，推动西部地区经济一体化发展。

1. 积极参与和融入“一带一路”建设

（1）加强西部地区与“一带一路”沿线国家产能合作。充分利用西部地区的资源能源优势，以“一带一路”建设为纽带，加强西部地区与“一带一路”沿线国家的经贸合作，同时鼓励西部企业“走出去”，加快实现西部区域经济一体化。加强能源资源深加工技术、装备与工程服务合作，加大煤炭、油气、金属矿产等传统能源资源勘探开发合作，积极推动水电、核电、风电、太阳能等清洁、可再生能源合作，推进能源资源就地就近加工转化合作，形成能源资源合作上下游一体化产业链。

（2）推进能源矿产资源项下的自由贸易区建设。能源矿产资源开发和深加工是西北地区的比较优势。中亚国家具有丰富的石油、天然气、矿产等自然资源，但开发能力有限，更需要加强与我国合作开发和深加工。例如，哈萨克斯坦2015年太阳能和风能发电约占国内总电产量的1.33%；但据哈萨克斯坦环境与水资源部2013年的评估，到2020年，哈萨克斯坦可再生能源发电比例将增长到总发电量的3%；根据哈萨克斯坦“2050战略”目标，哈萨克斯坦能源的35%将来自可再生能源[1]。可以预见，未来几年，西部地区与中亚国家能源合作的空间巨大。尽快启动能源矿产资源项下的自由贸易区建设是与中亚国家合作比较务实的选择。

（3）以构建现代化交通运输体系为重点强化开放大通道建设。西部地区在共建“一带一路”中具有重要和独特的区位优势，我国应统筹推进铁路、公路、航空、油气管道、城市轨道交通等多元化运输设施建设，逐步形成连接沿线国家之间的基础设施网络，构建全方位、多层次、复合型的国际骨干通道网络，构建联通中国与中亚、西亚、南亚以及欧洲和非洲的综合交通运输体系。例如，利用中巴经济走廊建设契机，完善交通软硬件设施，积极推动面向中亚、西亚、南亚和欧洲的物流通道、能源通道、信息通道等建设。再例如，合力建设西部陆海新通道，完善北部湾港口建设，积极发展多式联运，加快构建陆海联运、空铁联运、中欧班列等有机结合的联运服务模式和物流大通道。

[1] 《哈萨克斯坦将努力发展绿色能源》，https://www.sohu.com/a/69522632_263709。

2. 推进西部区域经济一体化

（1）推进区域内开放合作。以能源矿产资源项下的自由贸易为起点，联通陕西、新疆、青海、宁夏，促进大西北跨区域经济协作，推动区域经济一体化，强化大西北地区与中亚五国能源矿产资源领域的合作与交流；通过3~5年的努力，逐步扩大与中亚各国的经贸合作领域，奠定中国–中亚自由贸易区建设的重要基础。

（2）拓展区际互动合作。积极对接京津冀协同发展、长江经济带发展、粤港澳大湾区建设、海南自由贸易港等重大国家战略，鼓励青海、甘肃等省加快建设长江上游生态屏障，探索协同推进生态优先、绿色发展新路径；支持广西参与粤港澳大湾区建设和海南自由贸易港建设，鼓励东西部自由贸易试验区交流合作，推进协同开放；支持东西部地区共建产业园区，鼓励探索“飞地经济”等模式。

3. 支持西部有实力的企业“走出去”

支持西部地区有竞争力的企业积极“走出去”，参与沿线国家基础设施建设和产业投资，在沿线国家主要交通节点城市和港口合作建设境外经贸合作区、跨境经济合作区等各类产业园区，在园区内实行多种形式的自由贸易政策，力争率先打造成产业示范区和特色产业园，促进产业集群发展，形成区域产业协同融合、资源互补共享的良好发展格局[1]。

三、加快沿边地区开放发展

充分发挥沿边地区对外开放合作的区位优势，加强基础设施互联互通与国际大通道建设，形成西部地区高水平开放的新突破。

1. 打造共建“一带一路”的重要节点

（1）发挥沿边开放在共建“一带一路”中的重大作用。加快推进沿边开放，扩大与周边国家的互联互通，逐步实现商品、人员、资本等在南亚、东亚和东南亚

[1] 《“一带一路”战略下的西部机遇》，http://politics.people.com.cn/n/2015/0813/c70731-27453147.html。

三大市场间的自由流通，这有利于推进横贯东中西、连接南北方的对外经济走廊建设，改变我国以往“东快西慢、海强陆弱”的对外开放格局，将对落实“一带一路”倡议具有重要作用。例如对我国与东盟携手打造“10＋1”自贸区升级版、以周边国家为重点拓展区域经济一体化的战略空间极为重要。

（2）推进区域贸易投资自由化，扩大区域贸易投资规模。沿边地区与周边国家的经济结构和产业结构高度互补，相互扩大贸易投资的空间巨大。2000—2019年，我国与泰国、老挝、柬埔寨三国进出口总额由68.88亿美元上升到1050.92亿美元，年均增长15.42%（见表5-8），越南、老挝、缅甸三国已成为云南境外投资的最大对象国。扩大沿边开放，可以进一步深化我国与周边国家的经贸合作，促进其产业结构升级，由此释放我国与周边国家的贸易投资潜力。

表5-8　2000—2019年中国与泰国、老挝、柬埔寨三国贸易情况

单位：亿美元

年份	与三国进出口总额	向三国出口总额	从三国进口总额
2000	68.88	24.42	44.47
2001	73.53	25.97	47.56
2002	88.97	32.63	56.34
2003	130.85	42.21	88.64
2004	179.37	63.54	115.83
2005	225.03	84.59	140.45
2006	286.78	106.31	180.47
2007	358.36	130.34	228.02
2008	428.30	170.00	258.30
2009	398.87	145.70	253.17
2010	554.63	215.72	338.91
2011	685.34	284.86	400.48
2012	743.95	348.38	395.57
2013	777.46	378.50	398.96
2014	800.46	406.27	394.19

（续表）

年份	与三国进出口总额	向三国出口总额	从三国进口总额
2015	826.63	432.80	393.83
2016	828.35	421.12	407.22
2017	889.53	447.44	442.09
2018	983.65	503.40	480.24
2019	1050.92	553.29	497.63
年均增长	15.42%	17.85%	13.55%

数据来源：历年《中国统计年鉴》。

（3）促进沿边地区转型发展。扩大沿边地区开放对打通沿边地区发展瓶颈、促进区域转型发展、激发沿边地区改革发展活力具有关键性作用。以云南为例，云南产业结构高度依赖于烟草、矿业、旅游、生物资源和医药制造等支柱产业，服务业发展相对滞后。2019年，云南服务业（第三产业）占比为52.6%，低于全国平均水平（53.9%）1.3个百分点（见表5-9）。通过加快云南沿边开放，抓住国内产业转移的历史机遇，充分利用南亚、东南亚的大市场，可以加快产业结构调整，推进经济转型升级。比如，通过吸引长三角地区与珠三角地区的加工制造业，发展面向越南、老挝、缅甸的出口加工业，利用云南大通道的优势发展边境跨境旅游等，将有效促进产业结构调整。

表5-9　2019年西部地区产业结构与全国平均水平比较

地区	第一产业占比/%	第二产业占比/%	第三产业占比/%
全国	7.1	39.0	53.9
广西	16.0	33.3	50.7
重庆	6.6	40.2	53.2
四川	10.3	37.3	52.4
贵州	13.6	36.1	50.3
云南	13.1	34.3	52.6
西藏	8.2	37.4	54.4

（续表）

地区	第一产业占比/%	第二产业占比/%	第三产业占比/%
陕西	7.7	46.4	45.8
甘肃	12.0	32.8	55.1
青海	10.2	39.1	50.7
宁夏	7.5	42.3	50.3
新疆	13.1	35.3	51.6

数据来源：《中国统计年鉴2020》。

2. 实现沿边开放的新突破[1]

（1）探索设立沿边自由贸易试验区。鼓励云南瑞丽、孟定和猴桥以及广西东兴、凭祥等地，整合沿边开放资源，设立具有国际贸易、转口贸易、国际物流功能的沿边自由贸易试验区，全面实施贸易投资自由化政策。一是创新贸易投资体制机制。在促进自由贸易、放宽产业准入等方面破除制约中缅贸易与投资合作的体制机制障碍，进一步扩大双边贸易投资规模。二是探索沿边金融开放的政策与体制机制。扩大人民币结算和交易范围，为人民币周边化、区域化创造有利条件。三是加强中缅双边在市场准入、海关监管、检验检疫等方面的管理体制创新与政策协调。四是加快中缅双边在环境保护、投资保护和政府采购等重要议题上的谈判进程。

（2）发展沿边出口加工区。鼓励云南磨憨等地充分利用周边国家的资源优势和劳动力低成本优势，承接沿海地区加工制造业转移，建设跨境产业合作基地，形成以出口加工为主，以国际贸易、储运服务、国际旅游为辅，面向东南亚和南亚市场，具有自由贸易试验区功能的出口加工区。例如，加快建设中国-老挝产业合作基地，承接沿海加工制造业转移，创新加工贸易模式，形成面向东南亚和南亚市场的出口加工贸易产业集群。

[1] 中国（海南）改革发展研究院课题组：《加快打造中国-东盟自贸区升级版》，《经济参考报》2014年2月27日第8版。

（3）发展边境经济合作区。以旅游合作为例，按照提高层级、打造平台、完善机制的原则，深化与周边国家的旅游合作，支持西双版纳、瑞丽、东兴、崇左、阿勒泰等有条件的地区研究设立跨境旅游合作区。通过与对方国家签订合作协议的形式，允许游客或车辆凭双方认可的证件灵活进入合作区游览。鼓励省（区、市）人民政府采取更加灵活的管理方式和施行更加特殊的政策，与对方国家就跨境旅游合作区内旅游资源整体开发、旅游产品建设、旅游服务标准推广、旅游市场监管、旅游安全保障等方面深化合作[1]。

（4）创新跨境经济合作区发展。体制机制创新是加快跨境经济合作区发展的关键突破口和重要动力源。创新跨境经济合作区需在运营管理、跨境协调、投融资政策等方面，建立与国际投资贸易通行规则相衔接的机制，打造良好的营商环境。一是创新跨境协调合作机制。深化对中国老挝磨憨-磨丁经济合作区的监管服务改革，加快形成“两国一区、协同监管、封闭运行”的跨境合作机制[2]。将“一线放宽，二线安全高效管住”的分线管理模式复制推广到其他跨境经济合作区，进一步提高通关便利化水平。二是以服务贸易为重点推进贸易结构优化。形成中国企业“走出去”体制机制，促进双向投资贸易合作发展。扩大工程承包、技术合作、电子商务、金融保险、国际运输、民族文化等服务贸易出口，加快服务贸易发展。三是创新人才保障机制。推行公务员聘任制试点，突破身份限制，积极探索人才“飞地”模式，实现跨地区、跨行业、跨部门吸引紧缺急需的人才，形成人才集聚效应，保障跨境经济合作区工作高效推进。

---

[1] 《国务院关于支持沿边重点地区开发开放若干政策措施的意见》，http://www.gov.cn/zhengce/content/2016-01/07/content_10561.htm。

[2] 《支持勐腊（磨憨）重点开发开放试验区建设若干政策》，http://www.yn.gov.cn/zwgk/zcwj/yzf/201607/t20160722_143035.html。

3. 加快国际大通道建设[1]

（1）提速西线建设。加快往缅甸方向的国际大通道西线建设，尽快实现西线通道建设的重大突破：加快泛亚铁路西线（昆明—密支那—仰光—曼谷—吉隆坡—新加坡）建设；尽快取得公路大通道西线（昆明—瑞丽—曼德勒—皎漂）建设的重点突破；有序推进中缅伊洛瓦底江陆水联运通道建设，加大对伊洛瓦底江航道疏通和境外关键航段整修、改造、升级的援助力度，形成瑞丽至曼德勒并经伊洛瓦底江进入印度洋航道的水陆联运大通道。

（2）加快中线建设。往老挝方向的国际大通道中线是中国-东盟自贸区基础设施互联互通的关键，也是大湄公河次区域经济合作（GMS）的重要交通枢纽。需尽快推进泛亚铁路中线（昆明—磨憨—琅勃拉邦—万象—曼谷—吉隆坡—新加坡）建设，重点加快玉溪至磨憨段铁路建设；加快改善澜沧江—湄公河国际航运通道通航条件，提升航道运能。

（3）推进东线建设。往越南方向的国际大通道东线是中国-东盟自贸区基础设施互联互通的重要组成部分，应加快规划实施。推进泛亚铁路东线的国外路段规划建设进度；加紧制定老街—河内—海防标准轨铁路线路规划；推进中越红河国际航运通道和港口建设，加快红河干线航道治理。

4. 加快形成基础设施互联互通的新格局

（1）提出互联互通的重大项目清单。尽快提出我国与东盟国家针对交通、油气管道、电网、信息网等关键基础设施“无缝衔接”的项目清单；提出我国与东盟各国在检验检疫、海关、技术标准等方面使通关便利化的项目清单。

（2）尽快形成互联互通的金融支撑体系。加快探索我国与东盟国家金融机构共同出资组建融资平台的路径。积极参与东盟基础设施基金建设；以多种形式积极引入社会资本参与“10＋1”基础设施互联互通建设，加快中国-东盟信息港建设。

---

[1] 中国（海南）改革发展研究院课题组：《加快打造中国-东盟自贸区升级版》，《经济参考报》2014年2月27日第8版。

（3）推进通关便利化，建设大通道，实现大通关。进一步完善口岸、跨境运输和信息通道等开放基础设施，加快建设与东盟国家一体化的口岸管理机制，借鉴欧盟“单一窗口”经验，探索并推广区外货物进入区内后“一次报关、一次查验、全程放行”的大通关模式。

CHAPTER 6

第六章

建设对外开放新高地

党的十九届五中全会提出："完善自由贸易试验区布局，赋予其更大改革自主权，稳步推进海南自由贸易港建设，建设对外开放新高地。"我国进入高水平开放新阶段，建设对外开放新高地，要以自由贸易试验区、粤港澳大湾区与海南自由贸易港为重点打造制度型开放"试验田"，加大在服务贸易开放领域高标准规则的先行先试和压力测试力度，为我国参与全球新一轮经贸规则重构并引领规则制定提供重要经验。

第一节

以服务贸易为重点推动自由贸易试验区转型升级

服务贸易是新一轮经济全球化经贸规则重构的重点领域。以服务贸易为重点推进自由贸易试验区转型升级，有利于打造制度型开放“试验田”。

一、自由贸易试验区在我国高水平开放中扮演重要角色

2013年以来，我国已经设立21个自由贸易试验区。从实践看，自由贸易试验区以制度创新为核心，不仅在积极探索改革开放新路径，形成可复制、可推广的制度体系方面实现了重要突破，而且在营造市场化、法治化、国际化的营商环境，激发市场主体活力等方面也取得了重要进展。

1. 我国自由贸易试验区建设的实践探索

（1）第一阶段：上海自由贸易试验区先行先试。2013年9月，中国（上海）自由贸易试验区正式挂牌运作，产生了第一个与此前的经济特区、开发区、产业园区在指导思想、总体目标、功能定位、任务措施等方面均有所不同的改革开放新载体。上海自由贸易试验区重点实行政府职能转变、金融制度、贸易服务、外商投资和税收政策等多项改革措施，并大力推动上海市转口、离岸业务的发展，为自由贸易试验区模式在其他地区的推广积累可复制的经验。7年多来，上海自由贸易试验区在投资、贸易、金融和政府职能转变等领域形成了300多项向全国分层次、分领域复制推广的制度创新成果。其中，国务院先后推出的6批向全国复制推广的自贸区制度创新经验中约一半为上海首创。

（2）第二阶段：功能上突出引领区域发展。2015年，中国（广东）自由贸易试验区、中国（天津）自由贸易试验区、中国（福建）自由贸易试验区相继成立。

广东自由贸易试验区要依托毗邻港澳的区位优势和对外开放优势，实现粤港澳深度合作，形成国际经济合作和竞争新优势；天津自由贸易试验区要在京津冀协同发展和我国经济转型发展中发挥示范引领作用；福建自由贸易试验区要创新两岸合作机制，增强闽台经济关联度，拓展与21世纪海上丝绸之路沿线国家和地区交流合作的深度和广度。

（3）第三阶段：形成全方位对外开放新格局。随着“一带一路”建设进程加快，我国自由贸易试验区战略逐步与“一带一路”建设相结合，实现东中西联动发展。2016年9月，中共中央、国务院决定，在辽宁省、浙江省、河南省、湖北省、重庆市、四川省、陕西省新设立7个自由贸易试验区；2018年10月，《国务院关于同意设立中国（海南）自由贸易试验区的批复》发布，实施范围为海南岛全岛；2019年8月，《国务院关于印发6个新设自由贸易试验区总体方案的通知》发布[1]；2020年9月，《国务院关于印发北京、湖南、安徽自由贸易试验区总体方案及浙江自由贸易试验区扩展区域方案的通知》发布。自此，我国自由贸易试验区增至21个，形成东西南北中协调、陆海统筹的全方位开放新格局，向全国复制推广260项制度创新成果，发挥了高水平开放“试验田”的作用。

2. 以负面清单为核心的投资管理体制取得重要进展

（1）率先实行负面清单管理。总的来看，由正面清单向负面清单的转型是全球投资准入制度变革的大趋势。例如，目前WTO框架下的服务贸易协定，实行的就是类似正面清单的准入模式；而为了提高投资效率、提高外资准入规则的透明度，这种对照目录式的正面清单准入模式逐渐被要求改进、被取代。从双边和区域自贸协定的发展现状来看，高标准投资规则成为谈判重点，而该高标准投资规则的表现之一就是负面清单外资准入模式。在此背景下，2013年中国（上海）自由贸易试验

[1] 此处6个自由贸易试验区为中国（山东）自由贸易试验区、中国（江苏）自由贸易试验区、中国（广西）自由贸易试验区、中国（河北）自由贸易试验区、中国（云南）自由贸易试验区、中国（黑龙江）自由贸易试验区。

区成立，并制定实施了我国第一份外商投资负面清单，改变了“逐案审批+产业指导目录”的传统管理方式。

（2）负面清单数量不断缩减。在全国21个自由贸易试验区统一执行的《市场准入负面清单（2020年版）》中，特别管理措施从2013年的190项缩减至30项，缩减了84.2%（见表6–1）。负面清单的缩减意味着我国更多领域、更大程度的开放。例如，制造业领域删除了农副食品加工业，酒、饮料和精制茶制造业，造纸和纸制品业等相关大类的共61项限制措施。

表6–1　分行业自由贸易试验区负面清单项数

单位：项

行业	2013年	2014年	2015年	2017年	2018年	2019年	2020年
农、林、牧、渔业	7	6	6	5	4	3	3
采矿业	16	14	8	6	3	1	1
制造业	63	46	17	11	5	3	2
电力、热力、燃气及水生产和供应业	5	2	5	3	2	2	1
建筑业	4	4	0	0	0	0	0
批发零售	13	9	4	4	1	1	1
交通运输、仓储、邮政业	21	15	19	11	7	6	4
信息传输、软件和信息技术服务业	8	8	4	4	2	2	2
金融业	5	4	14	13	3	3	0
房地产业	4	3	0	0	0	0	0
租赁和商务服务业	13	9	9	5	3	3	3
科学研究和技术服务业	12	4	4	4	3	3	3
水利、环境和公共设施管理业	3	3	2	2	1	0	0
教育	3	3	2	2	2	2	2
卫生和社会工作	1	1	1	1	1	1	1
文化、体育和娱乐业	12	8	24	21	8	7	7
其他行业	0	0	3	3	0	0	0
总计	190	139	122	95	45	37	30

数据来源：根据2013年、2014年、2015年、2017年、2018年、2019年、2020年自由贸易试验区外商投资准入负面清单整理。

（3）与负面清单相适应的投资管理体制改革取得进展。与负面清单管理制度相适应，目前自由贸易试验区对负面清单以外领域的外商投资项目核准和企业合同章程审批改为备案制。以广东自由贸易试验区为例，目前广东自由贸易试验区内，对外商投资实行备案管理的项目数量占企业投资项目总数的比例已达90%左右。其中区内99%的新设外商投资企业通过备案设立，办理注册时间由10多个工作日减少到最快2个工作日；同时在自由贸易试验区内企业对境外投资一般项目率先实行备案制，提高了境外投资便利化程度。

3. 以“放管服”为重点的营商环境建设取得重要进展

（1）商事制度改革全面加速。深化商事制度改革、推动政府职能转变是自由贸易试验区制度创新的重要内容之一。按照自由贸易试验区总体方案的要求，各个自由贸易试验区构建和优化高效运行的服务体系，完善企业准入“单一窗口”制度，推进“先照后证”“多证合一”“一照一码”“证照分离”等商事制度改革，并探索许可证清单管理模式，为全国完善商事制度提供了重要经验。例如，推行“极简审批”“不见面审批（服务）”，深化“一次办好”改革，全面开展工程建设项目审批制度改革，等等。

（2）事中事后监管体系初步形成。从各地实践看，各自由贸易试验区加快建立健全以信用监管为核心、与负面清单管理方式相适应的事中事后监管体系。

建立健全社会信用体系。例如，广东自由贸易试验区南沙片区建立以信用风险分类为依托的市场监管制度，把全区企业分为A、B、C、D四个类别进行监管，并定时向社会发布失信名单，形成“一处失信，处处受限”的信用约束机制；深圳前海蛇口片区通过招标方式引入第三方力量，建立了社会信用中心平台和评估机构并独立运营。与此同时，各自由贸易试验区均建立起完善企业年度报告公示和经营异常名录制度。

逐步健全信息共享和综合执法制度。广东自由贸易试验区珠海横琴新区片区综合执法局作为广东省综合执法改革试点，是全国综合执法改革最彻底的代表。该综合执法局整合了31项职能，设有3个科室、4个执法大队，对接30个市级部门，行政编制43人，同时兼管横琴新区城市管理指挥中心，依靠大数据平台，根据老百姓的需求实现管理和执法力量向基层倾斜。

探索建立社会力量参与市场监督制度。《中国（广东）自由贸易试验区条例》明确提出，广东自由贸易试验区各片区可以探索设立法定机构或者委托社会组织承接专业性、技术性或者社会参与性较强的公共管理和服务职能，支持建立第三方检测结果采信制度。

（3）政府服务水平与能力大幅提升。例如，上海自由贸易试验区推行了窗口人员对企业需求只能说“行”、不能说“不行”的相关要求。窗口人员在受理环节，对于标件只说“行”，而对于非标件，特别是新情况、新问题，没有权说“不”；能不能、行不行，要经过请示、审慎研究后，在规定时限内尽快答复申请人；多从保护创新、有利尝试、把事办成的角度，多设路标、不设路障，真正让改革创新源泉涌流。

4. 贸易自由化便利化水平不断提升

目前，国内自由贸易试验区均实行了国际贸易“单一窗口”、无纸化通关等，通关效率大幅提高。例如，广东自由贸易试验区南沙片区以“智慧口岸”为重点的贸易便利化促进体系已在全国形成示范，诞生了包括“单一窗口”“互联网+易通关”“智检口岸”和“智慧海事”等在内的多项改革创新成果，其中有14项属于全国首创，通关效率提高50%以上。此外，推行“先放行后改单”改革，使改单作业时间从平均2个工作日缩短至1个小时，整体时间压缩已超过1万个小时；取消区内报关企业跨关区从事报关服务的限制，允许区内报关企业“一地注册、多地报关”；允许区域外报关企业在区域内设立分支机构；等等。为助力上海自由贸易试验区“前所未有的便利化和有效管控”目标的实现，上海海关推出了“先进区后报关”“三自一重”（自主报税、自助通关、自动审放）等31项创新制度。这些制度的实施，全面提升了通关时效。2019年一季度，上海海关关区进口、出口整体通关时间分别较2018年底缩短31%和23%[1]。

[1] 《上海海关通过全链条改革提高外贸企业通关时效》，http://www.xinhuanet.com/2019-05/09/c_1124472997.htm。

5. 金融业对外开放取得积极进展

在严格防范金融风险的同时，自由贸易试验区进行了较为广泛的金融开放改革，涉及自由贸易账户、人民币国际化、利率市场化、沪港通、上海黄金交易所、两岸金融合作、公募房地产信托投资基金等诸多事项。目前，中央层面的重大金融开放措施区外推广已达到16项，对金融服务实体经济产生了积极作用。以自由贸易账户为例，此前，外贸企业需要分别设立人民币账户和外汇账户两个独立账户，企业进出口涉及的资金往来必须通过一系列结售汇操作才能实现，程序较为烦琐、换汇成本较高。现在外贸企业设立的自由贸易账户可以跟境外账户便利流通、跟境内账户有限流通，资金往来只需要通过一个账户就可以实现，便利程度大幅提高。截至2019年初，上海自由贸易试验区自由贸易账户继续拓围，并新增跨境再保险结算功能，全市已有56家金融机构通过分账核算系统验收，累计开立13.6万个自由贸易账户。据统计，2018年，上海自由贸易试验区跨境人民币结算总额达到2.55万亿元，占上海全市的35.3%；跨境双向人民币资金池收支总额达到4826亿元，同比增长1.7倍[1]。此外，黄金国际板块运行良好，上海黄金交易所国际板2019年黄金交易额2.62万亿元，增长48.22%，交易量0.82万吨，增长25.19%[2]。另外，广东自由贸易试验区推进金融改革促进商业保险第三方支付等金融业务发展；天津结合自身特色推进融资、租赁制度创新，飞机、船舶等融资租赁规模领先全国；福建则实施非银行金融业对台开放举措，拉紧两岸金融纽带。

二、自由贸易试验区正处于转型升级的关键时期

当前，在全球经贸规则加速重构、我国进入全方位开放新阶段的背景下，加快推进自由贸易试验区转型升级，其迫切性、全局性、战略性全面凸显。

---

[1] 《上海自贸试验区累计开立FT账户13.6万个》，https://news.cnstock.com/news,bwkx-201903-4344280.htm。

[2] 数据来源于《2019年度上海黄金交易所市场报告》。

1. 开放水平与全国落差缩小，自由贸易试验区“高地不高”挑战严峻

近年来，我国自由贸易试验区在简政放权、缩减负面清单数量方面取得了重要进展。2013—2020年，全国的自由贸易试验区负面清单中的特别管理措施由190项缩减至30项。这不仅激发了自由贸易试验区活力的释放，也带动了全国版负面清单的压缩，使两份清单的差距逐步缩小。例如，2020年自由贸易试验区版负面清单数量仅比全国版少3项（见表6–2），且在服务业领域与全国版负面清单基本一致。这表明，随着全国开放进程的不断提速，自由贸易试验区以缩减负面清单限制措施数量为重点的试验探索使命已基本完成；自由贸易试验区与全国开放落差逐步缩小，使得“高地不高”的挑战凸显了出来。

表6–2 2020年全国版与自由贸易试验区版负面清单差异

行业	全国版条款	自由贸易试验区版条款
农、林、牧、渔业	禁止投资中国管辖海域及内陆水域水产品捕捞	无此限制
制造业	出版物印刷须由中方控股	无此限制
	禁止投资中药饮片的蒸、炒、炙、煅等炮制技术的应用及中成药保密处方产品的生产	无此限制

2. 部分已出台政策难以有效落地，容易贻误开放窗口期

从实践调研看，由于多种因素，自由贸易试验区的一些开放政策还没有真正落地，部分政策由发布到落地周期偏长。例如，2015年10月，中国人民银行等出台了支持上海自由贸易试验区金融改革的40条政策，其中明确提出“率先实现人民币资本项目可兑换”。从近5年的实践看，上海自由贸易试验区在扩大金融机构市场准入、以自由贸易账户为重点提升经常项目人民币自由可兑换水平等方面取得了重要进展，但有关资本项目的改革措施，如合格境内个人投资者境外投资试点、限额可兑换试点等尚未有效推进落实，离资本项目可兑换的目标还有不小距离。再比如，中央明确要求海南加快打造国际旅游消费中心进程，但与此相关联的免税政策长期未能突破，免税额度、免税店设置等仍然由部委审批控制。这严重制约了海南在自由贸易试验区建设阶段先行先试的作用发挥。2019年，海南离岛免税销售金额136.1亿元，购物人数384万人次，人均次消费金额为3544元，与我国香港1.2万元/（人·次）及韩国5600元/（人·次）的水平还有比较大的差距。此外，在教育、会计等领域，虽然经营性教育机构、执业教育培训、合作会计师事务所未列入负面清单，但主管部门仍要求在实际操作中实行审批制度，由此降低了外资预期。据统计，2019年，全国18个自由贸易试验区累计新设企业约31.9万家，其中外资企业6242家，仅占2%[1]。

3. 自由贸易试验区缺乏应有的自主权，制度创新空间有限

自由贸易试验区更多地以服务贸易为重点，相对于制造业领域开放，服务业市场开放复杂程度更高、风险管控要求更高。由于自由贸易试验区的改革自主权有限，因此自主创新、自主改革的空间也有限。比如，自由贸易试验区投资体制改革涉及企业注册后开展经营的行政许可事项仍有上百项，虽然部分事项下放至自由贸易试验区，但仍需要审批，造成企业“准入不准营”等问题突出，制约了开放政策的实施。再比如，在减少准入限制实现重大突破后，服务贸易开放水平主要取决于人员、技术的自由流动程度，但目前自由贸易试验区的人员流动政策都遵循全国统一的签证制度与就业许可制度，居留时间较短、审批复杂、相关管理制度还不完善；在技术流动方面，仍存在标准难以与国际对接及标准建设滞后等问题。此外，在自由贸易试验区总体方案中未能明确下放相关权限及改革容错机制尚未完善的条件下，自由贸易试验区推进更大力度的开放、改革举措只能通过一一对接的方式进行，既掣肘其自主改革，也容易导致试验内容碎片化。2018年10月《国务院关于支持自由贸易试验区深化改革创新若干措施的通知》发布，在多方面下放了相关事权，但总体看仍属于单点突破，缺乏改革系统集成。

[1] 数据来源于《中国自由贸易试验区发展报告（2020）》。

三、推进高水平开放要发挥自由贸易试验区更大的作用

高水平开放新阶段需赋予自由贸易试验区更大的改革开放自主权，使其根据不同的定位，在不同的领域加快探索适合自身特点的开放策略，为推进高水平开放探路。

1. CPTPP（全面与进步跨太平洋伙伴关系协定）成为我国对标高标准经贸规则的新标杆

尽管贸易保护主义、单边主义势头增强，但降低关税与非关税壁垒，逐步走向零关税仍是大势所趋。例如，欧盟同日本签订了《欧日经济伙伴关系协定》，在大幅削减双边关税方面实现重要突破；欧盟与越南签订的自贸协定、欧盟与日本签订的《欧日经济伙伴关系协定》，目标均为实现99%以上货物贸易零关税；CPTPP目标是实现成员国95%以上的货物贸易零关税。随着发达国家与发展中国家签订一系列高标准的自贸协定，我国加快构建高标准自由贸易试验区网络的外部压力凸显。要适应这个大趋势，不仅不能弱化自由贸易试验区的作用，反而要明显增强；不仅不能缩小“试验田”的空间，反而要明显扩大。客观地看，自由贸易试验区需要率先对标CPTPP等高水平经贸规则，在加快探索零关税、低税率、简税制的基础上，尽快在竞争中性、跨境数据流动、电子商务监管、政府采购、国企改革、打破行政垄断等方面先行探索，为我国推动更高水平开放积累经验，为我国推动全球自由贸易进程、参与全球贸易经贸规则制定、增强全球经济治理话语权提供实践依据。

2. 以自由贸易试验区、粤港澳大湾区与海南自由贸易港为重点，建设我国制度型开放的新高地

面对内外发展环境变化，推进制度性、结构性开放成为我国新阶段开放的重大任务。这需要发挥自由贸易试验区的关键作用。未来几年，推进以货物贸易为主向以服务贸易为重点的开放转型，成为制度型开放的重大任务。为此，一方面，应加强同国际通行市场规则对接。例如，全面实施企业自主登记制度与简易注销制度，取消企业一般投资项目备案制，尽快开展负面清单外无审批试点等，真正实现内外资企业“自由生、自主营、自由死”。另一方面，尽快将上海自由贸易试验区跨境服务贸易负面

清单推广至全国其他自由贸易试验区；大幅缩减跨境服务贸易负面清单数量，并进一步细化跨境服务贸易负面清单限制性措施，增强透明度与可操作性；加强同我国香港及欧盟、日本、韩国等发达经济体专业技术人员的资格互认及服务业监管标准对接，加快开展服务贸易“经认证的经营者”试点，尽快实现人员、资金等要素自由流动。

3. 在推动国内区域开放中发挥更大作用

当前，我国区域开放不平衡的矛盾依然突出。2018年，我国东部地区外贸依存度达到52%，而中部、西部、东北地区普遍低于20%。目前，我国21个自由贸易试验区已覆盖东中西区域，具备带动优化区域布局的基本条件。这需要在中央层面明确自由贸易试验区开放底线的前提下，允许自由贸易试验区根据承载的国家战略、自身区域特点实行差异化开放策略。这就需要赋予其在改革上更大的自主权，使不同的自由贸易试验区根据不同的定位，在不同的领域加快探索，实行差异化的负面清单，还应允许自由贸易试验区先行实施各自优势产业项下的自由贸易政策。

4. 在探索高水平开放政府治理中发挥更大作用

鼓励自由贸易试验区采取不同的管理模式。例如，部分自由贸易试验区可考虑采取双重行政管理体制，甚至是企业化管理模式，推进政府职能转变，最大限度激发自由贸易试验区的发展活力。有的自由贸易试验区甚至可以采取外资主导的模式进行管理。再例如，可以考虑将横琴自由贸易试验区交由澳门全权管理，这既能扩大澳门的地理空间，又能全面做活横琴自由贸易试验区。

四、适应高水平开放趋势，推动自由贸易试验区转型发展

在中央层面明确自由贸易试验区建设与发展总体思路的前提下，允许各自由贸易试验区探索尝试各种政策及体制机制创新，既有助于形成高水平开放的市场环境与体制环境，也有利于风险防控并根据形势变化进行调整。

1. 推动部分自由贸易试验区率先对标全球高标准自由贸易园区

上海、广东、福建、天津等制度创新任务完成度较高的自由贸易试验区，要率先对标全球高标准的自贸协定，做好我国开放型经济新体制的压力测试工作。落实

零关税、低税率、区内流转免征增值税等某些国际自由贸易园区通行的相关政策，并加快在数字贸易、服务贸易等新兴贸易领域的规则探索，争取到2025年形成中国版的全球数字贸易与服务贸易新规则。

2. 分类推进自由贸易试验区转型发展

按照“持续深化差别化探索”的基本思路，形成多层次的探索经验。例如，抓住上海自由贸易试验区扩容的契机，率先对标国际金融中心，在加快落实“金改40条”的基础上，大力推进人民币资本项目可兑换、利率汇率市场化、人民币国际化等金融领域的关键环节改革；在广东自由贸易试验区，全面推进与港澳地区在金融、保险、会计、法律、研发、教育等领域的规则与标准对接，尤其是在香港目前局势下，在管住货物的前提下全面放开人文交流。广东自由贸易试验区可以把成熟的经验尽快在珠三角地区推广。

对不具备全面开放条件的自由贸易试验区，根据其自身特点可试行产业项下的自由贸易政策。例如，辽宁自由贸易试验区重点推进装备制造业和先进制造业产业项下的自由贸易，陕西自由贸易试验区重点推进文化产业项下的自由贸易政策。根据各自由贸易试验区承载的“一带一路”的重大任务和自身特点，实行基础设施项下、产能项下、服务贸易项下、海洋项下的自由贸易政策。

3. 重点探索制度型开放

按照“全国一张单”的管理模式，各自由贸易试验区的总体方案要求以既定的步骤推进，同时把重点放在自由贸易试验区内相关政策与制度的创新与完善上。例如，进一步完善“准入前国民待遇+负面清单”管理制度，在服务贸易自由化便利化方面继续探索，在服务业及数字经济领域的监管变革上进行探索，探索与开放相适应的行政体制改革，等等。

总的来看，需要结合各自由贸易试验区的实际情况，推动自由贸易试验区的转型发展，以适应我国推进全方位开放的新要求，发挥自由贸易试验区更大的作用。

第二节

以服务贸易为重点推进粤港澳大湾区高质量建设

党的十九届五中全会强调："支持香港、澳门更好融入国家发展大局，高质量建设粤港澳大湾区，完善便利港澳居民在内地发展政策措施。"建设粤港澳大湾区是一个大战略，需要有重大的项目和重要的政策来支撑。打好粤港澳大湾区这张牌，关键在于实现粤港澳大湾区一体化，突破口在于加快粤港澳服务贸易一体化进程。

一、服务贸易已成为粤港澳大湾区高质量建设的重大选项

无论是从发展趋势看，还是从现实需求看，以服务贸易为重点高质量建设粤港澳大湾区，不仅有利于加快粤港澳大湾区一体化进程，而且有利于提升粤港澳三地经济竞争力，更是落实党的十九届五中全会提出的"支持香港、澳门更好融入国家发展大局"的务实选择。

1. 服务贸易是推进粤港澳大湾区一体化的现实选择

（1）服务业加快发展是粤港澳大湾区发展的必然趋势。从工业化进程看，工业化进入后期，服务业加快发展是客观规律。2017年，粤港澳大湾区服务业占比达到66.1%，高于全国平均水平13.4个百分点。这意味着，粤港澳大湾区已经进入工业化后期。从发展规律看，全球湾区经济的发展一般呈现出由港口经济、工业经济向服务经济、创新经济演化的过程。目前，广东与港澳地区仍处于不同发展阶段，近年来，粤港澳服务贸易一体化取得重要进展。2018年，粤港服务贸易额占其贸易总额的比重为33%左右。但总的来看，粤港澳服务业市场互联互通水平仍有待进一步提升，服务业领域的生产要素仍难以高效便捷流动，产业互补优势与资源潜力难

以充分释放。2018年，粤港澳大湾区整体人均GDP水平达到16.15万元（2.3万美元），仅香港、澳门、深圳、珠海高于此平均线（见图6-1）。可以预见，如果粤港澳服务贸易一体化取得突破性进展，未来2～3年粤港澳大湾区地区生产总值将有望超过东京湾区，成为世界第一大湾区，并在拓宽港澳服务业发展空间的同时，倒逼广东市场化改革，带动制造业转型升级。

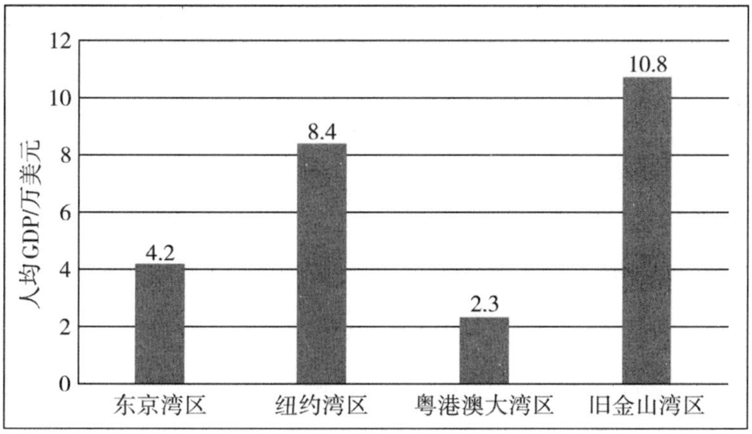

图6-1　2018年粤港澳大湾区与世界三大湾区人均GDP情况

数据来源：《粤港澳大湾区研究系列之12：粤港澳大湾区何以成为中国经济的增长极》。

（2）服务贸易是推进粤港澳大湾区高质量发展的重点和难点。从现实情况看，推进粤港澳大湾区高质量发展，基础设施一体化相对容易，产业融合比较难。在港珠澳大桥等一批重大基础设施项目相继完工后，推进粤港澳大湾区一体化的重点与难点在于以服务贸易实现服务业市场一体化。

一方面，广东与港澳地区服务业互补性强。2019年，广东9市服务业（第三产业）占比为57.10%，而2018年香港和澳门分别为93.10%和95.80%，广东9市明显偏低（见表6-3）。如果加快推进广东与港澳地区服务贸易发展，不断提升广东服务业发展质量和水平，就能解决广东服务业占比偏低的突出问题。初步估算，若广东9市服务业占比达到70%左右，粤港澳大湾区服务业占比有可能提升至80%左右，由此广东与港澳地区的服务贸易发展成为粤港澳大湾区迈进国际一流湾区的重要支撑。

表6-3 2015年、2018年和2019年粤港澳大湾区各城市三大产业占比

地区	2019年			2018年			2015年		
	第一产业占比/%	第二产业占比/%	第三产业占比/%	第一产业占比/%	第二产业占比/%	第三产业占比/%	第一产业占比/%	第二产业占比/%	第三产业占比/%
广州	1.06	27.32	71.62	0.98	27.27	71.75	1.26	31.97	66.77
深圳	0.09	38.98	60.93	0.09	41.13	58.78	0.03	41.17	58.80
珠海	1.70	44.50	53.80	1.70	45.10	53.20	2.30	49.68	48.02
佛山	1.50	56.20	42.30	1.45	56.50	42.04	1.70	60.46	37.84
江门	8.10	43.00	48.90	6.70	44.30	49.00	7.80	48.15	44.05
肇庆	17.10	41.20	41.70	15.80	35.18	49.02	14.66	49.19	36.15
惠州	4.90	51.90	43.20	4.29	52.68	43.03	4.81	54.99	40.21
东莞	0.30	56.50	43.20	0.30	56.20	43.50	0.33	46.26	53.41
中山	2.00	49.10	48.90	2.10	50.40	47.50	2.28	54.22	43.50
香港	—	—	—	0.10	6.80	93.10	0.10	7.20	92.70
澳门	—	—	—	—	4.20	95.80	—	7.80	92.20
广东9市	1.64	41.26	57.10	1.54	41.79	56.66	1.80	43.60	54.61
广东	4.04	40.44	55.51	3.94	41.83	54.23	4.59	44.79	50.61
全国	7.11	38.97	53.92	7.04	39.69	53.27	8.39	43.54	50.77

数据来源：《粤港澳大湾区系列研究之二——区域内GDP规模与增长情况》。

另一方面，粤港澳大湾区产业一体化面临“一个国家、两种制度、三个关税区”的多元制度格局。近年来，中央在广东设立了自由贸易试验区，在推动广东与港澳地区服务贸易发展方面取得了重要进展。但受多种因素制约，粤港澳服务贸易领域深层次的体制性矛盾尚未破解。例如，《内地在广东省向香港开放服务贸易的具体承诺》中，仅“商业存在”实行负面清单管理，共有134项限制措施，集中在教育、金融、会计等专业服务领域，而在跨境服务及文化、电信领域仍实行正面清单管理。可以说，推进粤港澳大湾区一体化，重点在服务贸易，难点也在服务贸易。

（3）以服务贸易为重点推进粤港澳一体化将释放巨大的经济增长潜力。从经济增速来看，2019年粤港澳大湾区11城GDP之和已经达到了11.62万亿元，约占全国的11.7%。尽管未来2～3年，粤港澳大湾区GDP总量有望超过东京湾区，但从资源产出效率来看，粤港澳大湾区与其他湾区仍有较大差距。2018年，粤港澳大湾区地均GDP为0.29亿美元/千米^2，分别是纽约湾区、旧金山湾区、东京湾区的36.3%、61.7%、55.8%（见图6-2）。可以判断，未来几年，加快实现粤港澳服务贸易项下的人员、资金、技术、信息等要素的自由流动将释放巨大的经济增长潜力。

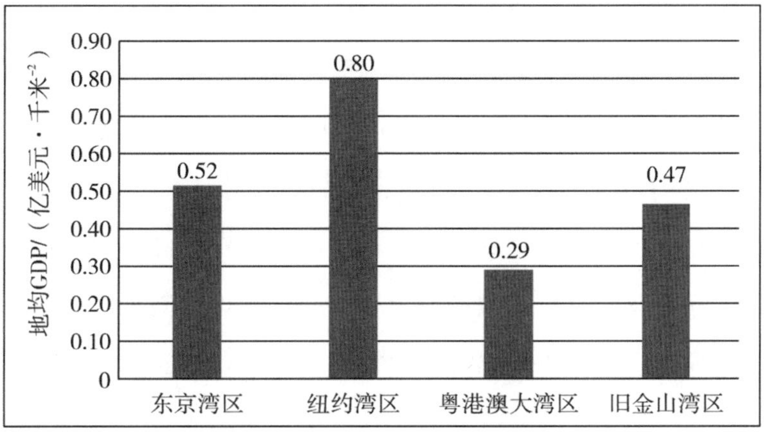

图6-2　2018年四大湾区地均GDP情况比较

数据来源：根据《粤港澳大湾区研究系列之12：粤港澳大湾区何以成为中国经济的增长极》《粤港澳大湾区研究报告之一：创新合作方式　促进共同繁荣》数据计算。

2. 以服务贸易为重点推进粤港澳大湾区高质量发展

（1）以服务贸易推动广东制造业转型升级。高质量的生产性服务业是制造业转型升级的主要支撑，但广东生产性服务业发展滞后成为其制造业转型升级的突出短板。2019年，广东生产性服务业增加值占GDP的比重仅为28.1%，占服务业的比重为50.6%[1]，与德国等制造业强国相差20个百分点左右。同时，2017年广东制造

[1]　根据《2019年广东省国民经济和社会发展统计公报》数据计算。

业全员劳动生产率24.2万元/人，仅为2013年美国的24%。广东出口产品中自主品牌占比不到20%[1]。在这种情况下，推进广东与港澳地区在研发、设计、金融等领域的服务贸易一体化显得尤为迫切。

（2）以服务贸易拓展港澳发展空间。香港要稳固提升其国际金融、贸易、航运中心地位，澳门要解决博彩业一业独大的问题，最直接、最有效的途径就是依托广东作为港澳地区重要经济腹地和进入内地的重要桥梁，通过与广东合作发展服务贸易，拓宽其服务业发展空间，并由此为更好融入国家发展大局提供重要支撑。例如，澳门的多所高校在中医药研发方面实力较强，但澳门并无制药厂，而医药制造业是广东的支柱产业之一。如果能尽快实施医疗健康产业项下的自由贸易，将大大拓宽粤澳医疗健康产业合作空间，并促进广东医疗健康产业的转型升级。

（3）以服务贸易释放粤港澳大湾区巨大的内需潜力。从人均GDP来看，粤港澳大湾区已进入高收入阶段，这意味着这个地区的教育、健康、医疗等服务型需求全面快速增长。问题在于，广东服务型消费产品供给难以满足广大居民消费快速升级的需求，由此导致居民购买力外流。数据显示，2014—2018年，广东组团出境游客数量从860.54万人次增长到1035.42万人次，游客多以香港、澳门为目的地，广东游客数量分别占当地旅游市场总量的1/3和1/2[2]。在此背景下，加快粤港澳大湾区服务贸易发展，不仅能提升广东服务型消费产品的供给水平与质量，而且能为港澳地区经济发展注入新动力。

3. 推进粤港澳大湾区服务贸易一体化的时机和条件总体成熟

（1）粤港澳服务贸易发展呈现加快的趋势。数据显示，2016—2019年，广东省服务进出口总额由9786.9亿元增长到12951.98亿元，年均增长9.79%[3]。依托粤港澳大湾区的优势，广东与港澳地区在服务贸易领域的合作不断深化。例如，粤港

[1] 《广东自主品牌产品出口占比不到两成 将打造品牌强省》，https://www.chinanews.com/df/2016/05-03/7857061.shtml。

[2] 数据来源于《2018年广东省旅行社行业发展报告》。

[3] 《“广东服务”从服贸会走向世界》，《南方日报》2020年9月9日第A08版。

澳三地在金融保险、工程建筑、专业服务等领域合作，并且合作领域不断扩大。其中，深圳积极探索港澳地区执业资格认可特殊机制，制定香港会计师、注册税务师等在前海深港现代服务业合作区执业的办法措施，积极推进粤港澳联营律师事务所试点，目前全国11家粤港澳联营律师事务所中有7家落户深圳前海。

（2）粤港澳基础设施互联互通进程较快。目前，粤港澳大湾区一批重大基础设施项目相继完成，如港珠澳大桥已建成并基本具备通车条件，广深港高铁基本建成。将港澳地区纳入广东“一小时生活圈”，为加快推进粤港澳一体化奠定了重要基础。

（3）粤港澳大湾区科技创新能力明显增强。数据显示，2015—2019年，粤港澳大湾区发明专利总量达128.76万件，居世界四大湾区之首。其中，2019年粤港澳大湾区的发明专利数量分别是东京湾区的2.38倍、旧金山湾区的5.72倍、纽约湾区的8.16倍[1]。

二、以体制机制创新实现粤港澳大湾区服务贸易一体化的重要突破

2018年5月，《国务院关于印发进一步深化中国（广东）自由贸易试验区改革开放方案的通知》发布。其中明确提出要“深入推进粤港澳服务贸易自由化”。从实际情况看，推进粤港澳大湾区服务贸易自由化，重点在于广东服务业市场要对港澳地区全面开放。

1. 体制壁垒成为粤港澳服务贸易一体化的突出障碍

（1）广东的服务业领域尚未对港澳地区完全放开。例如，广东在教育、医疗卫生、基本住房、公共文化等基础性公共服务行业还未实现彻底放开；在旅游、金融、电信、铁路、民航等垄断行业，市场开放仍面临种种限制。例如，在《内地向香港开放服务贸易的具体承诺》中仍规定，旅行社和旅游经营者服务领域内“独资设立旅行社试点经营内地居民前往香港及澳门以外目的地（不含台湾）的团队出境

[1] 数据来源于《粤港澳大湾区协同创新发展报告（2020）》。

游业务限于5家”，这大大限制了港澳业界投资者来广东投资设立旅行社。

（2）资本难以在三地之间自由流通。实现投资贸易便利化的关键是资本的自由融通。粤港澳三地仍然使用不同的货币，港澳地区的金融市场发展高度市场化，资金可自由出入金融市场，广东则实行较为严格的外汇管制，企业境外投资审批效率较低。例如，企业在300万美元以下的境外投资要由省级外汇管理部门审批，300万美元以上的则需要国家外汇管理部门审查批准，这阻碍了粤港澳资金在各地区之间自由流动，增大了投资者进行跨境投资的换汇风险，提高了换汇成本。

（3）服务人员难以在三地之间自由流动。港澳对内地人员的进出限制较多，签证手续烦琐。广东某些企业工作人员在办理港澳通行证时，还需要到其本人户口所在地公安部门办理有关审批手续。此外，在对待港澳人员上，仍然将其视为“境外人员”，在学位、培训、科研、执业资格上尚未实现互认，制约了人才在三地之间的自由流动。例如，在医疗领域，在香港大学和香港中文大学的医学（西医）专业本科以上学历的香港永久性居民，在香港完成了1年的实习期并已取得香港合法行医权后，仍需参加内地医师资格考试，考试合格才能在内地开展医疗服务。

（4）三地服务行业管理标准、经贸规则不对接。在粤港澳区域经济合作过程中，广东与港澳地区在教育、卫生、科技、文化等方面的资质认证和评估标准差别较大，存在实施合作程序多、实施步骤不同步、效率低下等问题。据香港理工大学反映，其深圳研究院只能使用工业用电，运作成本较高。

（5）三地关税制度与政策未充分对接。一方面，三地实行不同的关税制度。港澳均为独立关税区，实行的是高度开放的自由贸易政策，而广东在对外贸易上存在更多的限制。例如，广东海关将港澳科研机构认定为“境外法人事业单位”，对港澳科研设备入境征收高额关税。另一方面，税收政策不统一。例如，我国将港澳科研人员视为境外人员。根据我国有关税法，香港高校派往内地工作的专家和高端人才，在内地停留183天后，须按照内地标准征收个人所得税，造成了对港澳科研人员双重征税的问题。

2. 率先实现广东服务业对港澳地区的全面开放

（1）率先将广东自由贸易试验区开放政策扩大到整个大湾区。近年来，南沙、前海、横琴3个片区在推动服务业对外开放方面取得了重要成果。但从粤港澳大湾区整体来看，仅靠3个片区不仅难以实现粤港澳服务贸易一体化的要求，也制约了广东其他地区服务业市场开放进程。为此，可以将粤港澳大湾区内的广东9市作为一个整体来考虑，将原来赋予3个片区的服务业市场开放政策扩展到整个大湾区，从而实现广东对港澳地区服务业开放的全面突破。

（2）率先将港澳资本视为内资。目前，港澳资本仍被视为外资，港澳资本在进入广东时仍面临前置审批时间长、准入门槛高等诸多政策障碍。按照党的十九大报告提出的“凡是在我国境内注册的企业，都要一视同仁、平等对待”的要求，可以率先在广东将港澳资本纳入内资范畴，实现粤港澳资本在市场准入与经营范围的“一视同仁、平等对待”。

（3）为港澳地区制定“极简版”负面清单。尽快改变现有在跨境服务、电信、文化等领域的正面清单管理模式，整合广东自由贸易试验区与《内地与香港关于建立更紧密经贸关系的安排》（CEPA）负面清单，赋予粤港澳大湾区在负面清单制定中更大的试点权，实行更加开放的服务贸易市场准入机制，取消或放宽对港澳投资者的资质要求、股比限制、经营范围等准入限制，为港澳地区制定“极简版”负面清单，争取将服务贸易负面清单限制数量限定在30项以内。

3. 全面放开粤港澳人文交流

（1）率先在粤港澳大湾区内的广东9市实行对港澳居民的自由落户政策。广东率先对港澳居民全面实行居住证制度，保证港澳人才在广东获得与当地居民同等的待遇。例如，享受当地教育医疗、社会保障、公积金缴纳、税制税率、购买住房资格等方面的同等待遇。

（2）推进粤港澳职业资格互认试点工作。尽快落实和完善三地专业资格互认机制，逐步取消对港澳专业人员的各种限制，允许港澳地区取得专业资格的人员到广东提供专业服务。

（3）鼓励港澳人才到广东自由贸易试验区就业创业。例如，推行高科技人才的绿卡发放措施，让高端人才的流动和跨地域的发展能更加便捷。尽快形成粤港澳三地人才流动综合管理平台，消除人才跨境服务重复征税等问题。降低港澳企业在湾区的设立门槛，促使适用人口范围从只针对精英、优秀人才，到覆盖符合基本条件的普通港澳居民，同时对港澳人员在湾区的执业范围逐步进行放宽。

4. 加快实现粤港澳金融服务一体化

（1）扩大广东金融业对港澳地区的开放。没有金融服务一体化的支撑就难以实现粤港澳大湾区服务贸易一体化。从现实情况看，粤港澳大湾区内三种货币互不流通，三地金融监管体系相对独立，金融市场分割问题仍很突出。为此，需要进一步取消或放宽港澳资本进入粤港澳大湾区内金融服务市场的资质要求、股比限制、经营范围等准入限制，简化金融机构和企业办理业务的流程和方式，放宽金融业务范围。

（2）创新粤港澳地区跨境货币业务。一是推动粤港澳人民币信贷市场对接，开展广东与港澳地区双向人民币融资业务和跨境人民币信贷资产转让业务。二是建立粤港澳货币结算系统，形成人民币与港币、澳门币联系汇率制度，逐步实现人民币在港澳地区的自由流动、自由兑换。

（3）建立粤港澳地区金融风险共同防范机制。探索成立粤港澳金融协调监管委员会，协调处理三地之间有关互设金融机构、货币互换和汇兑机制、互相信用支持、金融信息交换、金融风险防范和合作监管机制等金融事务；建立粤港澳金融调解与仲裁、诉讼的对接机制，依法维护金融消费者合法权益；建立粤港澳反洗钱和反恐怖融资监管合作机制，防范非法资金跨境、跨区流动。

5. 推进粤港澳服务业行业标准与管理规则的对接

（1）推进粤港澳服务业行业标准和规范全面对接。适应粤港澳服务业市场开放的趋势，将体制对接融合的范围从经济体制扩大到社会体制乃至行政体制。

（2）推进粤港澳市场监管执法标准对接。针对广东与港澳市场监管执法标准差异问题，制定与港澳市场经营行为差异化责任豁免目录。

（3）充分发挥行业协会在对接行业标准和规范中的作用。借鉴港澳服务行业协会管理机制，探索把服务业相关行业的管理职能交由社会组织承担，强化行业自律，探索与港澳的行业标准和规范衔接。进一步发挥香港中介组织的桥梁作用，加强两地合作，拓展服务范围，为广东企业提供包括产品开发、研究咨询、人才培训、检验检测、金融等服务，有效推动广东服务业标准与国际接轨。

6. 建立粤港澳大湾区服务贸易一体化通关监管体制

（1）实行更加便利开放的人员出入境政策。近年来，香港和内地之间每天有近70万人次跨境往来，相当于一个移动的中等城市。尽管在疫情影响下，跨境往来人次大幅降低，但随着疫情防控的常态化，双方对通关便利化有着巨大的需求。建议将“一签多行”政策扩大到广东全省，使港澳车辆在粤港澳三地便利进出；探索“一地两检”和“单边验放”等通关创新政策；充分利用智能识别技术实现电子化通关等。

（2）实现与服务贸易相关的货物通关便利化。目前广东海关将港澳科研机构认定为“境外法人事业单位”，对港澳科研设备入境仍然征收高关税。未来几年，可以考虑对进入粤港澳大湾区内的教育、研发、健康、医疗等重点服务业领域的基础设备，在严格用途管制、使用范围管制的前提下，实行免关税或保税政策。

三、以服务贸易为重点高质量建设粤港澳大湾区具有全局性影响

当前，以服务贸易为重点推进粤港澳大湾区高质量发展，不仅能加快形成我国区域发展的新优势、新动能，而且能促进广东加快完成中央赋予的新使命。

1. 在建设高标准市场体系上走在全国前列

（1）粤港澳大湾区服务贸易一体化将推动广东服务业发展再上一个新台阶。香港有着高度发达的金融和高端服务业，澳门除博彩业外的其他现代服务业占比

接近50%。与之相比，2019年，广东服务业占比为55.5%，而现代服务业占比仅为30%左右。加快推进粤港澳大湾区服务贸易一体化，提高自身服务业发展质量是广东建设现代化经济体系的重要抓手，由此将推动广东服务业发展再上一个新台阶。

（2）粤港澳大湾区服务贸易一体化在推动区域经济一体化中扮演重要角色。近年来，在CEPA框架下，粤港澳合作虽然在不断推进，但实质性进展缓慢。广东与港澳地区之间出现了从合作大于竞争转向竞争大于合作的态势，这使得粤港澳在实现错位发展、优势互补的差异化发展进程中面临新的挑战。其中重要的原因之一在于尚未找到粤港澳大湾区产业合作的结合点。以服务贸易为重点，以广东自由贸易试验区为载体，推进粤港澳服务贸易一体化，是“一国两制”方针下发挥各自优势、创新区域合作模式、深化区域合作领域、形成利益共同体的重要举措。

2. 在形成全面开放新格局上走在全国前列

（1）推动广东在服务贸易开放上走在全国前列。在过去40多年的改革开放进程中，广东一直走在全国前列，并成为我国对外开放的最前沿。港澳两地是全球公认的自由港，在服务贸易发展方面有着非常成功的经验。在这个大背景下，加快推进粤港澳大湾区服务贸易一体化，率先在广东对标世界最高标准的服务贸易新规则与服务贸易管理新举措，不仅能使广东继续在我国对外开放新格局中扮演重要角色，也将使我国在以服务贸易为重点的新一轮全球自由贸易中赢得主动。

（2）推动广东在服务“一带一路”建设中走在全国前列。近年来，广东在与“一带一路”沿线各国开展贸易、推动企业“走出去”方面取得了积极进展。2019年，广东对“一带一路”沿线国家进出口额达到1.71万亿元，增长6.3%，占全国的18.4%。全年境外新增实际投资额为102.8亿美元，比上年下降25.5%；对外承包工程完成营业额为167.1亿美元，下降4.9%[1]。从实际情况看，以金融业为重点的服务业企业“走出去”滞后于实体企业“走出去”步伐，企业对跨境保险、融资、法律、会计等商业服务仍具有巨大需求。加快推进粤港澳服务贸易一体化，推动粤港

[1] 数据来源于《2019年广东省国民经济和社会发展统计公报》。

澳大湾区内实体企业与金融、会计、法律等服务业企业抱团“走出去”，将显著降低企业风险与“一带一路”建设成本。

3. 对“一国两制”产生重要影响

（1）推动“一国”前提下的“两制”深度对接。“一国两制”的核心目的是在凸显“一国”共同利益的前提下，突出两种制度之间的协调、互补、共生、共享、相融。由于粤港澳分属不同的独立关税区，推进粤港澳大湾区服务贸易一体化，重点是推进粤港澳三地的服务业投资自由化，由此扩大港澳在广东省服务业投资自由化的覆盖范围，并通过促进粤港澳区域经济一体化实现“两制”的有效衔接。

（2）推动港澳地区实现政治稳定和长治久安。以服务贸易为重点推进粤港澳大湾区高质量发展，将带动港澳与内地社会融合和政治融合，为保持港澳政治长期稳定和经济繁荣发展提供重要条件。

第三节

对标全球最高水平开放形态建设海南自由贸易港

自由贸易港是当今世界最高水平的开放形态。加快推进海南自由贸易港建设进程，需要把制度集成创新摆在突出位置，对标当今世界最高水平开放形态，尽快形成既有中国特色又有较强国际竞争力的自由贸易港开放型经济新体制。

一、打造引领我国新时代高水平开放的鲜明旗帜

加快建立海南自由贸易港开放型经济新体制，是形成法治化、国际化、便利化营商环境的重大举措，是我国积极推进经济全球化、坚定不移扩大开放的实际行动，是我国高水平开放的重要标志。

1. 建设海南自由贸易港是我国推动经济全球化的实际行动

在经济全球化受到严重冲击的背景下，加快推进海南自由贸易港建设，彰显了我国进一步扩大开放、更深程度融入世界经济的决心，是支持经济全球化、构建人类命运共同体的实际行动。以高水平开放吸引全世界投资者到海南投资兴业，实现各方共享中国发展机遇、共享中国改革成果；率先探索实行世界最新、最高标准经贸规则，将海南自由贸易港打造成为我国融入世界经济的前沿地带。

2. 以制度型开放率先推动建立高水平开放型经济新体制

海南自由贸易港以制度型开放为重要标志，主动适应全球经贸规则重构新趋势，充分学习借鉴国际自由贸易港的先进经营方式、管理方法，将开放政策与制度创新结合起来，形成具有国际竞争力的自由贸易港政策与制度体系，为我国推进制度型开放提供先行先试经验。

3. 打造我国面向太平洋、印度洋的对外开放门户

充分发挥海南地处太平洋和印度洋要冲的特殊区位和地理优势，利用建设自由贸易港的契机，通过制度型开放、全方位开放，推进区域一体化进程，使海南成为我国面向太平洋和印度洋的重要对外开放门户与21世纪海上丝绸之路的重要战略支点。由此，增强海南自由贸易港的区域辐射带动作用，打造我国深入融入全球经济体系的前沿。

二、建设海南自由贸易港的战略任务

以制度型开放加快建立开放型经济新体制，是海南自由贸易港制度创新的战略任务。海南需全方位、大力度推进改革创新，以高水平开放促进全面深化改革。

1. 对标世界最高水平开放形态

（1）对标国际自由贸易港的一般特征。按照“一线放开、二线管住”的基本要求，在海南实行高水平贸易和投资自由化便利化政策，完善“准入前国民待遇+负面清单”管理制度，保障货物、服务、资金、人员、信息等要素流动自由化和便利化。

（2）对标世界最高水平的经贸规则。率先在海南探索实施“零关税、低税率、简税制”，提升自由贸易港的全球资源配置能力和全球服务能力；借鉴并率先实施国际最新投资贸易协定的相关条款，尽快开展在电信、环保、劳工、政府采购等领域的先行先试；引入发达经济体的服务业管理标准与人才互认标准，在服务贸易、数字贸易等重点领域加快探索形成高标准“中国版”经贸规则。

（3）对标国际一流营商环境标准。聚焦贸易投资自由化、便利化，要全面实施自由企业制度，保障市场主体实现在负面清单外自主注册、自主变更、自主注销、自主经营；要强化竞争政策的基础性地位，形成公开市场、公平竞争大环境；要建立严格的产权保护与知识产权保护制度，构建与国际接轨的多元化纠纷解决机制，为全世界投资者、创业者打造开放层次更高、营商环境更优、辐射作用更强的开放新高地。

2. 以制度型开放为主要举措的制度创新

（1）以贸易自由便利为目标的海关监管制度创新。实行“一线”放开，“二线”管住，岛内自由等举措。例如，在严格监管下实现自由贸易港内企业自由生产经营，产品附加值增加30%的货物可作为岛内产品进入14亿人的国内大市场。

（2）以大幅放宽市场准入为重点的投资自由便利制度创新。例如，“非禁即入”，实施市场准入承诺即入制；创新自由投资的相关制度；完善产权保护；平等待遇，公平竞争。

（3）以扩大金融开放为重点的跨境资金自由便利制度创新。海南的金融开放需要一个过程，需要在高水平开放中加快海南金融体制创新。要扩大金融业开放范围，加快金融改革创新，积极发展离岸金融业务。

（4）以加快开放的人才政策为重点的人员进出自由便利制度创新。例如，提供高水平的人才移民服务；实行更加便利的出入境管理政策，有序扩大签证范围。

（5）以高度自由便利开放政策为重点的运输往来自由便利制度创新。要实行更加开放的航运制度；加快建设“中国洋浦港”，把“中国洋浦港”打造成为以油气资源储藏、加工、运输、交易为重点的国际性航运枢纽。

3. 形成高水平开放的政府治理体系

（1）政府治理要能够充分激发市场活力。市场活力不足、市场主体薄弱，是海南经济实力弱的突出表现。加快自由贸易港建设，关键是尽快集聚一批具有较强竞争力的市场主体。要进一步激发各类市场主体活力，在市场准入承诺即入制、投资自由制度、公平竞争制度、产权保护制度等方面探索符合自由贸易港发展的制度安排。以制度型开放推动自由贸易港的开放政策、税收政策等政策优势与制度创新相结合，形成市场环境建设的突出优势。

（2）以建设高效率政府为重点的行政体制改革。要采取特别举措，建立与最高水平开放形态相适应的高效率行政体制；要建立政府政策诚信制度，强化对政府政策执行的约束，提高政府效能，降低企业办事成本；要进一步提升政府公信力，引领其他领域信用建设，推动建设诚信社会，打造国际一流的营商环境。

三、以“早期安排”取得“早期收获”

面对新形势、新挑战，当务之急是以服务业项下自由贸易的“早期安排”，实现服务型经济发展的新突破，以吸引更多境内外企业到海南创新创业。

1. 以扩大服务业市场开放的“早期安排”取得产业发展的“早期收获”

（1）以文化产业市场开放的“早期安排”取得旅游国际化水平提升的“早期收获”。例如，取消外商投资文化、体育、娱乐企业的股比限制，率先在这些领域实行“零关税”的“早期安排”，以取得文化娱乐与旅游融合发展的“早期收获”，并由此促进海南现代服务业的较快发展。

（2）以教育市场开放的“早期安排”取得“教育开放创新岛”的“早期收获”。要在符合条件和标准、严格监管的前提下，允许并鼓励境外资本在理工农医类等领域独立办学。

（3）以医疗健康市场开放的“早期安排”取得“医疗健康岛”的“早期收获”。在把博鳌乐城国际医疗旅游先行区建设成为“国际性医疗硅谷”的同时，尽快把其中某些政策逐步在全省推广实施，以努力在医疗健康产业的高度开放方面取得“早期收获”。

（4）以高新技术产业开放的“早期安排”取得“智慧海南”建设的“早期收获”。抓住全球新一轮科技革命与产业革命相互融合的机遇，推进高新技术产业开放，促进大数据、区块链、云平台等新兴技术与传统产业融合。

2. 以实施“零关税”的“早期安排”取得制度创新的“早期收获”

（1）对服务业领域实施“零关税”。对医疗健康、文化娱乐、旅游、教育、科技研发、会展等服务业行业发展所需原材料、基础设施配套的用品设备进口实施“零关税”，并免除进口环节增值税；对事关民生的重点行业实施“零关税”。

（2）把日用消费品“零关税”作为“早期安排”的重中之重。尽快在日用消费品领域做“零关税”的“早期安排”，这有利于解决本岛居民收入不高但生活成本却高企不下的突出问题。

（3）把防止走私和保障公众安全作为海南自由贸易港海关监管的基本要求。作为一个相对独立的岛屿，加上现代科技监管手段的有效应用，海南有能力、有条件把“零关税”的风险降至最低。

3. 以人才制度创新的“早期安排”取得广揽人才的“早期收获”

（1）创新人才发展制度的“早期安排”。探索实行政务官和事务官分类管理制度，事务官参照国际标准实行市场化薪酬待遇；除党政部门外，对事业单位、社会组织等从业人员取消编制管理，全面实行聘用制。由此，打破人才管理行政化、封闭化的传统格局，建立以专业性、开放性为导向的人才管理体制。

（2）出台吸引人才的特殊政策的“早期安排”。尽快改变海南教育、医疗、高新技术产业相对落后的现状，力争在税收政策上率先实现突破。

（3）建设服务人才发展环境的“早期安排”。以建立多种类型的平台为主体吸引海内外人才，营造创新创业的良好环境，创造并完善国际化人才服务及用工环境。

四、海南自由贸易港建设的战略举措

适应高水平开放新趋势，要赋予海南更大的改革自主权，支持海南全方位、大力度推进制度集成创新，积极探索建立适应自由贸易港建设的体制机制安排。

1. 以产业项下的自由贸易推进产业发展进程

（1）以产业大开放形成产业大发展的新格局。产业基础薄弱是海南自由贸易港建设的突出问题。2019年，海南旅游业增加值仅相当于上海2018年的1/5[1]，高新

---

[1] 数据根据《海南统计年鉴2019》《2019海南旅游总收入超千亿》（https://baijiahao.baidu.com/s?id=1655344791904207437&wfr=spider&for=pc）及《2018年上海旅游业增加值占GDP6.4%》（http://finance.sina.com.cn/roll/2019-03-15/doc-ihsxncvh2646209.shtml）计算得出。

技术产业增加值不足北京的1/30[1]。海南建省30多年的实践表明，没有产业大开放就没有产业大发展。加快建立以旅游业、现代服务业与高新技术产业为主导的自由贸易港产业体系，重在加快推进服务业项下的自由贸易进程。例如，建设国际旅游消费中心，关键在于加快推进旅游、文化、体育、娱乐、免税购物等产业项下的自由贸易进程；发展海南热带现代农业，出路在于通过加快推进物流、加工、包装、仓储等生产性服务业项下的自由贸易进程以及利用中央赋予的海南原产地政策等，将海南打造成为背靠14亿人的国内大市场，成为面向泛南海区域的热带农产品加工、储藏、交易中心。

（2）以高水平开放推进教育、医疗与公共卫生的高质量发展。发展现代服务业与高新技术产业，重在引用人才。进入发展新时代，在以事业吸引人才的同时，高水平的教育、医疗与公共卫生发展水平成为吸引人才、留住人才的重要基础条件。从现实情况看，海南有一流的生态环境，但教育、医疗与公共卫生发展水平仍比较落后。为此，要加快高水平开放进程，大力引进国内外优质医疗资源、教育资源。若经过5～10年的努力，使海南的教育、医疗与公共卫生发展水平接近或达到国内发达地区的水平，海南发展现代服务业、高新技术产业就有了重要基础和条件，海南人民的幸福感、获得感就会明显增强。

（3）要着眼于加快现代服务业与高新技术产业发展，形成开放政策的“早期安排”。与上海等发达地区不同，海南工业体系和现代服务业发展严重滞后，各类产业园区对全省产业发展的拉动作用有限。从海南的省情出发，自由贸易港“早期安排”设计，要立足于现代服务业、高新技术产业基础十分薄弱的现实情况，在注重园区发展的同时，尽可能将开放政策与“零关税、低税率、简税制”等特殊政策的“早期安排”向全省重点产业倾斜。

[1] 数据根据《海南高新技术产业迸发新势能》（《海南日报》2020年3月10日第A03版）及《北京市2019年国民经济和社会发展统计公报》（http://tjj.beijing.gov.cn/tjsj_31433/sjjd_31444/202003/t20200302_1673395.html）统计得出。

2. 打好两张“王牌”

（1）以健康“王牌”形成疫情下自由贸易港开局新亮点。疫情在对旅游业等服务业产生严重冲击的同时，也对“健康海南”提出迫切需求。建议尽快在医疗健康领域推出某些“特别之举”，着眼于建设高质量公共卫生防控救治体系，争取在“十四五”末期将卫生支出占财政支出比重提升至10%以上，其中公共卫生支出比重争取显著提升。

（2）以免税购物“王牌”尽快在日用消费品领域实行“零关税”的“早期安排”。2018年，海南人均旅游花费仅为内地居民出境旅游平均花费的23%，是内地居民赴夏威夷旅游的11%、赴香港旅游的21%、赴台湾旅游的28%[1]。建议尽快在日用消费品领域实现“零关税”，使免税购物政策惠及全体游客和全省居民；同时，推进免税购物市场的全面开放，由此加快国际旅游消费中心的建设进程。

3. 打造国际化、法治化、便利化的营商环境

（1）要建立健全公平竞争市场制度，强化竞争政策的基础性地位。形成以旅游业、现代服务业和高新技术产业为主导的海南自由贸易港产业体系，加快培育具有海南特色的合作竞争新优势，关键是要尽快集聚一批具有较强竞争力的市场主体。要以制度型开放为重点打造公开、透明、可预期的投资环境，充分激发市场活力。为此，需要打破市场垄断与行政垄断，确保各类所有制市场主体在要素获取、标准制定、准入许可、经营运营、优惠政策等方面享受平等待遇。政府采购对内外资企业要一视同仁。

（2）要统筹强化产权保护与知识产权保护。加快产权保护制度化、法治化进程，依法保护私人和以民营企业与中小企业为重点的法人财产的取得、使用、处置和继承的权利，以严格的法治维护商业自由和市场秩序；加大知识产权侵权惩罚力

[1] 数据根据《我国游客出境游大数据报告：人均消费约800美元》（http://www.ce.cn/xwzx/gnsz/gdxw/201903/14/t20190314_31682666.shtml）、夏威夷旅游局网站数据、《香港统计年刊（2019年版）》《中华民国107年来台旅客消费及动向调查》数据计算得出。

度，实现知识产权保护标准、规则等与国际接轨。

（3）要着力推进政府机构改革和政府职能转变。进一步推动大部门体制改革，明显提升政府政策执行效率，打通政策落实的“最后一公里”；加快推动政府向市场、向社会放权，实质性转变政府职能。

CHAPTER 7

第七章

以开放创新赢得国内发展与国际竞争主动

创新是引领高质量发展的第一动力。党的十九届五中全会提出："坚持创新在我国现代化建设全局中的核心地位，把科技自立自强作为国家发展的战略支撑，面向世界科技前沿、面向经济主战场、面向国家重大需求、面向人民生命健康，深入实施科教兴国战略、人才强国战略、创新驱动发展战略，完善国家创新体系，加快建设科技强国。"全球新一轮科技革命下的创新跨越国界，已成为一种全球现象，并呈现出开放创新的时代特征。推进高水平开放，要突出开放创新，加快构建开放创新网络体系，集聚全球创新资源，实现建设创新型国家的实质性突破。

第一节

开放创新的大趋势

从国际经验看，开放创新能够使一个国家充分整合和利用全球创新资源，迅速提升创新能力，并为新兴经济体实现快速追赶提供历史性机遇。把形成开放创新的新格局作为我国高水平开放的重要目标，我国完全有条件实现创新发展的“后来者居上”。

一、开放创新是一个大趋势

一个国家提升自主创新能力很重要，但同时我们也要看到，与以往的创新有很大的不同，第四次工业革命背景下的创新已经跨越国界，具有开放创新的突出特点。

1. 在扩大开放中创新

（1）第四次工业革命伴随着创新范式的变化。过去的创新时代是创新1.0时代，第四次工业革命正在开启一个创新2.0时代，主要特征是开放式创新[1]。所谓开放式创新，就是一个国家和一个企业不仅利用内部组织资源，而且还充分利用外部组织资源实现创新。

（2）大数据技术为所有人参与创新提供了方便。进入大数据时代，创新不仅仅是生产者内部的创新，越来越多的消费者也参与到创新中。iPhone手机的生产容纳了许多消费者的创意，无论这些创意来自哪个国家，一旦有价值，就会被公司

---

[1] “开放式创新（open innovation）”一词最初进入公众视野，源自美国加利福尼亚大学伯克利分校哈斯商学院加伍德公司创新中心主任亨利·切萨布鲁夫（Henry Chesbrough）教授于2003年出版的专著《开放式创新》。“开放式创新”是指：为了促进组织内部的创新，有意图且积极地活用内部和外部的技术及创意等资源的流动，其结果是增加将组织内创新扩展至组织外的市场机会。

采纳。

（3）开放创新能够获得巨大成功。以美国电视剧《纸牌屋》（*House of Cards*）为例，该剧不仅是Netflix网站上有史以来观看量最高的剧集，也在美国及40多个国家热播。《纸牌屋》的编剧所使用的数据库包含了3000万用户的收视选择、400万条评论、300万次主题搜索等[1]，按照用户的喜好设计安排剧情。

2. 开放创新越来越表现为整合和利用全球创新资源

（1）开放创新为“让全世界聪明人都聚集起来”提供解决方案。无论是微软、苹果，还是谷歌等，都已经不再局限于内部创新资源的挖掘，而是面向全球，充分利用全球顶级的智慧实现创新发展。

（2）企业创新无国界。以宝洁公司为例，在2000年之前，宝洁公司不愿意利用公司外的创新资源，只有15%的创新实现了收入与利润目标。10年之后，宝洁公司与全球约150万名科学家联手实现开放式创新，迸发创意。为此，宝洁公司的创新成功率上升至50%。宝洁公司2014年和2015年的创新项目收入快速成长，相当于在没有显著增加投入的情况下，产出增加了6倍[2]。

（3）科技创新无国界。美国硅谷作为世界一流的创新中心，其开放创新模式正在向全球蔓延。当今世界各大科技创新中心，比如纽约、东京、伦敦、华盛顿、柏林、芝加哥、特拉维夫、波士顿等，都是利用全世界的头脑服务于本地的创新。

3. 开放创新是新兴经济体实现赶超的秘诀

（1）开放创新加快了创新的速度。从历史的角度看，美国之所以超越了过去的大英帝国，而且在创新能力上雄踞全球首位，不仅是靠国内的组织和人才资源，而且是靠全世界优秀的头脑加快创新速度。以美国初创企业达到估值10亿美元的时间为例，20世纪90年代大部分的初创企业除谷歌以外，进入“独角兽”的行列都需要10年以上；千禧年之后，不但数字领域的“独角兽”企业数量大大增加，而且绝

[1] 王磊：《用“大数据”算出的“纸牌屋”》，《文汇报》2013年5月17日第00D版。

[2] 《创新：从封闭走向共享开放》，https://www.sohu.com/a/32276427_162758。

大部分只花了不到10年的时间；2015年甚至出现了成立时间不满1年的“独角兽”企业。

（2）开放创新能够使一个国家长期保持创新的活力。以美国的硅谷为例，其之所以能够长盛不衰，主要在于它采取的开放创新模式使得它能够源源不断地吸引全球优秀人才加盟。

（3）越来越多的国家采取开放创新模式。作为创新强国的日本、德国、以色列等，都采取非常开放的创新政策。例如，德国作为工业4.0（第四次工业革命）的发源地，并不是像过去那样简单采取封闭式的创新模式，而是向全世界宣传和推广，并利用全世界的智慧完善这种模式。

（4）开放创新将为越来越多的新兴经济体实现赶超提供条件。第四次工业革命时代的创新，将呈现发散型、多维度的创新，即使是美国也不能包揽世界所有的创新，并在所有的创新上都做得最好。比如，在电子支付等方面，我国就领先于美国。

4. 我国逐步具备成为世界创新中心的多种优势

（1）我国拥有14亿人的强大内需市场，可以有效集聚创新资源。在机器人、3D打印、智能穿戴等领域，尽管最新技术的原创可能不在我国，但是最大的应用市场在我国。如果我国的企业能够更多采取开放创新的模式发展，就有可能集聚全球的智慧实现产业创新。

（2）我国拥有最多的互联网和移动互联网用户。大数据、云计算、物联网、智能化、传感感应技术等新技术的商业化，离不开与网民的互动，我国“BAT”（百度、阿里巴巴、腾讯）超常规发展，甚至在有些地方超越美国，很重要的原因是我国的市场优势可以通过开放式创新转化为商业模式和产业业态创新上的突出优势。例如，截至2020年6月，我国网民规模达到9.4亿人，占全球网民总数的20%，互联网普及率达到67%；其中，手机网民规模达到9.32亿人，网民使用手机上网的比例达到99.2%[1]。

[1] 中国互联网络信息中心：《第46次中国互联网络发展状况统计报告》。

（3）我国作为全球第一工业大国，有制造业体系齐全的突出优势。目前，我国已成为全球第一大工业国，在世界500多种主要工业产品中，我国有220多种产量位居世界第一，拥有全球最完备的工业体系、最完整的产业配套和多层次的产业集群。我国的海尔、康佳、三一重工、中联重科等企业走出国门，整合国外的研发、人才资源，集聚全球创新要素，可以使传统制造业实现创新发展。可以说，作为全球性大国，我国在几乎所有领域都有巨大的开放创新潜力。

5. 以开放创新建设全球科技创新中心

（1）充分利用全球科技创新资源。经过40多年的改革开放，我国高科技领域发展取得明显成就，逐步推动我国科技实力进入世界前列。如果能够加快开放创新的步伐，我国就有条件成为全球科技创新的高地：第一，加大与发达国家的科技合作，利用全球科技创新人才的智慧加快科技创新；第二，充分利用我国14亿人的强大内需市场，通过加快高科技领域的商业转化，吸引集聚海外人才加入我国的高科技前沿技术研究；第三，近年来，尤其是进入后疫情时代，科技领域留学生回国数量逐步增加，加大开放创新力度，有望形成利用全球杰出人才集聚创新资源的新优势。

专栏7.1　习近平关于开放创新的重要论述

1.我国现代化涉及十几亿人，走全靠要素驱动的老路难以为继。物质资源必然越用越少，而科技和人才却会越用越多，因此我们必须及早转入创新驱动发展轨道，把科技创新潜力更好释放出来。

——《在十八届中央政治局第九次集体学习时的讲话》（2013年9月30日）

2.要发挥创新引领发展第一动力作用，实施一批重大科技项目，加快突破核心关键技术，全面提升经济发展科技含量，提高劳动生产率和资本回报率。

——《在中央经济工作会议上的讲话》（2015年12月18日）

3.我国的经济体量到了现在这个块头，科技创新完全依赖国外是不可持续的。我们毫不动摇坚持开放战略，但必须在开放中推进自主创新。

——《在考察中国科技大学时的讲话》（2016年4月26日）

4.自主创新是开放环境下的创新，绝不能关起门来搞，而是要聚四海之气、借八方之力。

——《在中国科学院第十九次院士大会、中国工程院第十四次院士大会上的讲话》（2018年5月28日）

5.国际科技合作是大趋势。我们要更加主动地融入全球创新网络，在开放合作中提升自身科技创新能力。

——《在科学家座谈会上的讲话》（2020年9月11日）

资料来源：根据公开资料整理。

（2）鼓励企业开放创新。企业是创新的市场主体，14亿人的大市场给我国企业开放创新提供了巨大空间。华为、科大讯飞等诸多企业采取开放创新模式，获得巨大成功，甚至在一些领域，这些企业的创新程度并不亚于美国，这主要得益于14亿人的大市场。例如，以数字经济为代表的商业模式创新主要得益于我国巨大的应用市场。2019年，我国数字经济增加值规模达到35.8万亿元，占GDP的比重达到36.2%[1]。预计到2025年，我国数字经济增加值规模将达到60万亿元。在新一轮科技革命和产业革命的共同推动下，如果开放创新能够取得实质性进展，我国就有望在打造全球企业创新中心上有新的突破。

专栏7.2 我国企业开放创新的几个案例

1. 华为的开放创新。华为作为全球化的跨国公司，自2015年以来业务遍及全球170多个国家和地区，58%的销售收入来自海外市场，海外员工本地化率达到了72%。华为的许多高管来自海外，例如：华为创意总监金峻绪（JoonSuh Kim）曾经设计过三星Galaxy系列智能手机；华为首席用户体验设计师艾比盖尔·莎拉·布罗迪（Abigail Sarah Brody）在苹果公司工作了将近10年；华为巴黎设计研发中心负责人马蒂厄·雷阿奴（Mathieu Lehanneur）、华为消费者BG执行副总裁赵科林（Colin Giles）等都是外国人。

[1] 数据来源于《中国数字经济发展白皮书（2020年）》。

2. 海尔的开放创新。海尔开放创新平台（Haier Open Partnership Ecosystem，简称HOPE）由海尔开放式创新中心开发并运营，是目前中国最大的开放创新平台。海尔的HOPE致力于打造全球最大的创新生态系统和全流程创新交互社区，面向全球所有的创新者和企业。依托于海尔的全球五大研发中心和平台自身所整合的全球领先资源，HOPE可实现多方用户、多维度、并联式交互，让技术供需双方零距离对接，为技术持有者寻找合适的客户，为技术需求者嫁接技术解决方案。

3. 科大讯飞的开放创新。科大讯飞目前已向15万家企业开放了它的技术和接口，间接催生出数十万个App。先进的语音技术对接上车联网，为大众购车、用车提供便利；医生的超声波检查结果也能使用语音记录，代替现在的听写和打字；而诸如京东这样的大型电商也在寻求合作，用人工智能为客户服务；等等。

资料来源：根据公开资料整理。

二、在开放中提升自主创新能力

我国作为大国，核心技术不能受制于人，需要提升自主创新能力。提升自主创新能力，不是封闭起来自我创新，而是要通过开放创新，集聚全球创新资源加快建设科技强国。

1. 处理好开放创新与自主创新之间的关系

（1）大国要实现科技追赶需要处理好开放创新与自主创新之间的关系。当今世界的科技强国之所以能够成为科技强国，很大程度上在于它们在科技追赶过程中都比较好地处理了开放创新与自主创新之间的关系，在科技强国的路径选择上确立了全球视野。

（2）过去的“市场换技术”难以适应未来创新发展的需要。我国加入WTO以来，曾经采取了“市场换技术”的策略。多年来的实践表明，以开放促进创新确实有成效，开放减少了我国的学习成本，但并非简单的“市场换技术”。发达国家的核心技术很难拱手相让，很难通过“市场换技术”的途径获得。例如，近年来美国对我国中兴、华为等高科技企业就进行了打压。

（3）开放创新服务于自主创新。大国创新必须立足于自主创新，既需要加强原始创新，在各个生产领域努力获得更多的科学发现和重大的技术发明，又需要突出加强集成创新，使各相关技术成果融合汇聚，形成具有市场竞争力的产品和产业。广泛吸收全球科学成果，积极引进国外先进技术，必须立足于充分消化吸收和再创新。

2. 关键核心技术要立足自主创新

大国创新必须有原创性的关键核心技术，当今世界上的创新大国都以掌握关键核心技术而称雄于世。不掌握关键核心技术，我国很难改变制造业大而不强的局面。正如习近平总书记所强调的：“核心技术受制于人是我们最大的隐患。……如果核心元器件严重依赖外国，供应链的‘命门’掌握在别人手里，那就好比在别人的墙基上砌房子，再大再漂亮也可能经不起风雨，甚至会不堪一击。”“最关键最核心的技术要立足自主创新、自立自强。市场换不来核心技术，有钱也买不来核心技术，必须靠自己研发、自己发展。”[1]

3. 以开放创新促进自主创新

以华为为例，其成为世界5G领军企业得益于开放创新。为华为服务的人员，包括700多位数学家、800多位物理学家、120多位化学家、6000多位专门进行基础研究的专家，还有6万多位工程师。自主创新不意味着关起门来搞创新，不意味着“从头再来”“单打独斗”。当今世界的自主创新，更需要充分利用全球创新资源，与国际科技界协同破解科技难题，善于通过开放创新提升自主创新能力。

三、尽快形成开放创新的新格局

以全球视野谋划和推动创新，实施科技创新国际化战略，在全球范围内优化配置创新资源，积极融入和主动布局全球创新网络，探索科技开放合作新模式、新路

[1] 习近平：《在网络安全和信息化工作座谈会上的讲话》，《人民日报》2016年4月26日第2版。

径、新体制，促进创新资源双向开放和流动，全方位提升科技创新的国际化水平。

1. 把促进开放创新作为高水平开放的重大任务

（1）高水平开放要服务于国内创新发展的大目标。高质量发展阶段的高水平开放与过去高速发展阶段有很大的不同，不单是引进外资促进经济总量增长，而且要把侧重点放在促进国内创新发展上。近年来，随着大数据、人工智能等新一轮技术革命的加快推进，创新在经济发展中的地位日益凸显。如果在大数据、智能化、云计算、移动互联网、物联网（简称“大、智、云、移、物”）等领域，在基础研究领域和应用研究领域再推出一大批重大科技创新成果，将为我国中长期发展注入强大的内生动力。

（2）以“引进来”促进开放创新。新阶段的“引进来”是有选择的“引进来”，是国际高科技和创新要素的“引进来”，而不是国外中低端产业向我国转移。

（3）以“走出去”促进开放创新。我国已经成为资本净流出国，资本输出也不单单是国内传统产能的输出，还包括中国创新的输出。企业“走出去”更重要的是整合国际创新资源，提升自主创新能力。

2. 形成科技领域开放创新的新格局

（1）借鉴发达国家经验，实现部分科技计划对外开放。根据科技发展水平和需要有选择地开放科技计划，是发达的科技大国的通行做法。以美国为例，除涉及军事和敏感技术的计划外，其科技计划大部分对外开放，可以开展国际合作，邀请外国专家到其实验室工作。欧盟先后制定了多项跨国的高技术研究与发展计划，这些计划的实施以欧洲国家为主，但也通过采取招标或签订双边协议的方式向其他国家开放。

（2）创新国际科技合作机制。要以更加开放的思维和举措推进国际科技交流合作，分类制定国别战略，丰富新型大国关系的科技内涵，推进与科技发达国家建立创新战略伙伴关系，与周边国家打造互利合作的创新共同体，拓展针对发展中国家科技伙伴的计划框架。

（3）充分利用并整合全球科技资源来促进本国发展。以开放基础研究和重大全球化问题研究为主，以开放应用研究为辅，允许拥有外国国籍的科学家、非本国独立法人或外资研究机构及企业参与本国的主体科技计划项目工作。

（4）推进国内产学研相互开放融合。围绕国家重大科技计划，推动产学研协同创新，实现产学研基础设施互联互通、信息共享、资源共享。打通军民融合的科技成果转化通道，加快国内高科技成果在应用领域的转化进程。

3. 形成企业开放创新的新格局

当前，我国企业开放创新平台建设加快。国家科技部最近启动了新一代人工智能发展规划，宣布了首批国家新一代人工智能开放创新平台。例如：依托百度公司建设自动驾驶国家新一代人工智能开放创新平台；依托腾讯公司建设医疗影像国家新一代人工智能开放创新平台；依托科大讯飞公司建设智能语音国家新一代人工智能开放创新平台，使得部分企业能够得到国家的相关支持从而加快开放创新步伐。

未来几年，加快企业开放创新平台建设还需要从多方面深入推进：第一，围绕全球新一轮产业革命的重点产业创新，在大、智、云、移、物等诸多领域培育领军企业和开放创新平台，形成开放创新由点到面的普及推广。第二，从我国国有企业开放创新滞后的现实出发，选择部分创新型国有企业进行搭建开放创新平台的试点，在国有企业的开放创新上破题发力。第三，鼓励和支持企业在“走出去”中实现创新资源和创新人才的本土化，充分利用国际创新资源提升企业竞争力。

4. 建设区域性创新高地

（1）注重区域开放创新中心建设。以美国的硅谷为例，区域创新中心对一个国家的开放创新影响巨大。2017年，硅谷（包括旧金山）的专利申请数占全加州的53.7%、全美的14.9%。科技创新的兴盛吸引了各类资本，2018年，硅谷初创企业获得的风险投资额占全加州的79%、全美的45%[1]。这也是硅谷能够涌现出苹果、

[1] 《2018年全美近半风投都给了硅谷！硅谷做对了什么？｜硅谷洞察》，https://www.sohu.com/a/317459241_257855。

惠普、谷歌、英特尔、思科、甲骨文等知名企业的原因。

（2）国内多个区域有望建成国际科技创新中心。2017年3月，毕马威公布的调查报告显示，上海被认为是排名第一的科技创新中心[1]。2019年，深圳全市专利申请量、授权量、授权量增速、有效发明专利5年以上维持率、专利合作条约（PCT）国际专利申请量等5项核心指标位居全国第一；截至2019年底，深圳累计有效发明专利量达138534件，每万人口发明专利拥有量达106.3件，为全国平均水平的8倍[2]。未来几年，我国北京、上海、粤港澳大湾区等地区在创新上与美国硅谷的差距将逐步缩小，并有望成为国际科技创新中心。

（3）布局建设全球一流的区域性创新高地。近年来，我国部分发达地区在打造区域性创新高地上进行了前瞻性的布局。例如，上海张江高科技园区打造世界级科技创新中心、粤港澳大湾区打造世界级科技湾区、北京中关村打造具有全球影响力的科技创新中心、杭州国家自主创新示范区建设全球有影响力的“互联网＋”科技创新中心。加大对这些创新中心的支持力度，则这些地区有望率先达到或接近美国硅谷的水平。

[1] 《毕马威：上海将成为仅次于硅谷的全球科技创新中心》，https://www.huxiu.com/article/183996.html。

[2] 《2019年深圳市多项专利指标居全国第一》，http://news.sciencenet.cn/htmlnews/2020/4/438935.shtm。

第二节

以开放创新加快建设科技强国

以开放创新利用全球创新资源提升自主创新能力，把我国建设成为创新型国家，要更加重视深化国际交流合作，充分利用全球创新资源，在更高起点上推进自主创新。

一、深化国家科技计划对外开放

从国际经验看，在对外开放中利用国际创新资源发展本国科技成为世界主要国家创新发展的重要实践，发达国家的国际科技创新合作日益深入。未来5～10年，以科技开放提升自主创新能力将成为我国高水平开放的重要内容。

1. 科技计划对外开放是发达国家利用全球创新资源的重要途径

（1）经济全球化推动科技全球化。随着信息技术的快速发展，经济全球化推动各国科技创新相互融合，科技创新活动呈现出国际化、网络化、共享化的趋势。例如，一架波音飞机的零部件由70多个国家的545家供应商生产，一辆特斯拉的核心技术供应商大部分来自日本、美国和欧洲，等等。也就是说，经济全球化促进创新资源在全球范围内加速流动，并推动全球科技开放进程。

（2）不同国家科技开放程度不同。不同国家，由于国情不同，其科技发展水平与科技计划对外开放程度也不同（见表7-1）。总的来看，这些国家的科技计划对外开放程度主要有三个层次：一是完全开放，例如，哈萨克斯坦的科技计划对外国政府、机构或个人给予国民待遇，允许其申请承担国家科技计划相关项目；二是有限开放，例如，美国、日本、德国等国家对国外机构参与本国科技计划项目存在部分限制，像美国除涉及军事安全、敏感技术及对国计民生产生重大影响的计划不对外开放外，大部分科技计划对外开放，以利用全球科技资源；三是完全不开放，例如，新加坡、丹麦等国家的科技计划项目完全不对外开放。

表7-1　主要国家科技计划对外开放情况

开放程度	开放限制	开放国家
完全开放	无限制	哈萨克斯坦
有限开放	允许独立申请，但有协议限制条件	墨西哥、泰国
	要求本国有合作者	美国、韩国、以色列、挪威
	要求境内机构与个人，成果利用有限制	日本、德国、奥地利、瑞士等
	要求境内机构与个人，资金利用、商品化有限制	意大利
	只对特定国家开放	法国、捷克
	个别计划开放，且成果利用有限制	加拿大、澳大利亚、希腊、西班牙等
	专项国际科技合作计划或科学研究中心	印度尼西亚、印度等［如印度尼西亚国际合作研究计划（RUTI），印度与法国、俄罗斯等国共同出资建立的科学中心］
	只允许以合作形式参与	俄罗斯、英国、荷兰、新西兰、瑞典、埃及等
完全不开放	完全限制	新加坡、丹麦、乌克兰等

资料来源：张换兆《关于深化和扩大我国科技计划开放的思考》，《高科技与产业化》2011年第3期。

2. 我国科技计划对外开放滞后

（1）探索科技计划对外开放。从实践看，我国较早在个别科技计划中对外国专家开放。比如，1998年12月，中国与欧洲共同体签订《中华人民共和国政府与欧洲共同体科学技术合作协定》，提出中国“863计划”“973计划”与欧盟的框架研发计划相互开放，双方研究人员可以通过招投标方式相互申请对方的研究计划项目。2000年，外国科学家与我国科学家成功申请了一项“973计划”项目——分子聚集体的化学。近年来，我国不断加大科技计划开放力度，主动融入全球创新网络。目前，我国已经与161个国家和地区建立了科技合作关系，签订了114个政府间的科技合作协定，参与了涉及科技的200多个国际组织和多边机制[1]。

（2）现有科技计划开放限制条件较多。一是在2011年之前，我国“863计划”“973计划”等要求项目承担者为境内注册具有法人资格的高校、研究机构等事业法人和中方控股的企业法人；2011年，新的“863计划”“973计划”和国家科技支撑计划均要求课题承担单位是在中国大陆境内注册的，具有独立法人资格的企业、科研院所、高等院校等。二是科研成果要求优先在国内转化。例如，国家“863计划”明确提出科研成果优先在境内转化。三是要求外方合作单位具备较强的科研实力和相关的人员、设备和资金投入。例如，国家“973计划”在对外开放领域中要求合作国家进行资金配套。

（3）科技计划开放面临深层次的问题。目前，我国科技计划开放还面临着多方面的矛盾与问题，例如，我国融入全球科技创新网络的程度并不高，参与国际科技合作的人才储备明显不足，国际科技合作经费投入不足，科技计划对外开放管理体制不完善，等等。

3. 加快推进国家科技计划开放进程

（1）加大科技计划开放力度，充分利用国际科技资源。随着科技全球化进程的加快，建设科技强国必须加快国家科技计划开放步伐，主动融入全球科技创新网络。以国家科技计划为平台，最大限度地吸引全球先进技术的外资研发机构、研发人员参与我国科技计划的实施，缩短我国相关技术领域的研发周期，通过开放合作，整合全球科技资源，从而提升我国自主创新能力。

（2）借鉴国际经验，实行分类开放。根据国家科技计划中的不同领域，采取不同的开放政策。例如，对于涉及国家安全、敏感领域的科技计划，如航空航天、

[1] 佘惠敏：《我国与161个国家和地区建立科技合作关系》，《经济日报》2020年10月28日第2版。

军事工业等完全不能开放；对于基础研究领域的科技计划，应该扩大开放范围；对于能源、环保等领域的科技计划，应该加大开放力度，并逐步取消相关限制。

（3）制定并完善国家科技计划对外开放管理制度。加快国家科技计划对外开放对科技计划管理水平提出了更高的要求，这就需要尽快制定国家科技计划对外开放的指导意见和实施细则，对外资机构和人员参与我国科技计划的准入条件、经费使用规定、科研成果转化、知识产权管理等方面作出明确规定。

二、促进科技开放合作

国际科技合作是科技对外开放的重要内容。在经济全球化与科技全球化交织融合的背景下，积极开展高水平的科技合作，对提升我国自主创新能力具有全局性意义。

1. 国际科技合作是创新发展的加速器

（1）国际科技合作取得新进展。随着我国深度参与全球化，国际科技合作呈现快速发展的态势。《中国国际科技合作现状报告》显示，2006—2015年，中国的科研合作中心度由全球第10位上升到第7位，中国在全球科研合作的规模由第6位上升到第4位[1]。“十三五”以来，我国与多个国家建立创新对话机制，深入推进科技合作伙伴计划。牵头组织国际大科学计划和大科学工程，加强气候变化、空间、健康、能源、农业等国际合作；深度参与国际热核聚变实验堆、平方公里阵列射电望远镜等大科学工程；“一带一路”科技创新合作成效明显[2]。

（2）国际科技合作推动我国科技水平再上新台阶。与欧美等发达国家高层次的国际科技合作，推动我国科技快速发展，提升了我国自主创新能力。例如，10多年前，我国开始与俄罗斯合作，成功开发出6000米水下机器人；我国与美国及其他国家的高能物理学家共同研究改造北京正负电子对撞机及其探测谱仪，将其工作

[1] 《全球第四！〈中国国际科技合作现状报告〉发布》，http://m.haiwainet.cn/middle/348212/2017/0705/content_31002719_1.html。

[2] 《“十三五”中国创新能力显著增强　科技实力跃上大台阶》，http://www.chinanews.com/gn/2021/01-05/9379434.shtml。

效率提高约100倍，使其成为国际上最先进的双环对撞机之一。再例如，中国科学院计算技术研究所与意法半导体公司合作研制64位龙芯2号增强型高性能通用处理器，使其成为世界上性能最好的通用处理器之一。

（3）国际科技合作吸引了一批全球顶尖人才。通过国际科技合作和国际人才引进，我国吸引了一批全球顶尖科技人才参与我国的科技计划。在2017年度国家科学技术奖励大会上，有7名外籍科学家荣获我国国际科学技术合作奖。同时，一批海外留学生回国参与科研事业。数据显示，1978—2019年，我国各类出国留学人员累计达656.06万人，其中490.44万人已完成学业，423.17万人在完成学业后选择回国发展，占已完成学业人数的86.28%[1]。

专栏7.3　我国国际科技合作与交流的发展历程

我们大体上可以把改革开放以来中国国际科技合作与交流发展历程分为三个时期。

一是恢复期（1978—1985年）。1978年3月召开的全国科学大会提出“加强国际科技合作和技术交流”“邀请外国科学家、工程技术专家来华讲学”“加强我国驻外机构的科技调研工作”等。在此时期，中国确定了该阶段国际科技合作的具体方针，调整了对科技外事工作的归口管理，建立了引进人才工作管理体制，加强了驻外机构的科技调研。

二是全面发展期（1985—2000年）。《1986—2000年科技发展规划》提出了进一步加强国际科技合作和技术引进的政策措施，指出要进一步抓紧组织制定统一的技术引进政策和规划等。在这一时期，国际科技合作政策进一步加强和规范了技术引进工作，加强了对合办研究开发机构的指导和管理，作出了积极加入国际科技组织的决定，规范了国际科技合作与交流中的知识产权保护问题等。

三是大幅跃升期（2000年至今）。我国确立了互利共赢，全方位、多层次、宽领域开展国际科技合作的政策方针。在此时期，国际科技合作政策表现出四大特点：从国家战略层面上推动国际科技合作；加大国际科技合作力度，设立国际

[1]　数据来源于《2019年度出国留学人员情况统计》。

科技合作专项经费；积极参与并牵头组织国际大科学大工程计划；加强对发展中国家的技术援助。

资料来源：《中国科技国际合作成绩斐然》，《人民日报》（海外版）2017年6月10日第8版。

2. 加强与欧美发达国家的科技合作

（1）与欧美发达国家的科技合作仍是重点。党的十八大以来，我国科技实力有了较大的提升，但与欧美发达国家相比还有较大差距，欧美发达国家在一些重要领域或行业仍掌握着核心关键技术。因此，未来很长一段时间，与欧美发达国家的科技合作仍是我国国际科技合作的重点，也是我国从科技大国走向科技强国的重要选项。

（2）加强与重点国家在重点领域的国际科技合作。服务于国家重大科技需求，以欧美日为重点，在信息技术、人工智能、高端装备制造、海洋资源开发等领域，与在相关领域具有创新优势的国家合作建设一批联合研究中心和国际技术转移中心；支持国内高校、科研机构、企业与国外相关机构开展科技合作，通过委托研发、合作研究、联合开发等形式，实现重大关键技术突破；重点加强中欧创新合作对话、中美创新对话、中法创新对话、中国与德国工业4.0深度对接、中国高新区与意大利产业集群对接合作等。

（3）积极打造国际科技合作名牌。在“十四五”期间，要重点围绕国家优势技术领域和技术需求，积极策划举办国际科技合作论坛、研讨会、专题技术对接洽谈会等国际科技合作交流活动，提高国际科技合作层次和水平；加强科研人员国际交流，搭建国内外高校、科研机构联合研究平台，吸引全球优秀科技人才创新、创业。

3. 加强与“一带一路”沿线国家的科技合作

在“十三五”期间，我国深入实施“一带一路”科技创新行动计划，累计支持

8300多名各国青年科学家来华工作，培训学员18万人次，启动建设33家“一带一路”联合实验室，与8个国家建立了官方的科技园区合作关系，建设了5个国家级的技术转移平台，启动了中非创新合作中心[1]。通过科技合作，使这些国家应用相关技术改善当地人民的生活水平，促进经济发展。

在“十四五”期间，推动共建“一带一路”高质量发展，突出科技合作在“一带一路”建设中的重要地位。一是适应沿线国家科技合作的需求，全面提升科技合作的层次与水平，打造“一带一路”协调创新共同体。二是加强与“一带一路”沿线国家的人文交流，扩大科技人员往来，与沿线国家共同培养科技人才。三是鼓励国内科研机构与沿线国家相关机构合作，围绕重点领域共建联合实验室。四是鼓励科技型企业在沿线国家创新创业，推进新技术、新商业模式合作。

三、打造中国“硅谷”

硅谷在美国经济崛起中发挥了重要作用。当前，我国进入创新驱动发展的新时代，要实现经济的高质量发展，需要打造更多的“硅谷”，并由此形成科技创新和产业变革的重要载体。

1. 硅谷是全球科技资源的聚集区

（1）美国硅谷是全球科技创新的火车头。由于有大量高校和研发实力作后盾，自20世纪以来，硅谷先后诞生了英特尔、苹果、谷歌、惠普等一大批高科技企业，一直是美国乃至全球技术创新最活跃的地区。

（2）硅谷拥有全球最多的科技资源。美国硅谷作为全球科技创新的集散地，集聚了全球最多的科技资源。第一，美国硅谷拥有全球顶尖的科技队伍。硅谷共有40多位诺贝尔奖获得者，有上千名科学院和工程院院士[2]。第二，硅谷吸引了世界

[1] 《我国与161个国家和地区建立科技合作关系 基本形成“一带一路”技术转移网络》，https://baijiahao.baidu.com/s?id=1681759800540086523&wfr=spider&for=pc。

[2] 董伟：《“中国硅谷”面临创新创业人才短板》，《中国青年报》2011年5月23日第10版。

一流的科技人才。据统计，在美国的39万个高技术岗位中，有23万个位于硅谷，而在这些高技术岗位中，移民比例高达42%[1]。

（3）硅谷成为拉动美国经济增长的火车头。早在1999年，硅谷地区的GDP就超过3000亿美元，占美国GDP的3%左右，超过当年中国GDP的1/4[2]。

2. 我国的高质量发展需要借鉴硅谷经验

（1）中关村打造中国“硅谷”的实践。为了加快科技创新步伐，我国于2000年开始建设北京中关村软件园，就是希望通过建设类似美国的“硅谷”来提升科技水平。经过20年的发展，中关村建设“硅谷”取得重要进展。美国商业资源企业“专家市场”公司公布的2017年度全球最大科技城市排名显示，北京被评为2017年度全球最大科技城市第一名[3]。目前，中关村拥有2.2万家高新技术企业，创制国际标准300余项，设立海外研发中心和分支机构1000余处[4]，成为拉动北京经济的主要引擎。

（2）我国更需要打造多个“硅谷”。我国作为一个发展转型中的大国，实现经济转型升级需要更多的“硅谷”作支撑。目前，北京、上海、广州、深圳、成都等中心城市已经成为我国科技创新的新高地。随着经济实力的明显增强，我国完全有条件布局建设多个“硅谷”，加快形成全球科技创新的洼地。就连美国麦肯锡公司董事华强森也认为，在中国出现15～20个“硅谷”是完全可能的。

3. 积极布局打造中国特色“硅谷”

（1）以中心城市为重点，建设全球科技资源配置中心。从全球来看，实现全球资源配置是当今世界全球城市的基本功能，也是中心城市提升竞争力的必然要

---

[1] 《特朗普被迫放宽H1B等工作签证限制：该限制令为何激怒了硅谷？》，https://baijiahao.baidu.com/s?id=1675599745764298179&wfr=spider&for=pc。

[2] 王金湘：《透析硅谷创新优势》，《中国高校科技与产业化》2003年第1期。

[3] 《2017年世界顶尖科技城市排行榜》，https://www.sohu.com/a/202803372_642249。

[4] 《从“中国硅谷”到“世界中关村”，未来已来》，https://baijiahao.baidu.com/s?id=1646987210591960180&wfr=spider&for=pc。

求。目前，我国已有北京、上海、广州、天津、重庆、成都、武汉、郑州8个中心城市。建议：一是依托国家中心城市，对标国际领先水平，优先在科技基础条件较好的北京、上海、广州等城市建设全球科技资源配置中心，提升全球科技资源配置能力。二是各中心城市根据自身资源条件进行差异化定位，实行错位发展，避免恶性竞争。例如，北京定位为“全国科技创新中心”，上海定位为“建设具有全球影响力的科技创新中心”，广州定位为“建设全球科技创新资源配置中心”，等等。

（2）打造一流的营商环境吸引跨国公司落户。麦肯锡的一份报告显示，全球前20个大城市拥有全球跨国公司总部的34%，拥有全球跨国公司收益的47%，东京、纽约和伦敦是全球公认的顶级资源配置城市[1]。这就需要加快打造市场化、国际化、法治化的营商环境，形成内外资公平竞争的市场环境。

[1] 刘茜：《广州如何建设全球资源配置中心？》，《南方日报》2016年12月14日第AA3版。

第三节

构建面向全球的开放创新网络

尽管近年来欧美国家对我国高科技领域实行“打压”，但开放创新仍是全球创新的重要趋势。适应新一轮科技革命和产业变革的新趋势，构建面向全球的开放创新网络，既是加快建设创新型国家的重要举措，也是我国推进高水平开放的重要内容。

一、开放创新为全球发展提供新动力

“一带一路”沿线国家都处于转型发展的关键时期，实现创新发展是各国转型发展的根本出路。向开放创新要动力，是“一带一路”引领全球化进程的大趋势。

1. 以开放创新加快发展是各国的共同愿望

无论是发达国家，还是新兴经济体，以开放创新加快发展是其共同的愿望，尤其是在疫情影响下，各国在疫情防控、患者救治、疫苗研发等方面要加强合作。例如，目前与我国签署共建“一带一路”合作协议的国家分布在南亚、东南亚、西亚、北非、中东欧等世界大部分地区，包括我国在内，这些地区的国土面积占全球的38%，人口总量占全球的62%，而国内生产总值却只占全球GDP总量的31%[1]。按照世界银行以人均国民生产总值为标准的划分，目前“一带一路”沿线国家绝大多数为中等收入国家，仅有18个国家跻身发达国家行列。以伊拉克、不丹、东帝汶、老挝、孟加拉国、柬埔寨、尼泊尔、缅甸、巴基斯坦、阿富汗等为例，这些地区是当今世界除非洲以外不发达国家最为集中的地区。“一带一路”倡议之所以在全球范围内引起广泛影响，很重要的原因在于它能够以开放创新的姿态包容不发达国家，并能够高度聚焦不发达国家的发展问题。

[1] 聂莹：《“一带一路”沿线国家社会发展》，《经济研究参考》2017年第15期。

2. 以开放创新提供跨越中等收入陷阱的“中国方案”

以“一带一路”沿线国家为例，2017年《“一带一路”国家产业竞争力分析》研究显示，“一带一路”沿线国家中的绝大多数属于中等收入国家行列。所列64个国家（包括中国）中，2个国家属于低收入国家，44个国家属于中等收入国家，其中，22个属于中等偏下收入国家，22个属于中等偏上收入国家[1]。从“一带一路”沿线国家的发展历程看，一些国家早已迈入中等收入国家之列，但一直没有迈过高收入国家的门槛，进而从中等收入国家行列进入高收入国家行列，如菲律宾、马来西亚、泰国等就十分典型。“一带一路”的多数国家所面临的最大挑战就是如何不落入中等收入陷阱。因此，以开放创新促进中等收入国家产业迈向中高端、收入迈向新水平，是“一带一路”建设的根本动力。

3. 以开放创新提供科技创新和产业变革的“中国方案”

当今世界已经进入数字经济时代，但很多国家及地区仍处于“工业1.0”时代。以通信为例，一些落后国家地理状况复杂，被崇山峻岭阻隔，加上科技落后、通信事业严重滞后，如果按照传统发展路径，先普及电报、电话通信，再普及固定宽带互联网通信，最后普及移动互联网通信，事实上并不现实。依托我国在数字经济领域的发展优势，完全可以推动这些国家和地区越过传统发展阶段，直接进入移动互联网时代，从而实现数字经济领域的跨越式发展。构建人类命运共同体，很重要的一点在于为发展中国家提供科技创新和产业变革的“中国方案”。通过开放创新，能够使不同发展水平的国家把握第四次工业革命历史机遇，在相互学习中提升各自的发展水平。

[1] 《报告精读 | “一带一路”国家产业竞争力分析》，https://www.sohu.com/a/140018370_186085。

二、构建数字经济开放创新网络

我国数字经济规模已经位居全球第二。适应数字经济加快发展的大趋势，加强数字经济领域的国际合作，构建数字经济开放创新网络，将为疫情后的经济全球化注入新的动力。

1. 面向“工业4.0”构建21世纪的数字丝绸之路

打造“数字丝绸之路”是世界各国，尤其是“一带一路”沿线国家面向“工业4.0”的战略选择，也反映了很多欠发达国家的共同愿望，是我国走向开放创新的重大举措。第一，打造“数字丝绸之路”，将为政策沟通、设施联通、贸易畅通、资金融通、民心相通这“五通”的实现提供强有力的现代化技术支撑。第二，打造“数字丝绸之路”，有助于帮助“一带一路”沿线国家在数字革命中找准自身定位、突出自身优势、扮演重要角色。第三，打造“数字丝绸之路”，可以通过有效的贸易联结带动科技领域的创新合作，使得“一带一路”沿线国家有条件在科技领域的开放创新中广泛受益，并找到适合本国产业创新的有效路径。

2. 充分发挥我国互联网经济的引领作用

我国具备引领“一带一路”互联网经济发展的实力。当前，在世界十大市值互联网公司中，我国占有四席（阿里巴巴、腾讯、百度、京东）。在《快公司》（*Fast Company*）公布的2019年全球最具创新力公司50强榜单中，中国互联网企业中的美团和阿里巴巴2家公司入围。总的来看，打造“数字丝绸之路”，我国具备互联网技术、互联网新业态、互联网经济模式的三重优势。充分发挥我国互联网经济的引领作用，不仅有利于拓宽中国互联网经济发展的战略空间，还有利于将我国互联网经济发展的成果在“一带一路”沿线国家普及。

3. 以发展跨境电商为突破口

（1）我国与“一带一路”沿线国家之间的跨境电商发展势头迅猛。据统计，2019年，我国跨境电商市场规模达10.5万亿元，同比增长16.66%。随着跨境电商的快速发展，我国与“一带一路”沿线国家的电商合作机制正逐步建立。有数据显示，我国已经与22个国家和地区签署了电子商务合作备忘录，并建立了双边电子商务合作机制；我国与“一带一路”相关国家的跨境电商交易额同比增速超过20%，与柬埔寨、科威特、阿联酋、奥地利等国的交易额同比增速超过100%[1]。

（2）以发展跨境电商为突破口带动“一带一路”沿线国家数字经济领域的开放创新。一方面，发展跨境电商既有利于为“一带一路”沿线国家分享我国消费大市场提供全新平台，又有利于快速扩大自由贸易网络的覆盖范围；另一方面，发展跨境电商有利于发挥我国的突出优势，带动“一带一路”沿线国家基础设施和相关产业的数字化进程。

4. 以数字化互联互通为重点

（1）推进数字化基础设施互联互通是关键。数字化基础设施互联互通是开放创新的重要支撑，是“一带一路”沿线国家迎接数字革命的重大任务。根据国家信息中心的测评结果，半数以上“一带一路”沿线国家信息基础设施发展处于中等以下水平。

（2）以数字化互联互通促进资金融通。金融服务在化解“一带一路”项目建设风险、提供项目建设资金等方面发挥重要作用。总的来看，以金融业为重点的服务业企业“走出去”滞后于实体企业“走出去”步伐，也滞后于产能合作的实际需求。未来，随着区块链等新型数字技术在金融领域的快速利用，交易中的信用与风险问题将得到有效解决。

（3）以数字化互联互通促进民心相通。以旅游为例，在“一带一路”沿线国家中，旅游热度最高的国家主要集中在东南亚，热度排名前五的国家分别是泰国、新加坡、马来西亚、越南和土耳其，前四名均为东南亚国家。据统计，2019年上半年到泰国旅游的中国内地游客达到565.04万人次，同比下降4.73%，尽管热度稍有

---

[1] 《我国与“一带一路”相关国家的跨境电商交易额增速超20%》，https://www.chinanews.com/cj/2019/12-25/9042844.shtml。

下降，但中国仍是泰国最大的客源国[1]。

5. 全面扩大数字经济领域的开放合作

在第四届世界互联网大会上，中国、老挝、沙特阿拉伯、塞尔维亚、泰国、土耳其、阿联酋等国家相关部门共同发起《“一带一路”数字经济国际合作倡议》。该倡议标志着以中国为主导的“一带一路”数字经济合作迈出重要步伐。建议以落实该倡议为重点，尽快出台“数字丝绸之路”建设行动方案，加强我国区域数字经济发展与“一带一路”沿线国家之间的对接，支持鼓励我国数字经济领域领军企业“走出去”，扩大业务范围，为“一带一路”沿线国家提供发展数字经济的“中国方案”，吸引更多国家加入中国主导的数字经济开放创新网络中来。

三、构建开放创新体系

围绕“一带一路”各国面临的共性科技难题，面向“一带一路”重大科技需求，发挥我国的科技优势，构建“一带一路”科技开放创新网络，是提高“一带一路”沿线国家创新发展水平的重大任务。

1. 构建开放创新体系是提升各国发展水平的“利器”

“一带一路”倡议提出以来，我国积极推动科技领域的开放创新，在帮助各国提升发展水平方面取得了重要进展。2013年以来，中国科学院与塔吉克斯坦、斯里兰卡等国家合作共建了9个境外科教机构，构建了长效持续科技合作的机制。比如，与塔吉克斯坦等国共建的中亚生态与环境研究中心，重点开展现代农业、生态环境治理、信息技术等研究；中国–斯里兰卡联合科教中心重点开展气候变化、海洋科学、水下考古等研究。同时，在国内设立了5家中国科学院–发展中国家科学院卓越中心，利用中科院已有的科研机构和科技资源，为相关国家解决特定需求，培养专业人才。中科院充分利用各类合作创新平台，与相关国家共同组织研究队伍，针对相关国家迫切的科技需求，开展关键技术研发和推广应用，提出系统解决方

[1] 数据来源于《“一带一路”：中国出境自由行大数据报告2019》。

案，已取得阶段性成效。比如，筛选出适宜在非洲种植的杂交水稻品种，在肯尼亚推广种植后，平均产量是当地常规品种的4～5倍；在肯尼亚、埃塞俄比亚等国试验种植的甜高粱，每亩（1亩≈666.67平方米）增产40%以上。以斯里兰卡不明原因慢性肾病地区的安全饮用水需求为切入点，建立“人才培养+对外援助+科技合作+企业跟进”的新型合作模式，开展水处理和慢性肾病追因等方面的合作研究，为斯里兰卡解决清洁水源和治疗不明原因慢性肾病等问题奠定了科学基础。2016年，中科院又发起了“数字一带一路”国际科学计划，通过获取空天地综合数据资源，构建共建共享的地球大数据平台，为应对“一带一路”相关国家生态环境变化提供了科学的决策支持手段[1]。

2. 我国在构建开放创新体系中扮演引领者的角色

近几年，我国在推动“一带一路”科技开放创新常态化机制上不遗余力。2016年9月，我国出台了《推进“一带一路”建设科技创新合作专项规划》，系统提出了“一带一路”科技创新合作的战略目标和重点任务。2016年11月8日，我国与“一带一路”沿线20家国家科研机构的领导和代表共同参加了2016“一带一路”科技创新国际研讨会，提出《北京宣言》，达成了三点共识：一是“一带一路”沿线国家加强科技合作，促进协同发展；二是搭建协同创新平台，建立科技合作长效机制；三是针对关键科学挑战，组织国际科技合作计划。

2019年，习近平主席在第二届“一带一路”国际合作高峰论坛上明确提出，“中国将继续实施共建‘一带一路’科技创新行动计划，同各方一道推进科技人文交流、共建联合实验室、科技园区合作、技术转移四大举措。我们将积极实施创新人才交流项目，未来5年支持5000人次中外方创新人才开展交流、培训、合作研究”[2]。

[1] 白春礼：《全力推进“一带一路”国际科技合作》，《光明日报》2017年5月18日第13版。

[2] 习近平：《齐心开创共建“一带一路”美好未来——在第二届“一带一路”国际合作高峰论坛开幕式上的主旨演讲》，《人民日报》2019年4月27日第3版。

3. 多种方式推进开放创新体系建设

（1）发挥中国科学院的突出优势。牵头启动一批重大国际科技合作计划，共建科技创新合作中心，积极探索开展集科学研究、技术创新、人才培养和成果转化于一体的战略合作，到2025年，使一批重大国际合作计划在推动全球科技创新中发挥重大作用。

（2）深化科技人文交流。与不同国家合作培养科技人才，扩大杰出青年科学家来华工作计划规模，建设一批不同类型的培训中心和培训基地，广泛开展先进适用技术、科技管理与政策、科技评估、科技创业等培训。

（3）搭建产学研开放创新平台。鼓励我国科研机构、高等学校和企业与不同国家的科研院所合作，围绕重点领域共建一批联合实验室（联合研究中心），共建一批技术转移中心，共建一批先进适用技术示范与推广基地。

（4）促进科技资源互联互通。促进科研仪器与设施、科研数据、科技文献、生物种质等科技资源互联互通；以先期面向国际试点开放共享的大型研究基础设施为基础，推动数据、文献等科技资源共享。

（5）共建科技创新中心。推动我国国内的中关村等科技创新中心与“一带一路”沿线国家对接，围绕各国科技创新和产业变革的共性难题进行联合攻关，促进科技同产业、科技同金融深度融合，优化创新环境，集聚创新资源。

第四节

形成“聚全球人才而用之”的制度安排

推动开放创新，关键在于集聚创新型人才。适应我国由人才大国走向人才强国的趋势，实施更加开放的人才政策，形成“聚全球人才而用之”的体制安排，是我国由科技大国走向科技强国的必由之路。

一、从人才大国走向人才强国

改革开放40多年来，在经济实力快速增长的条件下，我国逐步完成了由人口大国向人才大国的转变。把握住我国人才规模全球最大的突出优势，实现开放创新，关键是加快形成与跻身创新型国家前列目标相适应的高质量人才供给体系，实现从人才大国向人才强国的历史性跨越。

1. 我国已成为人才大国

（1）就业规模全球第一。如表7-2所示，我国就业总人数1978年末约为4.0亿人，2019年末约为7.75亿人[1]。我国目前不仅人口总量在全球排名第一，就业人口规模也排名第一。与我国人口差距不大的印度，2018年的就业人口数量仅为3.61亿人[2]。

[1] 国家统计局：《中国统计年鉴2020》，中国统计出版社，2020。

[2] 国家统计局：《国际统计年鉴2019》，中国统计出版社，2020。

表7-2　1978—2019年部分年份我国总人口与就业人数变化

单位：万人

年份	年末总人口	15～64岁人口	就业人员
1978	96259	—	40152
1980	98705	—	42361
1985	105851	—	49873
1990	114333	76306	64749
1995	121121	81393	68065
2000	126743	88910	72085
2005	130756	94197	74647
2010	134091	99938	76105
2011	134735	100283	76420
2012	135404	100403	76704
2013	136072	100582	76977
2014	136782	100469	77253
2015	137462	100361	77451
2016	138271	100260	77603
2017	139008	99829	77640
2018	139538	99357	77586
2019	140005	98910	77471

数据来源：《中国统计年鉴2020》。

（2）新增劳动力平均受教育年限高于世界平均水平。改革开放以来，我国劳动力受教育水平大幅提高。如表7-3所示，普通本专科毕业人数1978年为16.5万人， 2019年达到758.5万人，增加了约45倍；研究生毕业人数1978年仅为9人，2019年约为63.97万人，增加了约7.1万倍；学成回国留学人员1978年仅为248人，2018年约为51.9万人，增加了约2091倍。目前，我国劳动年龄人口平均受教育年限达到10.7年，高于世界平均水平；新增劳动力接受过高等教育的比例超过一半，平均受教育年限达到13.7年，接近中等发达国家平均水平[1]。

表7-3　1978—2019年我国专科以上毕业人数变化

年份	普通本专科/万人	研究生毕业人数/人	学成回国留学人员/人
1978	16.5	9	248
1980	14.7	476	162
1985	31.6	17004	1424
1990	61.4	35440	1593
1995	80.5	31877	5750
2000	95.0	58767	9121
2005	306.8	189728	34987
2010	575.4	383600	134800
2011	608.2	429994	186200
2012	624.7	486455	272900
2013	638.7	513626	353500
2014	659.4	535863	364800
2015	680.9	551522	409100
2016	704.2	563938	432500
2017	735.8	578045	480900
2018	753.3	604368	519400
2019	758.5	639666	—

数据来源：《中国统计年鉴2020》。

（3）科技人力资源总量位居世界第一。近几年来，我国科技人力资源的总量和研发人员规模已经稳居世界第一。2017年我国科技人力资源总量达到8705万人，比上年增长4.9%；其中大学本科及以上学历的科技人力资源总量为3934万人，比上年增长7.1%[2]。截至2018年底，我国科技人力资源总量达到10154.5万人，规模继续

[1] 《教育部：我国劳动年龄人口平均受教育年限为10.7年》，https://baijiahao.baidu.com/s?id=1684864037982735223&wfr=spider&for=pc。

[2] 《科技统计报告汇编|我国科技人力资源发展状况分析》，https://m.sohu.com/a/305293747_390536/。

保持世界第一[1]。

2. 我国尚未成为人才强国

（1）人力资本与发达国家仍存在较大差距。世界经济论坛发布的《2017年全球人力资本报告》对全球130个国家的“人力资本指数”进行的评估报告显示，排名前三的分别是挪威、芬兰和瑞士，中国位列第34名，与欧美日等发达国家和地区差距较大[2]。

（2）人才素质与发达国家存在较大差距。2019年，我国新增劳动力接受过高等教育的比例达50.9%[3]。而2017年，美国劳动力人口占受过高等教育劳动年龄人口的比重为73.3%、加拿大为75%、英国为83.8%、法国为76.6%、德国为73.6%[4]。

（3）人才竞争力与发达国家存在较大差距。2020年《全球人才竞争力指数报告》（GTCI）显示，在被统计的132个国家中，瑞士、美国、新加坡、瑞典、丹麦位列全球人才竞争力指数排行榜的前5位，而中国是第42位[5]。

3. 高质量发展要求与人才供给结构的矛盾突出

（1）高端人才、创新型人才偏少。面对新一轮科技革命的新形势，世界级科技大师缺乏，领军人才、尖子人才不足。以集成电路产业为例，据《中国集成电路产业人才白皮书（2019—2020年版）》显示，按当前产业发展态势及对应人均产值推算，到2022年前后全行业人才需求将达到74.45万人左右，其中设计业为27.04万人、制造业为26.43万人、封装测试为20.98万人[6]。

---

[1] 唐婷：《我国科技人力资源总量世界第一 专家：未来提升质量是重点》，《科技日报》2020年8月13日第1版。

[2] 《全球人力资本开发利用率仅六成 中国位列第34》，http://finance.sina.com.cn/stock/usstock/c/2017-09-13/doc-ifykusez0402115.shtml。

[3] 《我国过半数新增劳动力接受过高等教育》，http://www.xinhuanet.com/2020-12/02/c_1126810182.htm。

[4] 国家统计局：《国际统计年鉴2019》，中国统计出版社，2020。

[5] 《2020年全球人才竞争力指数》，https://www.sohu.com/a/440508262_99913703。

[6] 《最新中国集成电路产业人才白皮书发布，2022年人才需求将超74万人》，https://baijiahao.baidu.com/s?id=1678814445131529344。

（2）战略性新兴产业人才匮乏。例如，第五代移动通信技术是实现“万物互联”、无人驾驶、虚拟现实等产业创新的重要条件，但我国未来10年5G人才缺口达800万人[1]。

（3）发展高端制造业与现代服务业缺乏高技能人才。以人工智能为例，根据相关测算，我国人工智能人才目前缺口超过500万人，国内供求比例为1∶10，供求比例严重失衡。如果不加强人才培养，到2025年人才缺口将突破1000万人[2]。

（4）发展现代农业缺乏专业化人才。乡村振兴和发展现代农业需要专业化人才支撑，但具有现代农业知识技能的技术人才、生产人才和规模经营人才奇缺。从受教育程度看，2018年我国高素质农民队伍中高中及以上文化程度的占比仅为31.1%[3]。据相关机构分析，未来几年我国对农业经理人（农业CEO）的需求总量将达到150万人左右[4]。

4. 确立人才强国的战略目标

（1）我国到2035年跻身人才强国前列。要服务于我国到2035年跻身创新型国家前列的目标，人才结构和人才质量需大大优化，如此才能涌现出更多具有世界影响力的科学家、发明家、工程领军人才、企业家。

（2）我国到2050年将成为世界一流的人才强国。到2050年，我国人才质量达到世界一流，培养一大批引领新科技革命和新工业革命的杰出人才，形成全球最具竞争力的人才制度，进入世界人才强国第一阵营。

---

[1] 《未来十年中国5G人才缺口达800万》，https://www.yicai.com/news/100817473.html。

[2] 《13个新职业未来5年人才需求规模均超百万》，《工人日报》2020年5月24日第2版。

[3] 《〈2019年全国高素质农民发展报告〉发布：去年培养高素质农民90万人》，http://zw.china.com.cn/2019-10/31/content_75358544.html。

[4] 《人社部：农业CEO年均收入超8万，未来五年人才缺口达150万》，https://new.qq.com/omn/20191128/20191128A06A2B00.html。

二、开放创新重在实现“聚全球人才而用之”

随着全球经济竞争加剧，人才跨国流动加速是必然趋势。当今世界各国成功的开放创新，都有一个共同的特征，就是形成了具有比较优势的人才制度，能够吸引全球人才为其所用。

1. 面向全球“抢人”

（1）全球科技竞争的实质是人才竞争。以美国、德国、日本为代表的人才强国，都把人才问题上升到国家战略的层面谋划，竞相采取各种手段来吸引、集聚和留住掌握先进知识技术、具有发展潜能的高素质人才。经济全球化从表面上看是经济贸易的竞争，背后更具有深远意义和影响的是国与国之间的人才竞争。

（2）人才集聚呈现“两极分化”趋势。美国仍然是最大的人才流入国。有研究显示，目前全世界所有受过高等教育的移民有一半流向了美国，1/4的留学生是去美国深造，大约一半的留学博士最终会留在美国工作。除了少数新兴国家出现了一定程度上的“人才回流”外，人才大量流失现象在发展中国家比较普遍。

（3）移民制度成为吸引高层次人才的重要手段。“绿卡”和入籍制度成为引进并留住高层次人才的根本保障，比如欧美发达国家都规定有限考虑高科技人才和经济移民，移民制度完全服务于人才战略。

（4）人才竞争手段和方式更加多样化和制度化。这其中，针对顶尖人才的签证、“绿卡”以及入籍制度的转变最为突出。比如，2000年德国正式实施“绿卡工程”，2007年法国实施“优秀人才居留证”政策，2008年英国正式实施“记点积分制”移民制度。

专栏7.4　21世纪以来几个大国的人才战略

1.美国：以提升国家竞争力为目标面向全球开发利用人才

2006年1月，当时的美国总统乔治·布什宣布实施《美国竞争力计划》，强调美国必须保持在人才和创造力上处于领先位置，通过加大对科研和教育的投入，促进创新能力的提高。随后，布什政府制订了几个配套的改革计划，如《高中改革计划》《国家安全语言计划》《教师培训计划》《建立国家数学小组》《小学数学行动》和《中学数学行动》。

美国对于科学（Science）、技术（Technology）、工程（Engineering）、数学（Mathematics）（STEM）方面的人才更加重视，加大吸引和留住STEM外国人才的力度。美国国土安全部于2012年出台政策，为了吸引和留住外国人才，将拥有STEM学科学士、硕士或博士学位的学生签证持有人的毕业后实习期签证延长17个月。美国国家科学与技术顾问委员会在2013年提交《STEM教育战略规划（2013—2018年）》，加强美国STEM领域后备人才的培养和储备，保持美国在国际上的竞争力。

奥巴马政府2011年的《美国创新战略》指出，人才、科研、基础设施是美国创新、创业的重要基石，在教育和人力资源方面，要培养一批世界一流的人才队伍，实施STEM提升计划。

美国的移民制度是典型的为人才竞争服务的移民制度，根据人才的层次设有不同的待遇。早在1965年，美国国会就通过《移民和国籍法》，废除了关于国籍来源配额的种族歧视条款，向亚洲移民打开了大门。移民制度的改革为外籍人才的大量流入扫清了障碍。同时，美国依托优质高校的教育资源，吸引全球优秀学生毕业后留在美国生活就业，并成为美国重要的人才资源。

2.日本：广泛延揽国际人才

2012年，日本法务省制定了“高级人才积分制度”，吸引高级学术研究人员、高级专业技术人员、高级企业经营管理人员3个领域的高级人才，以百分制从学历、工作经历、年收入等方面评价人才，满70分5年就可以获得原本需要10年才能拿到的永久居住权并享受相关优惠政策。

2013年12月，日本开始计划建设“国家战略特区”，吸引和留住海外人才，并计划实行留学生毕业包分配政策；并公布新计划，旨在通过提高英语教学比例、增加外籍教师数量等，促进日本的高等教育国际化，以培养更多的国际人才。

2014年6月，日本通过了《出入境管理及难民认定法》修正案，将外国高级人才获得永久居留权所需要的居留时间从5年降低到3年。

3.德国：开放劳动力市场，吸引高级专业人才

2005年1月1日，随着德国《新移民法》的颁布和实施，德国规定了“拥有高级专业水平”三类人才的具体条件，同时决定给予信息技术专业高级人才直接居留许可。

2011年3月，德国政府通过了《外国人居留法（草案）》，将给予从事科研工作的外国人配偶充分的就业权，以加强对外国科研人员的吸引力。

2012年4月27日，德国议会表决通过旨在吸纳欧盟以外第三国专业人才来德的《欧盟蓝卡法案》，简化了高级技术人才申请居留许可的手续，降低了高级技术人才留在德国的门槛，从而使第三国高级技术人才满足了关于吸引外来专业人才进入欧盟的相关规定。

从2013年7月开始，德国劳动力市场在对高级专业人才开放的基础上，进一步对非欧盟国家的职业技术人才开放。

资料来源：根据公开资料整理。

2. 注重实现人才价值

美国、日本、德国等国家的开放创新有一个共同的特征，就是人力资本在本国的价值实现比较充分，而且能够吸引国外的人才移民到本国。以美国为例，其之所以能够超越英国成为全球第一经济大国，很重要的原因在于它比英国更能够充分实现人力资本价值。在美国超越英国之前的殖民时代，美国就奉行高工资政策，美国的工资比欧洲大陆高1/3以上。在英国普遍将劳动力看成成本的时候，美国已经将劳动力看成一种资本，采取更能够充分激发人力资本潜力的政策。这不仅有效激励了本国人才，还吸引了全球人才向美国集聚。在这个前提下，世界科技创新中心由英国转移到美国，成就了美国第一经济大国和第一经济强国的地位。

三、实行更加开放的人才政策

作为新型开放大国，我国更需要“聚四海之气、借八方之力”，更需要用全球视野实行更加开放的人才政策，构筑集聚国内优秀人才的科研创新高地。

1. 我国利用全球人才的空间很大

2017年10月，美国《福布斯》杂志发布的一份报告称，中国正在以史无前例的水平吸引着全球人才，到2022年中国将会成为全球人才的主要流动中心。数据显示，2018年我国累计发放外国人才工作许可证33.6万份，在我国境内工作的外国人已经超过95万人[1]。目前，我国已经成为世界第三大最具有吸引力的移民目的国。但我国境内的外籍人员占全国总人口的比例仍较低。联合国估计，中国境内有接近100万的国际移民，占全部居民的0.07%[2]，不仅远低于发达国家和地区10.8%的平均水平，而且低于3.2%的世界平均水平[3]。

2. 以人才价值实现为导向形成开放型人才政策

（1）克服人才价值实现的突出短板。与世界上主要的开放创新型国家相比，由于我国的人口是美国的4倍、日本的10倍、德国的10多倍，我国的人才总量优势比较突出，近年来人才和研发投入增加幅度很大。但在人才价值实现上，我国与这些国家存在着比较大的差距。从国际经验看，凡是人力资源强国，绝大多数优秀人才都集中在企业，在经济领域能够实现“人尽其才”。例如，据统计，美国有80%左右的优秀人才集聚在企业[4]，使得优秀人才能够在引领经济领域的创新中充分发挥作用。尽管我国有全球规模第一的科技人力资本总量，但主要的科技人才集中在

[1] 《逾95万外国人在中国境内工作》，http://www.gov.cn/guowuyuan/2019-04/14/content_5382827.htm。

[2] 《企业“走出去”带动国际化人才需求》，《南方日报》2017年4月27日第A07版。

[3] 王辉耀、刘国福、苗绿：《中国国际移民报告（2015）》，社会科学文献出版社，2015。

[4] 《辜胜阻：科技改革要缝合科技经济“两张皮”》，http://theory.people.com.cn/n/2013/1025/c40531-23329034.html。

机关、高校和科研院所、国有企业，科研人员过多地分布在体制内。例如，2018年，我国规模以上工业企业设立研发机构的比例为19.2%[1]。在全国研发人员中，博士毕业生愿意去企业从事研发工作的少之又少。现有的人才没有创造出应有的市场效益，是我国走向人力资本强国面临的首要问题。

（2）人才政策构建需要突出人才价值实现。第一，要缩小我国与主要人才强国之间的差距，主要措施是形成充分实现人才价值的政策安排。第二，人才向人力资本价值实现程度高的国家流动，仍将是全球化的重要趋势，充分实现人力资本价值，才能有效避免高层次人才外流。第三，人才的总量优势，是我国经济转型升级和产业变革的突出优势，把这个优势发挥好，关键是充分实现人才价值。

（3）形成具有全球竞争力的人才政策。以促进人才价值实现为目标，以促进人才优化配置为手段，建立市场导向人才评价机制，引导中高级人才向企业集聚，到2025年，在国内人尽其才的同时，能够广泛集聚全球人才参与国内经济建设；到2035年，成为全球最具有人才竞争力的国家之一。

3. 深化人才发展体制机制改革

（1）改变行政主导的人才价值评价机制。科学、合理的人力资本价值评价机制，是引导人力资本价值实现的“指挥棒”。改革开放以来，我国的人力资本价值评价机制已有很大改观，但仍不完善，甚至一些方面仍存在着扭曲的现象。以我国高级人才要素为例，多年来，中高级人才要素的人力资本价值评价主要采取行政主导的职称评定，一旦评上较高的职称，未来的收入就和其直接挂钩。尽管实现了“评聘分开”，但一般而言，在体制内的工作岗位上，“高评低聘”的现象还比较少。在行政主导的人力资本价值评价机制下，“唯学历、唯职称、唯论文”等现象比较突出，而不少真正对经济社会产生较大影响，但学历、职称、论文达不到要求的人才难以得到充分的承认。如果仅仅从学历、职称、论文等来评价中高级人才要素的人力资本价值，不仅失之偏颇，而且会让更多年轻人把追逐学历、职称、论文

[1] 数据来源于《2018年我国规模以上工业企业R&D活动统计分析》。

作为主要目标，从而使国家珍贵的人力资本用在脱离经济社会效益的环节，导致人力资本配置的低效率。

（2）加快人力资本价值评价机制改革。2016年3月，中共中央印发了《关于深化人才发展体制机制改革的意见》，我国新时期人力资本价值评价机制改革步入快车道。该文件对创新人才评价机制的顶层设计，充分体现了人力资本价值实现的客观规律。第一，从突出品德、能力和业绩评价的角度改进评价标准，能够有效遏制“唯学历、唯职称、唯论文”等倾向。第二，强调发挥政府、市场、专业组织、用人单位等多元评价主体作用，为改变行政主导的传统评价方式指明了方向。第三，明确提出改革职称制度和职业资格制度，在人力资本价值评价上充分考虑到了用人单位的现实需求。

专栏7.5　创新人才评价机制

2016年3月，中共中央印发了《关于深化人才发展体制机制改革的意见》，对创新人才评价机制提出三点要求：

1.突出品德、能力和业绩评价。制定分类推进人才评价机制改革的指导意见。坚持德才兼备，注重凭能力、实绩和贡献评价人才，克服“唯学历、唯职称、唯论文”等倾向。不将论文等作为评价应用型人才的限制性条件。建立符合中小学教师、全科医生等岗位特点的人才评价机制。

2.改进人才评价考核方式。发挥政府、市场、专业组织、用人单位等多元评价主体作用，加快建立科学化、社会化、市场化的人才评价制度。基础研究人才以同行学术评价为主，应用研究和技术开发人才突出市场评价，哲学社会科学人才强调社会评价。注重引入国际同行评价。应用型人才评价应根据职业特点突出能力和业绩导向。加强评审专家数据库建设，建立评价责任和信誉制度。适当延长基础研究人才评价考核周期。

3.改革职称制度和职业资格制度。深化职称制度改革，提高评审科学化水平。研究制定深化职称制度改革的意见。突出用人主体在职称评审中的主导作用，合理界定和下放职称评审权限，推动高校、科研院所和国有企业自主评审。

对职称外语和计算机应用能力考试不作统一要求。探索高层次人才、急需紧缺人才职称直聘办法。畅通非公有制经济组织和社会组织人才申报参加职称评审渠道。清理减少准入类职业资格并严格管理，推进水平类职业资格评价市场化、社会化。放宽急需紧缺人才职业资格准入。

资料来源：中共中央印发的《关于深化人才发展体制机制改革的意见》。

（3）区分不同类别的人力资本，形成多元化的价值评价标准。例如：在基础研究领域，可以以同行学术评价为主，强调论文质量而不是数量；对于应用研究和技术开发人才，可以以科技成果普及推广为主，追求实效，注重现实的业绩，突出市场评价；对于哲学社会科学人才，可以突出其在经济社会变革中的影响，突出强调社会评价。

（4）将人力资本价值评价权力下放到专业组织和用人单位。从多年来的实践看，行政部门不宜作为职业资格评价和认定的主体。第一，行政部门缺乏应有的专业知识，加上信息不对称，容易将职业资格的评价和认定程序化，不能因人而异。第二，行政部门直接干预职业资格评价和认定，容易导致寻租腐败，由此降低政府公信力。第三，经过行政程序评价和认定的人才，往往不是用人单位真正需要的人才，反而加大了用人单位在人力资源配置上的难度。

为此建议：第一，着眼于充分发挥中高级人才在经济转型升级和产业变革中的重大作用，把职业资格的评价和认定权力下放作为新阶段简政放权的重要任务。第二，对于中高级人才的职业资格认定，没有必要反复设置各种头衔的评比和审查，尽可能取消不必要的行政审查程序，取消不必要的重复评比等。第三，充分发挥各类专业性的行业组织作用，尽可能将职业资格的评价和认定权力下放到专业化的社会组织。第四，为突出实用性，允许用人单位直接作为职业资格的评价和认定主体，在推动高校、科研院所自主评审的同时，尽快让各类企业成为中高级人才职业资格自主评审的主体。

4. 推动中高级人才资源配置市场化

（1）中高级人才资源配置效率低的突出矛盾是市场价值实现不充分。从实践看，人才价值实现主要不由市场决定是导致我国中高级人才不愿意到企业工作、科技成果转化率低、产业处于中低端等的重要体制根源。

（2）经济转型升级与产业变革要求中高级人才配置市场化。从发达国家的经验看，大量中高级人才走向企业、面向市场开展科技创新，是一个国家快速实现经济转型升级和产业变革的秘诀。以美国的硅谷为例，其依托斯坦福大学，从教育、科研机构走出了大批人才，这些人才带着大量世界领先的科技成果进入了大大小小的企业，帮助企业生产出最具竞争力的产品，成就了惠普、英特尔、苹果、谷歌、Facebook等一大批知名企业。一个国家的科技成果转化能力，很大程度上取决于中高级人力资本配置的市场化程度。

（3）推动中高级人才向企业集聚。国际国内经济转型升级的经验都表明，中高级人力资本主要配置在企业有利于科技成果转化，也有利于成就引领产业变革的伟大企业。以美国的惠普公司为例，其从1538美元起家，短短数十年便成为美国十大电子公司之一，成功的秘诀就在于创始人休利特吸引大量中高级人力资本到企业创业的两条管理公式："人才 + 资本 + 知识=财富""博士 + 汽车库=公司"[1]。

[1] 田耕：《惠普的公式》，《企业改革与管理》1998年第5期。

CHAPTER 8

第八章

以制度型开放
促进制度性变革

党的十九届五中全会提出“构建高水平社会主义市场经济体制”“建设更高水平开放型经济新体制”。这是我国进入新发展阶段，在更高起点、更高层次、更高目标上全面深化改革开放的重大部署。当前，在国际环境日趋复杂、不稳定性和不确定性明显增加的特定背景下，14亿人的新型开放大国，保持战略定力，办好自己的事，关键在于把握制度型开放与制度性变革互促共进，以构建新发展格局为基本要求，走出一条以制度型开放促进制度性变革的新路子。

第一节

制度型开放是高水平开放的突出特点

与以往商品和要素流动型开放有很大的不同，今天的高水平开放，突出的时代特征是制度型开放。无论是落实RCEP还是促成中欧投资协定以及加入CPTTP，都需要加快推进制度型开放，实现国内经济体制的规则、规制、管理、标准等更大程度与国际接轨。

一、制度型开放的历史新起点

改革开放之初，我国打开国门，积极融入世界经济，实现了经济起飞。当前，为适应经济全球化新形势与经济转型发展的新需求，我国需加快推动从商品和要素流动型开放向规则等制度型开放转变，以制度型开放赢得国内发展和国际竞争的主动。

1. 从封闭、半封闭到打开国门

改革开放是决定当代中国命运的关键一招。1978年12月，党的十一届三中全会提出以经济建设为中心，从此拉开了改革开放的大幕。1978年，我国经济总量居世界第11位，人均国民收入仅为190美元，处于低收入国家行列；货物进出口总额只有206亿美元，对外贸易依存度仅为4.7%，占世界贸易的份额微乎其微；外汇储备极其短缺，仅有1.67亿美元，人均外汇储备折合成人民币不足1元[1]。

邓小平同志指出："如果现在再不实行改革，我们的现代化事业和社会主义事业就会被葬送。"[2]"总结历史经验，中国长期处于停滞和落后状态的一个重要原因是闭关自守。经验证明，关起门来搞建设是不能成功的，中国的发展离不开世

[1] 张翼：《人类经济史上的奇迹》，《光明日报》2013年11月21日第1版。

[2] 邓小平：《邓小平文选》（第二卷），人民出版社，1994。

界。”[1]经过探索和试点，1984年党的十二届三中全会通过的《中共中央关于经济体制改革的决定》明确提出：“我们把对外开放作为长期的基本国策，作为加快社会主义现代化建设的战略措施。”

习近平总书记在庆祝改革开放40周年大会的讲话中指出：“1978年12月18日，在中华民族历史上，在中国共产党历史上，在中华人民共和国历史上，都必将是载入史册的重要日子。这一天，我们党召开十一届三中全会，实现新中国成立以来党的历史上具有深远意义的伟大转折，开启了改革开放和社会主义现代化的伟大征程。”[2]

2. 从设立经济特区到建设开放新高地

我国的对外开放，从封闭、半封闭开始起步，以设立经济特区破冰，从点到线、从线到面，逐步形成了全方位开放的基本格局。党的十一届三中全会后，邓小平同志提出：“在全国的统一方案没有拿出来以前，可以先从局部做起，从一个地区、一个行业做起，逐步推开，中央各部门要允许和鼓励它们进行这种试验。”[3]1979年4月，邓小平同志进一步提出：“可以划出一块地方，叫特区。陕甘宁就是特区嘛。中央没有钱，要你们自己搞，杀出条血路来。”[4]1979年初，国务院决定设立蛇口工业区。同年7月，中央批准广东、福建两省对外经济活动实行特殊政策和灵活措施，并决定先在深圳、珠海两市划出部分地区试办出口特区。此后，中共中央、国务院批准在广东省的深圳、珠海、汕头三市和福建省的厦门市试办出口特区。1980年5月，中共中央、国务院批转《广东、福建两省会议纪要》，并正式将出口特区定名为“经济特区”，赋予特区在外商准入、土地使用、贸易、外汇、税收等方面的特殊优惠政策，并实行“以吸收外资为主、市场调节为主、扩

[1] 邓小平：《邓小平文选》（第三卷），人民出版社，1993。

[2] 习近平：《在庆祝改革开放40周年大会上的讲话》，《人民日报》2018年12月19日第2版。

[3] 邓小平：《邓小平文选》（第二卷），人民出版社，1994。

[4] 中共中央文献研究室编：《邓小平年谱 一九七五——九九七（上）》，中央文献出版社，2004。

大出口为主”的特殊管理体制。1988年4月13日，七届全国人大一次会议决定建立海南省并设立中国最大的经济特区。

在经济特区实现突破后，中央决定在北京、天津、上海三个城市开展扩大对外贸易自主权的试点，在外贸体制、促进出口等方面赋予其更多的自主权，对外贸业务实行以地方为主的双重领导，由各市编制外贸收购和出口收汇计划，开展工贸结合试点，扩大地方审批出境人员的权限，开始了我国开放沿海城市的初步探索。

2013年9月，中国（上海）自由贸易试验区正式挂牌运作。作为新形势下我国推进改革开放的重大举措，自由贸易试验区在加快政府职能转变、管理模式创新、促进贸易和投资便利化等方面积极探索新途径、积累新经验。经过7年多的实践，我国自由贸易试验区已经增至21个，基本形成涵盖东中西的区域布局。

2018年4月13日，习近平主席在庆祝海南建省办经济特区30周年的大会上郑重宣布：“党中央决定支持海南全岛建设自由贸易试验区，支持海南逐步探索、稳步推进中国特色自由贸易港建设，分步骤、分阶段建立自由贸易港政策和制度体系。”[1]2020年6月1日，中共中央、国务院印发《海南自由贸易港建设总体方案》。继该方案印发半年来，自由贸易港相关政策措施密集出台，有力推动了海南自由贸易港建设顺利开局。从全球来看，自由贸易港是当今世界最高水平的开放形态。在当前贸易保护主义、疫情等多重因素影响下，加快建设海南自由贸易港进程是彰显我国扩大对外开放、积极推动经济全球化决心的重大举措。

3. 从加入WTO到推动共建“一带一路”

进入21世纪以来，我国从加入WTO到提出共建“一带一路”倡议，从参与全球经济治理到推动完善全球经济治理的新机制，我国逐步由商品和要素流动型开放向规则等制度型开放转变，逐步实现与世界经济深度融合。

2001年12月11日，经过长达15年艰难而曲折的历程，中国正式成为WTO成

[1] 习近平：《在庆祝海南建省办经济特区30周年大会上的讲话》，《人民日报》2018年4月14日第2版。

员[1]。在这一过程中，我国对外开放加快转型，从有限开放、政策性开放，转变为全方位开放、双向开放。从双边磋商机制拓展到构建双边、多边机制。加入WTO后，我国坚持社会主义市场经济改革方向，按照统一、透明、规范、公平的原则，对包括涉外经济在内的经济体制机制进行了一轮全面改革。例如，大规模开展法律法规清理修订工作，中央政府清理法律法规和部门规章2300多件，地方政府清理地方性政策法规超过19万件，覆盖贸易、投资和知识产权保护等各个方面，使涉外经济法律法规与加入WTO承诺相一致，大大激发了经济增长活力。

2013年9月7日，习近平总书记在哈萨克斯坦纳扎尔巴耶夫大学发表演讲，提出共同建设“丝绸之路经济带”。同年10月，习近平总书记出访东盟，提出共同建设“21世纪海上丝绸之路”。“丝绸之路经济带”和“21世纪海上丝绸之路”共同构成了“一带一路”倡议。2015年3月28日，我国发布《推动共建丝绸之路经济带和21世纪海上丝绸之路的愿景与行动》。共建“一带一路”倡议及其核心理念已先后被写入联合国、二十国集团、亚太经合组织以及其他区域组织等有关文件中；截至2020年11月，我国已与138个国家、31个国际组织签署了201份共建“一带一路”合作文件[2]。共建“一带一路”的国家已由亚欧延伸至非洲、拉美、南太等区域。“一带一路”倡议已成为反对贸易保护主义，构建新型经济全球化的新主角。

改革开放之初，我国更多的是全球经济治理参与者、跟随者。党的十八大以来，我国提出了“构建人类命运共同体”的倡议，寻求各国利益最大公约数。一方面，我国在全球经济治理中的话语权进一步提升。目前，我国在世界银行的投票权升至第3位，仅次于美国和日本[3]；在国际货币基金组织的投票权份额排名由第6位跃

[1] 1986年中国开始恢复关贸总协定（GATT）缔约方的谈判，1995年世界贸易组织（WTO）取代关贸总协定，中国的“复关”谈判转为“入世”谈判。

[2] 《我国已与138个国家、31个国际组织签署201份共建“一带一路”合作文件》，http://www.gov.cn/xinwen/2020-11/17/content_5562132.htm。

[3] 《重磅！世界银行确认将增资130亿美元 中国投票权升至第三位》，https://t.qianzhan.com/caijing/detail/180423-ffc4d541.html。

居至第3位[1]。另一方面，我国积极参与全球事务，为完善全球经济治理积极贡献中国智慧。2015年12月25日，我国倡议的亚洲基础设施投资银行正式成立，在国际多边开发体系中发挥越来越重要的作用，得到国际社会的广泛信任和认可。

4. 进入制度型开放新阶段

党的十八大以来，我国推动全方位开放，打造开放型经济新体制，开放的深度、广度等都有明显提升。与改革开放之初相比，新发展阶段高水平开放对制度型开放的依赖性全面增强，我国从商品和要素流动型开放为主进入到以规则等为重点的制度型开放新阶段。一是开放的重心由货物贸易转向服务贸易，要求推动以保障商品和要素自由流动为主的流动型开放向规则导向的制度型开放转变。二是适应高标准国际经贸规则，开放措施需要从关税减免等措施向规则、规制、管理、标准等措施延伸。三是经济全球化处于规则重构期，作为大国，我国更需要通过制度型开放扩大对全球多边规则框架的影响力，共同维护并推进世界多边贸易体制变革。

专栏8.1　中央关于“制度型开放”的相关表述

2018年中央经济工作会议要求，“推动全方位对外开放。要适应新形势、把握新特点，推动由商品和要素流动型开放向规则等制度型开放转变”。

《中共中央关于坚持和完善中国特色社会主义制度　推进国家治理体系和治理能力现代化若干重大问题的决定》（2019年10月31日中国共产党第十九届中央委员会第四次全体会议通过）明确提出：“建设更高水平开放型经济新体制。实施更大范围、更宽领域、更深层次的全面开放，推动制造业、服务业、农业扩大开放，保护外资合法权益，促进内外资企业公平竞争，拓展对外贸易多元化，稳步推进人民币国际化。健全外商投资准入前国民待遇加负面清单管理制度，推动规则、规制、管理、标准等制度型开放。”

2020年5月11日，《中共中央　国务院关于新时代加快完善社会主义市场经济体制的意见》明确提出：“坚持扩大高水平开放和深化市场化改革互促共进。坚

[1]　《中国成IMF第三大股东 份额占比升至6.394%》，《深圳晚报》2016年1月29日第A24版。

定不移扩大开放，推动由商品和要素流动型开放向规则等制度型开放转变，吸收借鉴国际成熟市场经济制度经验和人类文明有益成果，加快国内制度规则与国际接轨，以高水平开放促进深层次市场化改革。”“健全外商投资准入前国民待遇加负面清单管理制度，推动规则、规制、管理、标准等制度型开放。”

2020年6月1日，中共中央、国务院印发的《海南自由贸易港建设总体方案》明确提出：“深入推进商品和要素流动型开放，加快推动规则等制度型开放，以高水平开放带动改革全面深化。”

2020年10月，中共中央办公厅、国务院办公厅印发的《深圳建设中国特色社会主义先行示范区综合改革试点实施方案（2020—2025年）》明确提出：“加大制度型开放力度。支持以规则衔接深化粤港澳大湾区合作发展。”

2020年10月14日，习近平总书记在深圳经济特区建立40周年庆祝大会上的讲话中强调：“要优化升级生产、分配、流通、消费体系，深化对内经济联系、增加经济纵深，增强畅通国内大循环和联通国内国际双循环的功能，加快推进规则标准等制度型开放，率先建设更高水平开放型经济新体制。”

《中共中央关于制定国民经济和社会发展第十四个五年规划和二〇三五年远景目标的建议》（2020年10月29日中国共产党第十九届中央委员会第五次全体会议通过）提出：“推动共建‘一带一路’高质量发展”“推进战略、规划、机制对接，加强政策、规则、标准联通。”

2020年11月12日，习近平总书记在浦东开发开放30周年庆祝大会上的讲话中强调：“深入推进高水平制度型开放，增创国际合作和竞争新优势。”“浦东要着力推动规则、规制、管理、标准等制度型开放，提供高水平制度供给、高质量产品供给、高效率资金供给，更好参与国际合作和竞争。”

资料来源：根据公开政策文件整理。

二、制度型开放直接依赖制度性变革

制度型开放要求国内经济体制对接现有国际通行规则进行系统性重构，以提升国际通行规则在国内经济运行的普遍适用性。就是说，制度型开放与制度性变革直接融合，并直接依赖制度性变革。

1. 制度型开放依赖于高标准市场经济

当前，我国市场经济体制仍有一些不完善之处，经济生活中出现的一些矛盾与挑战，经济增长面临的下行压力，与市场决定资源配置没有得到有效落实直接相关。比如，由于行政垄断和市场垄断的存在，社会资本进入教育、医疗、通信、金融等服务行业仍面临某些障碍，这使得服务业市场主体难以通过公平竞争来提高供给能力、供给质量和供给效率。为此，需要在高水平开放中强化产权保护、深化要素市场化改革，充分发挥市场在资源配置中的决定性作用。

我国进入新发展阶段，加快形成以服务贸易为重点的开放新格局，构建更高水平开放型经济新体制，直接依赖于高水平社会主义市场经济体制。一方面，适应扩大服务贸易的现实需求，要加快推进以研发为重点的生产性服务业市场开放，尽快打破服务业市场的行政垄断与市场垄断，以形成统一开放、公平竞争的市场环境。另一方面，适应全球经贸规则加速重构的新趋势，实现制度型开放的重大突破，需要主动推进规则、规制、管理、标准等更大程度与国际对接。

2. 以制度型开放倒逼全面深化改革

制度型开放倒逼全面深化改革的特点和趋势日益突出。例如，落实竞争中性原则是制度型开放的重要趋势。竞争中性是指所有商业主体在经营中都能获得公平竞争的权利。从实际情况来看，现行经济体制还难以全面落实补贴中性、税收中性、监管中性、信贷中性和政府采购中性等。竞争中性原则的确立，将对改革形成更大倒逼压力，使得服务业市场开放、国有企业改革、市场监管改革等方面的体制机制问题得到集中解决。总的来看，建设高标准市场经济体制，需要在与全球通用市场规则对标中形成强大的改革动力。

3. 形成制度型开放与深层次改革相互促进的新格局

制度型开放触及深层次改革。一方面，面对经济社会发展中存在的体制性、结构性弊端，需要继续深化供给侧结构性改革，对计划经济遗留的、转型进程中产生的、发展趋势新要求的体制机制进行主动改革和完善。另一方面，面对经济全球化趋势及挑战，需要加快制度型开放，倒逼深化改革，并以改革更好地推进制度型开放。比如，服务业市场开放直接依赖于行政管理体制改革的突破。

三、以制度型开放促进制度性变革的重点任务

开放是最大的改革。在“十四五”期间，我国构建高水平社会主义市场经济体制，不仅离不开高水平的制度型开放，更需要在制度型开放中形成全面深化改革的新动力。

1. 充分发挥市场在资源配置中的决定性作用

面对国内外风险挑战明显增多的复杂局面，更多运用市场化、法治化手段深化供给侧结构性改革，充分发挥市场在资源配置中的决定性作用，更好发挥政府作用，其重要性、迫切性日益凸显。在“十四五”期间，要加快落实市场在资源配置中起决定性作用的定位，需要按照竞争中性原则，加快形成公开市场、公平竞争的市场环境，使国企、民企、外企公平参与市场竞争，共享发展红利，由此才能明显提升资源配置效率，充分发挥增长潜力。

2. 在制度型开放中优化营商环境

国际化、便利化、法治化的营商环境是高水平开放型经济新体制的重要特征，也是高水平社会主义市场经济体制的重要标志；是吸引全球高质量要素的重要条件，也是激发市场活力、稳定各方预期的重要基础。在“十四五”期间，要把“打造国际一流营商环境”摆在突出位置，按照竞争中性原则的要求，大幅缩减边境内壁垒与制度性交易成本，切实加强知识产权保护和企业财产权保护，对在我国境内注册的各类企业一视同仁、平等对待。

3. 破题制度型开放的政府治理

从我国全面融入世界经济的现实情况看，国家治理体系和治理能力现代化的实现路径，需要与制度型开放相适应。在“十四五”期间，以制度型开放促进制度性变革，需要把形成制度型开放的政府治理作为国家治理体系和治理能力现代化的重

要目标，按照高标准国际经贸规则关于竞争中性的要求，加快推进产业政策转型，强化竞争政策的基础性地位；推进政府采购的公开化、市场化，加快市场监管的转型与变革；高度重视国际宏观经济政策协调，推进贸易与投资规则的内外对接，加快形成开放、高效、秩序、安全、和谐、法治的现代治理新格局。

第二节

以制度型开放促进市场化改革进程

制度型开放带动并促进全面深化改革，建立并完善以公开、规范为主要标志的开放型经济体系，在主动对接国际通行的经贸规则中形成深化市场化改革的重要推动力。

一、以制度型开放推动形成市场决定资源配置的新格局

推进制度型开放与建设高标准的市场经济，更多运用市场化、法治化手段深化供给侧结构性改革，核心是充分发挥市场在资源配置中的决定性作用和更好发挥政府作用。

1. 确立竞争中性原则

（1）竞争中性原则符合经济全球化的基本要求。当前，有关竞争中性原则的相关内容逐步成为全球新一轮经贸规则的基本要求。例如，在CPTPP、美韩、美墨加、欧越等自贸协定中，均包含了政府采购、竞争政策、国有企业与指定垄断等涉及竞争中性的条款。

（2）竞争中性原则的确立能激发各类市场主体活力。如图8-1所示，2010—2019年，我国民间投资增速由32.5%下降至4.7%；民间投资占比由65.4%下降至60%左右；实际利用外资增速由17.4%下降至2.4%。这既有短期政策的影响，更有限制竞争、妨碍竞争等深层次体制机制的原因。民营企业贡献了国民经济的“56789”（50%以上的税收、60%以上的投资占比、70%以上的技术创新成果、近80%的城镇劳动就业量、90%以上的企业数量），却只占用了40%左右的信贷资源，与其经济贡献完全不匹配[1]。在此背景下，激发企业活力，要按照竞争中性原则，为各类企业创

[1] 《中国民营经济报告:2019》，http://stock.finance.sina.com.cn/stock/go.php/vReport_Show/kind/search/rptid/624505001756/index.phtml。

造公开市场、公平竞争的市场环境，使各类企业在市场中自主经营、自由竞争。

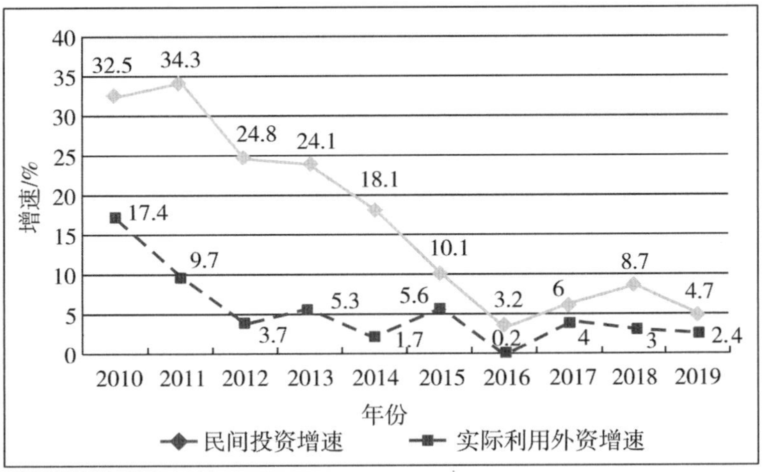

图8-1 2010—2019年我国民间投资与实际利用外资增速

数据来源：根据国家发改委和国家统计局相关数据整理。

（3）竞争中性原则的确立有助于建立高水平开放型经济新体制。随着单边主义、贸易保护主义的加剧，我国面临着日益复杂的外部环境。例如，美国多次以国家安全为由否决中资企业在美并购。2019年末，我国在发达经济体的直接投资存量为2494.6亿美元，占我国对外直接投资存量的11.4%。其中，欧盟939.1亿美元，占发达经济体投资存量的37.6%；美国778亿美元，占31.2%；日本41亿美元，占1.6%。全年对外投资中，流向信息传输、软件和信息技术服务业的投资为54.8亿美元，同比下降2.7%，占流量总额的4%[1]。确立竞争中性原则，赋予外资国民待遇，使国企、民企、外企公平参与市场竞争，共享发展红利，是我国应对全球经贸格局新变化、缓解中美经贸摩擦的重要举措，是共建开放型经济体系的重大任务。

（4）竞争中性原则的确立为我国赢得新一轮国际规则制定的主动。当前，国际经贸规则重构进入关键时期，如何在规则制定中赢得主动，既关系到我国参与经济全球化进程的程度，又关系世界经贸格局的重塑。从全球经贸规则重构的趋势来

[1] 数据来源于《2019年度中国对外直接投资统计公报》。

看，其涵盖议题由市场准入向“边境后议题”拓展。例如，欧日自贸协定不仅包含关税等传统议题，还包括国有企业、知识产权、监管合作等高标准内容。这需要我国按照竞争中性原则，在加快实现规则对接的基础上，积极参与并推动全球经贸规则制定。

2. 以完善市场准入制度为重点实现公开市场

（1）全面实施内外资一致的市场准入负面清单。目前，我国有《外商投资准入负面清单》《自由贸易试验区外商投资准入负面清单》和《市场准入负面清单》等负面清单，以及《鼓励外商投资产业目录》《中西部地区外商投资优势产业目录》等正面清单。下一步，需要加快推动现有负面清单与正面清单的合并对接。例如，在保持现有自由贸易试验区探索更大开放的同时，率先合并《外商投资准入负面清单》与《市场准入负面清单》，形成全国统一的、内外资一致的《市场准入负面清单》，并逐步推动正面清单内企业优惠政策的普惠化。

（2）全面清理不合理审批事项。从现实情况看，负面清单之外的市场准入环节或多或少存在某些审批事项。一方面，准入后审批事项仍然较多。例如，改革前上海办理施工许可证需要19项程序，耗时169.5天，改革后也需要97天[1]。另一方面，部分领域虽然实行了备案制，但仍存在某些变相审批。这就需要全面清理负面清单之外的审批事项，彻底消除各种隐性壁垒，真正实现各类市场主体依法平等进入负面清单之外的行业或领域。

（3）开展负面清单外无审批的试点。例如，在自由贸易试验区、海南自由贸易港等便于管理、企业相对集中的区域实行负面清单外无审批的试点，率先在商贸物流、批发零售、交通运输等开放风险较小的领域实行企业“自由生、自主营、自由死”等政策，最大限度提高企业自主权；对必须保留审批的事项，由监管部门向申请企业提供责任承诺书和审批要件清单，企业法人签署对材料真实性负责和对虚假

[1] 《施工许可办理时间169.5天是如何减到97天的？》，http://shzw.eastday.com/shzw/G/20190304/u1ai12299747.html。

材料承担责任的法人承诺书后，审批部门可当场或当天发放批件和许可证。事后，监管部门定期或不定期组织现场核查，如发现企业造假，要对其进行严厉惩处。

3. 在公开市场的前提下实现各类企业公平竞争

（1）实现国有企业与民营企业公平竞争。取消对社会资本单独设置的附加条件和歧视性条款；全面清理政府对国有企业在竞争性领域与环节的补贴、税收支持政策与信贷隐性担保；以公益性为导向优化国有资本配置，实现竞争性领域的全面放开；限制国有企业兼营垄断性业务和竞争性业务，避免其借助垄断环节阻止其他市场主体进入竞争性业务领域。

（2）实现不同地区市场主体的公平竞争。近年来，地方保护情况有很大改善。但在政府职能转变未破题的情况下，政府采购、新经济发展、重大项目建设、投融资等领域的地方保护现象仍然时有发生。为此，需要尽快优化考核机制，将公平竞争的市场环境纳入政府考核内容；建立企业地方保护申诉机制，强化市场监管机构对地方保护政策的审查。

（3）实现内外资企业的公平竞争。以全面落实《中华人民共和国外商投资法》为重点，清理内外资准入资格不一致的规定。在现有市场准入负面清单外的领域，取消对外资的股比限制，清理与内资准入资格不一致的歧视性规定，实现内外资企业的同等待遇；系统梳理各行业法规与政策中的外商投资限制，进一步完善外商投资的服务体系与信息披露，为外商投资提供公开、透明的投资环境。

二、适应制度型开放加快推进要素市场化改革进程

当前，无论是畅通国内国际双循环，还是释放强大的国内市场潜力，都对推进要素市场化改革、优化要素市场化配置提出了现实需求。加快推进要素市场化配置，不仅是制度型开放的客观要求，也是制度性变革的重要内容。

1. 把深化要素市场化配置改革作为应对变局、开拓新局的关键一招

（1）大变局下深化要素市场化配置改革的现实需求。从国际角度看，当今世

界正面临百年未有之大变局，既表现为生产力层面的新一轮科技革命和产业变革，又表现为生产关系层面的全球治理体系和国际经济政治格局的深刻调整。从国内角度看，未来几年，经济发展面临着结构性、体制性、周期性等问题的相互交织，短期与中长期问题的相互叠加，依靠要素规模投入促进经济增长的难度明显加大。在此背景下，无论是应对外部环境变化、有效抵御外部风险挑战，还是适应国内发展的阶段性特征、充分发挥国内超大规模市场优势，都需要加快实现深化要素市场化配置改革的重要突破，明显提升要素配置效率，在畅通国内大循环中促进国内市场和国际市场更好联通，更好利用国际和国内两个市场、两种资源，赢得大变局下国际合作竞争的主动。

（2）重在推动经济体制的制度集成创新。在内外环境明显变化的背景下，深化要素市场化改革，需要在经济体制关键性、基础性的重大改革上突破创新，需要更加突出改革的系统性“集成”。以此“突出改革实效，推动改革更好服务经济社会发展大局”[1]。例如，要素市场化改革离不开产权制度改革、离不开价格制度改革；推进要素市场化改革的重要任务是包括土地等在内的要素确权；要把要素市场化改革和产权改革、价格改革等有机结合起来，统筹设计、同步推进，形成制度集成创新的新格局。

（3）坚持目标引领和问题导向相结合，分类推进要素市场化配置改革。一方面，深化要素市场化配置改革，核心是充分发挥市场在要素资源配置中的决定性作用，打破要素自由流动的体制机制壁垒，保障各类市场主体平等获取生产要素。另一方面，从实际出发深化要素市场化配置改革，需要突出重点、分类推进。例如，随着科技革命的推进，要素的范畴也在不断拓展，除了传统要素外，数据等作为新的生产要素与其他传统生产要素并列为要素。重点是消除资源配置扭曲，把劳动力、土地、金融等配置到生产率更高的领域，使实际经济增长达到潜在生产可能性边界；在数据等新的生产要素领域，重点是加快产业数字化、智能化改造，推动先

[1] 《依靠改革应对变局开拓新局　扭住关键鼓励探索突出实效》，《人民日报》2020年7月1日第1版。

进技术市场化转化与扩散。

2. 着力推进土地要素市场化配置改革

（1）以土地要素市场化配置改革释放我国高质量发展的新动力。土地成为我国要素市场化配置改革的突出短板。有数据显示，10年来，我国平均每年供地880万亩左右；2018年，在国有建设用地的供给总量中，政府划拨的仍占60%，通过招拍挂出让的不到40%。土地要素市场化配置改革将释放巨大的增长潜力，并在提升农民财产性收入、促进城乡要素合理双向流动中发挥重要作用。这就需要以新的思路开辟土地要素市场化配置改革新路径。

（2）发挥市场在土地资源配置中的决定性作用。一是逐步减少中央政府对土地的指令性计划管理，取消行政集中的用地指标管理制度，并赋予省级政府更大的用地自主权。二是进一步深化产业用地市场化的配置改革，充分利用市场经济盘活存量用地和低效率用地，扩大国有土地有偿使用的范围，推进国企存量用地的盘活利用，完善盘活存量建设用地的税费制度。三是实现政府的土地管理与经营职能分开，推动地方政府摆脱土地财政依赖。四是改革土地要素价格形成机制，由市场竞争决定土地价格。

（3）加快建立健全城乡统一的建设用地市场。一是全面推进农村土地征收制度改革，实行农村集体经营性土地和国有土地同等入市、同价同权，并建立公平合理的集体经营性建设用地入市增值收益分配制度与入市激励机制。二是尽快实现农村宅基地制度改革的实质性突破，建立农村宅基地自愿退出机制，盘活存量闲置宅基地，并按照“适度放活宅基地和农民房屋的使用权”的要求，进一步探索宅基地“三权分置”改革。在近期内按照立足存量、先房后地的原则，优先推进农村住房财产权的对外流转，通过自主经营、租赁经营、委托经营等多种方式盘活农村住房。在此基础上，逐步实现房地一体的农村宅基地使用权跨集体流转。三是进一步完善跨地区耕地占补平衡、增减挂钩的政策，建立全国性建设用地、补充耕地指标跨区域交易机制，允许各地区用地指标通过市场化方式自由交易。四是推进土地管理制度逐步由城乡二元向城乡统一过渡，实现各类土地在明晰产权前提下在一个平台上无障碍交易。考虑到土地改革的全面性和重要性，建议制订“十四五”期间土地要素市场化单项改革的行动方案。

（4）适应土地要素市场化改革，推动城乡融合发展的体制机制创新。一是注重“规划引导”，优化区域城镇体系规划布局，发挥其对推进城乡融合相关改革的引导作用。二是强调“公平竞争”，完善公平竞争制度，切实改变城乡企业竞争地位不平等、“三农”权利被边缘化的格局。三是突出“改革实效”，关键是进一步发展农村非农经济产业，改变目前农村粮食供给的单一功能，由此明显提升农村经济活动的回报率。四是守住“底线思维”，禁止那些破坏农村资源环境等的行为，强化“三农”政策的兜底和“保基本”作用。

3. 加快推动劳动力、资金、技术、管理等要素的市场化配置

（1）以促进劳动力城乡流动为重点推动劳动力市场化配置改革。未来几年，人口流向将决定区域发展格局。要适应这个大趋势，关键是促进城乡、区域间的人才社会性流动和高端人才市场培育，显著提升劳动力配置效率。一是继续深化户籍制度改革，放开、放宽除个别超大城市外的城市落户限制。二是尽快实行以公民身份号码为唯一标识、全国统一的居住证制度，并建立城镇教育、就业、医疗卫生等基本公共服务与常住人口挂钩的机制，推动农业转移人口市民化。三是加快构建人才的社会性流动和吸引全球高端人才的体制机制，进一步完善劳动力价格形成机制与保障机制，加快与国际人力资源市场的对接。

（2）以完善多层次资本市场为重点推进资本要素市场化配置改革。一是继续放开金融服务业市场准入，增加服务小微企业和民营企业的金融服务供给，疏通金融和实体经济的传导机制。二是加快深化资本市场改革，拓展多层次资本市场内涵。三是在科创板试点的基础上稳步推进注册制改革，为新经济提供更加便利快捷的上市渠道，也为承接中概股回归创造条件。四是疏通货币市场和债券市场利率向信贷市场传导的渠道，通过加强公开市场操作打造利率走廊，实现利率市场化。

（3）以科技成果产权激励制度改革为重点推动技术要素市场化配置改革。适应科技革命与产业变革相互融合的大趋势，加快构建科技人员职务科技成果产权激励制度。一是赋予科技人员职务科技成果所有权或长期使用权，进一步下放科技成果使用、处置和收益权，让科技项目研发成果与科技人员收益直接挂钩。二是进一步扩大创新主体自主权，支持科研单位和人员共有成果所有权，将“先转化、后奖励”改变为“先赋权、后转化”，完善科技成果转化激励政策。三是加快发展技术转移机构和技术经理人，支持高校、科研机构和科技企业设立技术转移部门，形成科技成果转化的机制化安排。

（4）以数据产权界定和数据交易市场培育为重点推进数据要素市场化配置改革。抓紧制定相关法律法规，明确数据产权界定，对数据的所有权、使用权、收益权、处置权等进行规范。在保障国家安全的基础上，加快制定数据要素市场定价机制、市场交易方式和市场监管上的规范性制度和规则，加快培育数据交易市场，并与国际数据市场在数据确权、数据认证、数据定价、数据监管等方面的规则进行对接。

三、深化国有企业混合所有制改革

深化国企改革仍是我国经济体制改革的重点任务之一。在经济全球化新的背景下，深化国企改革成为我国构建开放型经济新体制的焦点之一。按照党的十九届五中全会确立的深化国有企业混合所有制改革的目标要求，加快推动国有资本战略性调整。

1. 加快从“管企业”走向“管资本”

（1）实现“管企业”向“管资本”转变的实质性破题。党的十九届五中全会提出：“做强做优做大国有资本和国有企业。”近年来，我国通过改组组建国有资本投资、运营公司，初步形成了国有资本授权经营体制。但总的来看，政府相关部门尚未把主要精力放在“管资本”上，仍存在过多、过细的“管企业、管人”等突出问题。当前，深化国有企业改革的核心是搞活国有资本，这就需要尽快实现从

"管企业"向"管资本"转变。

（2）进一步细化国有资本的分类管理。当前，我国将国有企业分为商业类和公益类，实行分类改革、分类发展、分类监管、分类定责、分类考核。但在实践中，对于"管资本"具体管什么、如何管等问题尚无明确指引；仅分为商业类和公益类过于简单，难以适应"管资本"的现实需求。为此建议，以实现各类企业充分竞争为导向划分国有资本类别，并形成明确的指引清单，为国有资本进出提供依据。

（3）形成以"管资本"为主的国有资本管理格局。一是明确国有资产监管机构的职能主要是优化国有资本布局和实现国有资本保值增值。二是加快建立"管资本"主体的权责清单，按照国有资本的分类，尽快形成全国统一的国有资本投资、运营公司权责清单，重点在国企产权转让、企业领导任免、企业重组方案审核、企业改制方案审核、公司章程修改、企业业绩考核和薪酬标准、企业财务预算管理等方面实现制度性安排。三是进一步理顺我国财政部、国资委、国有资本投资及运营公司之间的关系。

2. 以发展混合所有制为重点鼓励社会资本参与

（1）在更多领域允许社会资本控股。近年来，社会资本对参与国有企业改革的积极性很高，但仍存在较多的顾虑。主要是担心参股之后，难以参与企业治理和决策，对自身收益缺乏稳定预期。建议率先在能源、运输、民航、电信等一般竞争性领域支持鼓励社会资本控股，注重发挥民营企业家作用，实现国有资本保值增值。将国有独资形式的企业严格限定在涉及国家安全的少数国有企业和国有资本投资公司、国有资本运营公司；将国有绝对控股的企业严格限定在涉及国民经济命脉的重要行业和关键领域；在支柱产业和高新技术产业等行业，主要采取相对控股；在不需要国有资本控制，可以由社会资本控股的国有企业，可采取国有资本参股形式或者国有资本全部退出。

（2）推进混合所有制企业员工持股方案实施。实行员工持股方案有利于调动员工的积极性，有利于发展创新型国有企业，有利于员工持之以恒地关心企业命运。尽快形成国有企业员工持股的可操作性方案，形成国有企业员工与企业发展的命运共同体，避免员工的短期行为，形成国有企业可持续发展的体制机制。

（3）加快实现国有资本自身多元化。例如，在东北地区国有企业混合所有制改革中，推进国有资本自身的多元化，比简单降低国有经济比重更具可操作性和现实性。推动国有资本所有者的多元化，例如引入社保基金，由不同股东作为出资人代表，着力避免企业重要决策由大股东独断，有利于提高决策科学性，提升风险防范能力。

3. 加快推进国有资本的战略性调整

（1）尽快推动国有资本从竞争类行业退出。尽快从国家层面形成“关系国家安全和国民经济命脉的重要行业和关键领域”的目录与标准。在将国企分为竞争类、功能类与公益类的前提下，加快形成与之相配套的投资与退出清单。

（2）将国有资本更多配置在功能类与公益类领域。鼓励新增国有资本重点向教育、医疗、养老等民生领域和基础设施领域倾斜，强化国有资本对非国有资本的引导和支持作用；加大对现代服务业、高新技术产业、高端制造业和关系国民经济社会发展战略的领域的投资力度，构建“高精尖”经济结构；国有资本增量一般不再以独资的方式进入完全竞争领域和市场竞争较充分的领域。

（3）明确国有资本增量进入领域。与民营经济“非禁止即允许”的原则不同，国有资本投资非公益性领域应该实施“非允许即禁止”的原则。建议界定国有资本可以进入的非公益性领域，制定国有资本产业投资目录，对营利性国有资本进行严格限定。

（4）加快推进国有资本划拨社保进程。2019年7月10日，国务院召开常务会议，决定全面推开划转部分国有资本充实社保基金。一方面，我国国有企业资产规模不断扩大。如图8-2所示，2013—2019年，我国国有企业（不含金融企业）资产总额由91.1万亿元上升至233.9万亿元，年均增长17%。另一方面，在老龄化趋势下，社会资金平衡问题显得较为突出，成为多方关注的焦点。为此，需要加快推进国有资本划入社保的进程，在国有资本定价、划拨流程、监管等方面实现制度性安排，并在此基础上进一步降低企业缴纳税费的比重。

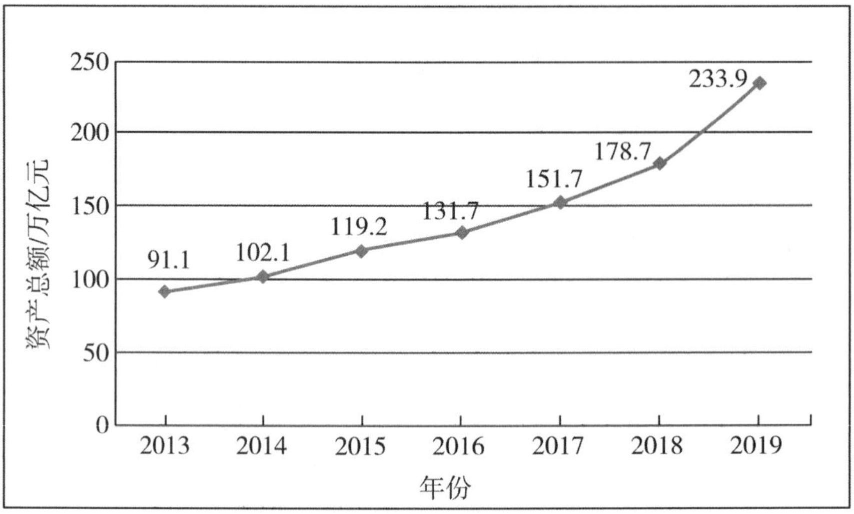

图8-2　2013—2019年我国国有企业资产总额（不含金融企业）增长情况

数据来源：根据国资委网站公开数据整理。

第三节

打造市场化、国际化、便利化的营商环境

加快完善国际化、法治化、便利化的营商环境，是吸引全球高质量要素的重大举措，也是激发市场活力、稳定各方预期的重大举措。按照竞争中性原则的要求，要打造市场化、国际化、便利化的营商环境，需大幅缩减边境内壁垒与制度性交易成本，对在我国境内注册的各类企业一视同仁、平等对待。

一、完善“准入前国民待遇 + 负面清单”管理制度

“准入前国民待遇 + 负面清单”管理制度是我国制度型开放的重大举措，不仅涉及边境开放、准入开放，更涉及准入后的各类企业平等待遇。在全面实施“准入前国民待遇 + 负面清单”管理制度新阶段，需要加快建立与之相适应的制度与政策体系，在取消外资准入负面清单之外的限制的基础上，实质性降低准入后壁垒。

1. 大幅缩减市场准入负面清单

（1）缩减市场准入负面清单限制措施数量。市场准入负面清单制度的全面实施，意味着清单以外的行业、领域、业务等各类市场主体皆可依法平等进入。目前，市场准入负面清单包括“禁止准入类”和“许可准入类”两大类、123条事项、541条具体管理措施。尽管与2016年试行的《市场准入负面清单草案（试点版）》相比，事项减少了205项，具体管理措施减少了328条，但与国内自由贸易试验区外商投资负面清单30条、外商投资负面清单36条特别管理措施相比，差距还比较大（具体限制措施数量对比见表8-1）。

表8-1 全国3份负面清单限制措施数量对比

单位：项

行业	自由贸易试验区外商投资准入负面清单（2020年版）	外商投资准入负面清单（2020年版）	市场准入负面清单（2020年版）
农、林、牧、渔业	3	4	11
采矿业	1	1	1
制造业	2	4	19
电力、热力、燃气及水生产和供应业	1	4	1
建筑业	无此项	无此项	1
批发和零售业	1	1	7
交通运输、仓储和邮政业	4	4	7
住宿餐饮业	无此项	无此项	1
信息传输、软件和信息技术服务业	2	2	5
金融业	无此项	无此项	10
房地产业	无此项	无此项	1
租赁和商务服务业	3	3	6
科学研究和技术服务业	3	3	8
水利、环境和公共设施管理业	无此项	无此项	6
居民服务、修理和其他服务业	无此项	无此项	2
教育	2	2	2
卫生和社会工作	1	1	4
文化、体育和娱乐业	7	7	7
禁止准入类	无此项	无此项	5
其他行业	无此项	无此项	19
总计	30	36	123

资料来源：《自由贸易试验区外商投资准入特别管理措施（负面清单）（2020年版）》《外商投资准入特别管理措施（负面清单）（2020年版）》和《市场准入负面清单（2020年版）》。

（2）放宽服务业市场准入。目前，市场准入负面清单123条事项中针对农业和工业领域的限制举措较少，但针对服务业领域的限制举措仍多达70余项。这既无法适应服务业市场开放大趋势，也难以满足人们日益增长的服务型消费需求。为此，需要在教育、医疗、电信等服务业领域进一步放宽市场准入门槛，大幅缩减负面清单条目，使各类市场主体平等进入负面清单之外的行业与领域。

（3）对市场准入负面清单进行动态调整。在全球新一轮科技革命与产业变革交汇期，我国产业变革全面加快。要适应我国产业变革的大趋势，应制定负面清单动态调整机制。根据我国产业结构变化情况，需建立市场准入负面清单的效果评估机制，鼓励第三方机构参与评估，及时对负面清单进行动态调整，不断完善市场准入制度体系。

2. 完善外商投资负面清单配套管理措施

（1）进一步提升负面清单透明度。参照国际经贸谈判负面清单模板，详细列明负面清单管理措施与相关描述，建立健全外资投诉机制；管理措施描述尽可能细化到具体业务，以提高负面清单的可操作性；更多采取比例限制、岗位限制、差别待遇等方式，降低负面清单的行业限制强度；完善负面清单的附件体系；为关键领域及未来新业态预留空间。

（2）提升外商投资负面清单的法律效力。通过立法明确规定，凡是与负面清单开放承诺相冲突的部门规章，一律按照负面清单执行，提升负面清单的稳定性与可预期性；建立“棘轮机制”，明确负面清单限制措施“只减不增”。

（3）全面清理各种隐性壁垒。从现实情况看，负面清单之外的市场准入环节或多或少还存在某些审批事项。这就需要全面清理清单之外的审批事项，彻底消除各种隐性壁垒，真正实现各类市场主体依法平等进入清单之外的行业或领域。

3. 全面实行准入前国民待遇

（1）大幅减少准入前认证审批。将准入前认证审批限定在满足最低标准要求的范围以内，除涉及人身生命健康、国家安全、系统性风险和生态环境保护等特定事项保留前置审批外，放宽对市场准入前置条件的限制。市场准入后，最大限度在管理过程中保持中性，保障任何市场主体都能够不受歧视地获得认证许可。

（2）明确并细化国民待遇标准。进一步细化准入阶段的管理权力、要素供给、融资方式、进出口权、税收政策、法律保护、司法救济等一系列待遇标准，给国内外企业明确预期。

二、实现企业财产权保护与知识产权保护相一致

产权保护是激励创新创业的最大动力，是振兴实体经济的最大激励，也是规则对接的重点领域。目前，我国进入经济转型升级的关键时期，形成以创新引领高质量发展的格局，关键在于建立产权保护的长效机制，使产权保护与知识产权保护相一致。

1. 以出台《民营经济促进法》为重点强化产权保护法治化

破解民营经济发展的政策与制度“玻璃门”，关键在于形成支持民营经济发展的法律规则。为此，建议抓紧研究制定《民营经济促进法》，为民营经济稳定发展奠定更为坚实的法治保障基础。同时，鼓励、支持有条件的地方制定出台《民营经济保护条例》。

2. 加强知识产权保护的国际合作

（1）加强知识产权保护国际合作的需求日益增强。从2001年开始，我国对外支付知识产权费增长加快，2019年达到340亿美元。2019年，国家知识产权局受理的专利申请量达到140万件，连续9年居世界首位。世界知识产权组织数据显示，2019年，我国通过《专利合作条约》途径提交的专利申请受理量达5.899万件，跃居世界第一位[1]。在此背景下，我国知识产权案件呈逐年增加趋势。据统计，2019年，我国人民法院共新收一审、二审、申请再审等各类知识产权案件481793件，审

[1] 《2019年我国PCT国际专利申请量跃居世界第一》，http://news.cctv.com/2020/04/23/ARTIWLladeToKTSXSxF0jjIj200423.shtml。

结475853件（含旧存），比2018年分别上升44.16%和48.87%[1]。

（2）研究出台《知识产权法》。将现有的《中华人民共和国专利法》《中华人民共和国商标法》《中华人民共和国著作权法》等纳入《知识产权法》中；参考《建立世界知识产权组织公约》与《与贸易有关的知识产权协定》，明确我国知识产权保护范围；对侵犯知识产权行为的惩治作出具体规定，做到有法可依。

（3）完善知识产权保护国际合作机制。加强与世界知识产权组织、世界贸易组织、亚太经合组织等国际和地区性组织的交流与合作，提升我国知识产权保护水平；深化与发达国家知识产权、经贸、海关等部门的合作，鼓励国内服务机构加强与国外相关组织的合作交流；推动相关国际组织在我国设立知识产权仲裁和调解分中心；探索建立“一带一路”沿线国家和地区知识产权合作机制。

（4）积极参与国际知识产权规则制定。我国已经加入《保护工业产权巴黎公约》《保护集成电路知识产权的华盛顿公约》《保护文学和艺术作品伯尔尼公约》《视听表演北京条约》等近20个国际公约。未来几年，适应服务业市场对外开放的需要，积极推动《TRIPS协定与公共健康多哈宣言》，主动参与《专利合作条约》《保护广播组织条约》等国际规则修订的国际谈判，加快推进加入《工业品外观设计国际注册海牙协定》和《马拉喀什条约》进程。

3. 依法保护企业家的财产权和创新收益

（1）建立产权平等保护的长效机制。增强各类企业家的财富安全感，给企业家一颗“定心丸”，需要规范和约束行政权力，严格规范行政机关和执法机关的执法行为。这就需要尽快出台没收或者冻结财产的具体实施细则，使执法机关查封收缴私产时，对合法财产和非法财产区别对待，防止企业家的合法财产受到侵害。

（2）保护企业家创新收益。创新型企业主要是依靠商业模式、文化创意等要素经营，一旦知识产权得不到有效保护，企业创新成果被他人复制，不仅会给企业

[1] 《中国法院知识产权司法保护状况（2019）》，http://www.court.gov.cn/zixun-xiangqing-226501.html。

可持续发展带来严重后果，还会严重影响全社会的创新活动。这就需要政府加快出台关于商业模式、文化创意等创新成果的知识产权保护办法，为企业创新发展提供法治保障。

（3）加快建立补偿救济机制。从实践看，一些地方政府在财产权保护方面力度不够，有些甚至因为当地政府自身的不当行为而使企业和公民财产权受损。在这个背景下，不仅要建立对政府相关人员的问责与追责机制，而且要完善赔偿与救济机制。对因政府规划调整、政策变化造成企业合法权益受损的，要依法依规进行补偿救济。

（4）严格纠正以公权侵犯私权的行为。严惩各类利用公权侵犯私有产权的违法犯罪行为；严格区分企业家的违法所得和合法财产，区分涉案人员个人财产和家庭成员财产，在处置违法所得时不牵连合法财产；不得查封、扣押、冻结与案件无关的财产；因公权侵犯私权造成损失的，受害人有权申请国家赔偿。

三、以减税降费为重点降低制度性交易成本

应对经济全球化新挑战，尤其是疫情的中长期影响，释放经济转型蕴藏着的中长期巨大增长潜力，我国需要加快以减税降费为重点降低制度性交易成本。

1. 进一步降低企业税费负担

近年来，我国适应经济发展需要，减税力度不断加大。2016—2020年，我国新增的减税降费总规模为7.6万亿元，其中仅2019年我国新增减税降费就有2.36万亿元，占当年GDP的比重超过2%[1]。2020年，在疫情影响下，我国减税降费力度进一步加大，全年新增减税降费超过2.5万亿元[2]。总的来看，我国税费仍有下降空间。一方面，我国政府债务率仍然较低。截至2019年底，我国政府债务率为38.5%，远

[1] 《前所未有历年最大！今年我国减税降费超2.5万亿元》，https://baijiahao.baidu.com/s?id=1681850219333855240&wfr=spider&for=pc。

[2] 陈晨：《2020年我国新增减税降费超2.5万亿元》，《光明日报》2021年1月10日第3版。

低于欧盟提出的60%的警戒线，也低于主要市场经济国家和新兴市场国家水平[1]。另一方面，我国税费负担仍然相对较高。2019年的《营商环境报告》数据显示，我国总税率和社会缴纳费率（占利润百分比）为64.9%，全球排名第114位，进一步降低税费负担成为我国优化营商环境的重点。

2. 加快推进以间接税为主向以直接税为主的转变

（1）以间接税为主造成企业减税感受不明显。当前，我国税收结构仍然以间接税为主。2017年，我国企业税费中企业所得税占比为27%，而以增值税、消费税为主的间接税占比则超过70%，其中增值税一项占比达到47%[2]；而在欧美等多数国家，直接税占比均在70%～90%之间[3]。以间接税为主的税收结构是造成企业减税感受不明显的重要因素之一。

（2）改革以企业税、流转税、增值税为主的税制。进一步提高直接税比重，改革个人所得税征收方式，扩大财产税征收范围，探索开征遗产税、赠与税等新型税种；以财产税为主体形成地方政府稳定的税源。加快房地产税立法，推进消费税改革，逐步将房地产税和消费税作为地方政府的主体税种，降低对增值税的依赖。

（3）进一步降低企业税费负担。2017年我国企业所得税是个人所得税的2.7倍，而发达国家则主要以个人所得税为主，企业所得税一般仅为个人所得税的20%～40%[4]。为此，需要进一步降低以企业所得税为重点的直接税税率。同时，进一步下调或取消广义税负中的各种费用、土地出让金和社保费用，切实减轻企业税费负担。

---

[1] 《财政部：2019年年底我国政府债务率38.5% 风险整体可控》，https://china.huanqiu.com/article/3xgMKTJ0koq。

[2] 《姜超：中国宏观税负高在哪里 从哪里降？》，https://ishare.ifeng.com/c/s/v0024mlJrCrO1jCK--OcuGRXwC6M2--AMeSBvlG291SQ5HI6Y__。

[3] 《黄志龙：减税究竟要减哪些税？》，http://finance.sina.com.cn/zl/china/2018-10-17/zl-ifxeuwws5238521.shtml。

[4] 《姜超：中国宏观税负高在哪里 从哪里降？》，https://ishare.ifeng.com/c/s/v0024mlJrCrO1jCK--OcuGRXwC6M2--AMeSBvlG291SQ5HI6Y__。

3. 全面实施企业自主登记制度与简易注销制度

（1）全面实施企业自主登记制度与简易注销制度。进入“互联网 +”时代，实现企业自主登记注册的技术条件和时机已经成熟。建议借鉴香港模式，在全国推行“注册易”一站式服务，最大限度地实现企业注册登记便利化，全面实施企业简易注销，最大限度提高企业自主权，实现企业“自由生、自由死”。

（2）取消企业一般投资项目备案制。企业一般投资项目备案制仍属于前置性的行政控制，并不能有效减少企业在经营过程中的违法违规行为。建议在政府严格管理城乡规划、土地利用、环境保护等事项的前提下，除涉及国家安全、某些重大国有投资项目之外，企业的一般项目由企业依法依规自主决策，不再要求其备案。

（3）全面推行“最多跑一次”。全面推广浙江“最多跑一次”的经验，着力推进“一窗办、一网办、简化办、马上办”改革，推动审批智能化、服务自助化、办事移动化，实现政务服务事项“一网通办”，大幅提升政府办事效率。

第四节

以制度型开放推动政府治理变革

改革开放以来，我国坚持正确处理好政府与市场的关系，不断提高政府治理能力。当今世界正经历百年未有之大变局，推进高水平开放成为影响我国改革发展全局的关键因素，也是布局改革发展的一条主线。要适应高水平开放的重要趋势，需要构建职责明确、依法行政的政府治理体系，提升政府治理效能，这是推进国家治理体系和治理能力现代化的重要任务之一。

一、推进与服务贸易开放相适应的政府治理变革

我国正从以制造业领域为主的开放转向以服务贸易为重点的开放。从实际情况看，我国在服务贸易领域的政府治理还存在一些不相适应的情况，亟待不断完善和改进，以更好地提升政府治理效能。

1. 走向以服务贸易为重点的制度型开放需要把反垄断作为政府治理变革的重大举措

（1）把反垄断尤其是反行政垄断作为市场监管变革的重大举措。从我国的情况看，强化竞争政策重在反行政性垄断。目前，我国制造业领域约95%以上已实现市场化，服务业领域仅为50%左右。2019年，我国民办普通高等学校756所，约占全国普通高等学校总数（2688所）的28.13%[1]。市场垄断与行政垄断成为服务业市场准入放开后民营企业难以进入的突出障碍。反垄断尤其是反行政垄断的必要性凸显。

（2）推进国务院反垄断委员会工作开展。将反垄断局与价格监督检查和反不正当竞争局作为其具体执法机构；对不同所有制企业实行统一的市场监管标准和监

[1] 国家统计局：《中国统计年鉴2020》，中国统计出版社，2020。

管规则，实质性增强反垄断的有效性；与国际接轨，尽快建立既适用于内资又适用于外资的法治化、规范化的反垄断体制。

（3）加快修订《中华人民共和国反垄断法》（简称《反垄断法》）。建议将反行政垄断纳入市场监管范畴，并尽快修订《反垄断法》，增加并细化反行政垄断的内容，并将竞争政策以及相应的公平竞争审查制度纳入《反垄断法》中；系统清理、修改、废除各类导致行政垄断的规章制度以及滥用行政权力排除、限制竞争的行为；细化《反垄断法》中关于反行政垄断的实施细则，根据不同行业的特点制定不同的反行政垄断措施。

（4）加快确立新经济领域的反垄断标准。适应服务业市场开放与新经济发展的大趋势，需要加快建立新经济垄断标准，以实现公平竞争和风险防范。同时，也要避免用“旧制度管理新经济”，以适应数字经济快速发展的大趋势。

2. 推动市场监管主要对象由以商品为主向以服务为主转变

（1）推动服务业成为市场监管的重心。某些服务业监管标准的缺失使市场监管难以到位，由此出现社会关注的突出问题。例如，在电商平台不断做大的背景下，市场份额是不是界定新经济垄断的重要指标？如何判定垄断和不正当竞争？在我国服务型经济以及服务型消费快速增长的背景下，市场监管的转型与变革都面临着诸多需要解决的突出问题。尤其是在监管标准体系缺失的背景下，很难实现服务业开放发展与风险防范的平衡。在这个背景下，市场监管的主要对象需要尽快由以商品为主向以服务为主过渡。

（2）加快制定与国际标准相衔接的服务业管理标准。系统梳理产品生产与服务标准，形成企业标准查询系统；重点强化旅游、医疗健康、文化娱乐、教育、金融及专业服务业等领域内的设施、环境、信息、技术、程序、安全、评价等服务质量控制标准和行业管理标准，为企业法人承诺事项及事中、事后监管提供基准依据。同时，尽快在人民群众高度关注的食品、药品和金融等服务业领域实现监管标准、行业标准与国际接轨，在有效降低服务贸易边境内壁垒的同时，促进我国服务业高质量发展。

3. 推动经济活动由地方政府间竞争向企业主体间竞争转变

（1）产业转型升级的主体不是政府而是企业。强化竞争政策的基础性地位，就是要保障各类市场主体之间的公平竞争，就是要最大限度地激发企业家精神，在此基础上形成开放创新的新格局。

（2）地方政府间的某些竞争仍然存在，并成为影响企业主体公平竞争的重要因素。尤其是在新一轮产业革命引领产业变革的趋势下，新经济领域地方政府间的竞争与地方保护现象仍然普遍存在。地方政府间竞争不仅阻碍企业在全国范围内的公平竞争，也造成某些重复建设、产能过剩等突出问题。

（3）实现经济活动由地方政府间竞争向企业主体间竞争的转变。减小政府尤其是地方政府干预资源配置的范围和幅度，把政府干预资源配置的范围严格限制在公共资源领域，建立政府干预资源配置的负面清单；在逐步调整地方政府以GDP为导向的政绩考核体系的同时，将公平竞争审查纳入地方政府业绩考核体系和地方官员政绩考核体系。

二、推进与高标准经贸规则对接相适应的政府治理变革

我国正由商品和要素流动型开放转向规则等制度型开放，更加注重制度性、结构性安排。适应制度型开放的趋势，提升政府治理效能，重点是建立并完善以公开、规范为主要标志的开放型经济体系，并加快推动其与国际基本经贸规则对接。

1. 把加快建设高标准市场经济作为基本目标

走向规则等制度型开放，要把充分发挥市场在资源配置中的决定性作用、加快建设高标准市场经济作为政府治理变革的基本目标。改革开放40多年来，我国逐步建立了社会主义市场经济体制，但仍有不完善之处。例如，目前我国民营企业GDP占全国GDP的60%以上，但所获得的融资额仅占企业融资总额的20%，且民营企业融资成本普遍高于国有企业1.5～2.5个百分点。在规则等制度型开放背景下，建设高质量市场经济，以处理好政府与市场关系为重点的市场化改革要在关键性、基础

性领域实现重大突破。

2. 强化竞争政策的基础性地位

加强与国际经贸规则对接，关键是强化竞争政策的基础性地位。竞争政策与产业政策是政府参与市场的两种工具。应当说，在我国市场化的一定阶段，产业政策在促进经济增长方面功不可没。问题在于，随着市场经济体制的基本建立，产业政策与经济转型升级趋势不相适应的矛盾比较突出，并由此带来某些不公平竞争及抑制创新等负面效果。在此背景下，迫切需要以竞争政策为基础加快推进产业政策转型，并用竞争政策协调产业政策及相关经济政策。

3. 以经济政策为基础加快推进产业政策转型

（1）全面清理妨碍公平竞争的产业政策。减少行政力量对市场资源的直接配置；按照“非禁即准”的原则，清理与法律法规相抵触、制约各类市场主体进入各行业的规定和程序，建立遭受不平等待遇的企业申诉追索制度，严禁和惩处各类违法实行优惠政策的行为。

（2）推动实现产业政策向普惠化、功能性转变。积极适应WTO规则，取消对竞争性行业的补贴，更多采用普惠方式，维护市场公平竞争。实施功能性产业政策，加大对关系国家战略安全、产业安全的行业和领域的支持。

（3）制定适用产业扶持政策的负面清单。将产业扶持政策严格限定在具有重大外溢效应或关键核心技术的领域。

4. 强化对各类经济政策的公平竞争审查

（1）赋予市场监管机构对经济政策的审查权。以《反垄断法》修订为契机，将公平竞争审查制度纳入《反垄断法》，依法规范市场监管机构与政策制定部门在竞争倡导和竞争政策审查中的职能分工，为公平竞争审查提供法律基础。

（2）形成经济政策的审查标准和审查程序。由市场监管机构制定公平竞争政策的审查标准和审查程序，突出权威性和专业性，处理好市场监管机构与政策制定机构之间的关系，调动两个机构的积极性形成竞争倡导的合力。

（3）强化重点领域的公平竞争审查。加强对内外资企业在准入条件、政策待遇、资源要素获取、产权保护等重点环节的公平竞争审查。强化国有企业与民营企业公平竞争审查，把消除竞争性国有企业与民营企业的政策待遇不平等作为建立公平竞争审查机制的重要目标，强化在产权保护、行业准入、银行贷款、上市融资、产业政策支持等领域的公平竞争审查。

三、推进与高标准区域自贸网络建设相适应的政府治理变革

我国正从经济全球化的重要参与者转变为经济全球化的重要推动者，并在一些全球经贸规则的构建中发挥主导性作用。为适应这个趋势，提升政府治理效能要统筹国内、国际两个大局，把二者有机结合起来。

1. 推进政府采购公开化、市场化进程

（1）将政府购买公共服务纳入《中华人民共和国政府采购法》（简称《政府采购法》）。为适应我国政府采购公共服务大趋势与加入WTO《政府采购协定》的现实需求，应尽快将政府购买公共服务纳入《政府采购法》，使其于法有据。同时，应进一步理顺《政府采购法》和《中华人民共和国招标投标法》（简称《招标投标法》）的关系，修订《政府采购法》应考虑《招标投标法》的调整范围，使两个并行的法律体系适用范围互补，便于政府采购和招标投标的相关当事人执行。

（2）出台政府采购负面清单。除明令禁止社会资本参与的政府采购项目外，其他领域政府采购项目均向社会资本开放；在参与政府采购和招标投标、高新技术企业认定、申报政府计划项目、科技奖励、取得许可证和资质等级证书以及安排使用的各类财政专项扶持资金等方面，对各类所有制企业一视同仁，实行同等待遇。

（3）加快加入WTO《政府采购协定》进程。按照《政府采购协定》中的相关规则，加快修订与完善《政府采购法》《招标投标法》；进一步细化政府采购对招标程序，选择程序，标书的提交、接受、开启和合同授予以及谈判程序等进行管理的条款，实现政府采购全流程与国际对接。加快制定相应政策，鼓励政府采购中介

组织与人才培养机构发展。

2. 高度重视国际宏观经济政策协调

（1）疫情蔓延下加强国际宏观经济政策协调的重要性凸显。在携手抗击疫情的同时，各国联手加大宏观政策对冲力度，将会产生协同增效作用，不仅符合本国利益，也符合全球利益。各国协同增效的宏观经济政策，不仅有利于缓冲疫情对经济造成的冲击，而且有利于提升全球经济应对疫情冲击和经济波动的能力，为全球经济“化危为机”提供更多可能。

（2）加强全球范围内的政策协调合作。依托现有多边、区域治理平台，加强各国财税、货币政策协同和监管协调，加强经济刺激和恢复政策的精准性和有效性。

（3）加强国际经贸和运输领域的通力合作。疫情在全球蔓延，保障国际运输通畅是稳定全球经贸的关键。在各国受疫情影响，普遍出现货运滞缓、口岸通关减速甚至跨国运输中断的情况下，应充分平衡疫情防控和国际运输之间的关系，加强国际运输领域的通力合作，最大力度保障抗疫物资和生活必需品的运输顺畅。

（4）优化我国参与国际宏观经济政策协调的体制机制。设立统筹协调我国对外利益的战略委员会，进一步整合、优化当前散落在各部门中的相关机构与职能，统筹开展对外经济政策协调工作。

3. 推进贸易与投资管理规则的内外对接

（1）建立与国际接轨的贸易投资监管体系。随着我国开放进程的不断加大，外部输入性风险明显提升。要适应我国走向事中、事后监管的大趋势，应加快提升监管能力，并以此实现政府职能转变的实质性破题。

（2）加快形成我国贸易调整救援机制。从现实情况看，我国贸易调整救援机制仍处于探索阶段。借鉴美国、韩国、欧盟等经验，加快在试验的基础上形成我国贸易调整救援机制，以应对贸易保护带来的冲击，增强企业在贸易自由化、便利化中的竞争力。一是尽快在国家层面形成贸易调整救援制度，明确援助对象和标准。二是在全国自由贸易试验区内全面推广贸易救援制度，并尽快将制度上升为全国政策。三是确定差异化援助方式，并确保支持方式与内容符合WTO的例外条款。

（3）不断完善“不可靠实体清单”制度。严格落实《不可靠实体清单规定》，以完善的制度保障各类市场主体的合法权益，并根据实际运行情况不断完善“不可靠实体清单”制度；同时，加快完善反垄断审查制度。